经济管理学术文库·经济类

河北省新型城镇化与
城乡统筹发展研究

Research on New Urbanization and
Urban Rural Overall Development in Hebei

彭建强　张　波／著

经济管理出版社
ECONOMY & MANAGEMENT PUBLISHING HOUSE

图书在版编目（CIP）数据

河北省新型城镇化与城乡统筹发展研究/彭建强，张波著. —北京：经济管理出版社，2017.12

ISBN 978-7-5096-5405-7

Ⅰ.①河…　Ⅱ.①彭…　②张…　Ⅲ.①城市化—研究—河北　②城乡建设—研究—河北
Ⅳ.①F299.272.2

中国版本图书馆 CIP 数据核字（2017）第 249063 号

组稿编辑：宋　娜
责任编辑：赵喜勤　张　昕
责任印制：黄章平
责任校对：董杉珊

出版发行：经济管理出版社
　　　　　（北京市海淀区北蜂窝 8 号中雅大厦 A 座 11 层　100038）
网　　址：www. E-mp. com. cn
电　　话：(010) 51915602
印　　刷：北京玺诚印务有限公司
经　　销：新华书店
开　　本：720mm×1000mm/16
印　　张：20.25
字　　数：300 千字
版　　次：2017 年 12 月第 1 版　2017 年 12 月第 1 次印刷
书　　号：ISBN 978-7-5096-5405-7
定　　价：78.00 元

前 言

　　《京津冀协同发展规划纲要》明确了河北省"全国新型城镇化与城乡统筹示范区"的功能定位，这一定位是河北省承接北京非首都功能疏解、优化区域空间布局的必然要求，也是缩小与京津地区的差距、借力推动跨越发展的必然选择。推进新型城镇化将不断完善省域城镇体系与布局，有效衔接京津两个大都市，更大范围疏解北京非首都功能，协同建设联系紧密、分工合理的京津冀世界级城市群。加快城乡统筹发展将充分发挥新型城镇化引领带动作用，深入推进美丽乡村建设，实现城乡发展一体化，形成京津冀协同发展的强大腹地支撑。

　　新型城镇化与城乡统筹发展，是解决农业、农村、农民问题的重要途径，是推动区域协调发展的强劲动力，是扩大内需和促进产业升级的重要抓手。只有大力推进新型城镇化与城乡统筹，才能为北京非首都功能疏解和河北转型发展提供有力支撑。

　　一、科学把握新型城镇化与城乡统筹发展的内涵和方向

　　结合河北省发展实际，新型城镇化与城乡统筹发展的内涵与方向主要包含三个方面的内容。一是走中国特色、科学发展的新型城镇化道路。习近平总书记在中央城镇化工作会议上提出新型城镇化要坚持以人为本、优化布局、

生态文明、传承文化的基本原则。以人为本，就是推进以人为核心的城镇化，提高城镇人口素质和居民生活质量，把推进农业转移人口市民化作为首要任务。优化布局，就是根据资源环境承载能力构建科学合理的城镇化宏观布局，把城市群作为主体形态，促进大中小城市和小城镇合理分工、功能互补、协同发展。生态文明，就是重视生态文明建设，着力推进绿色发展、循环发展、低碳发展。当前，河北省面临着经济转型升级与生态环境改善的双重任务，新型城镇化要改变过去粗放的城镇发展模式，充分体现尊重自然、顺应自然的理念，让居民望得见山、看得见水、记得住乡愁。传承文化，就是发展有历史遗存、地域特色、民族特点的美丽城镇。河北省地域类型多样，历史文化深厚，具有建设特色美丽城镇的基础优势。推进新型城镇化建设，必须体现地域特色，保护传统文化，延续历史文脉，塑造城镇灵魂。

二是加快推进城乡发展一体化。推进城乡发展一体化，是工业化、城镇化、农业现代化发展到一定阶段的必然要求，是国家现代化的重要标志。中共十八大提出推动城乡发展一体化的战略任务，中共十八届三中全会对健全城乡发展一体化体制机制做出总体部署。习近平总书记多次强调，健全城乡发展一体化体制机制，努力在统筹城乡关系上取得重大突破。改革开放以来，我国经济社会发展取得了巨大成就，但城乡二元结构矛盾依然突出，成为制约经济社会持续健康发展的重要因素。推动城乡发展一体化，就是要把工业和农业、城市和乡村作为一个整体统筹谋划，促进城乡在规划布局、要素配置、产业发展、公共服务、生态保护等方面相互融合和共同发展。要破除城乡分割的二元体制障碍，建立城乡融合的体制机制，形成以工促农、以城带乡、工农互惠、城乡一体的新型工农城乡关系，逐步实现城乡居民基本权益平等化、城乡公共服务均等化、城乡居民收入均衡化、城乡要素配置合理化以及城乡产业发展融合化。

三是推进新农村建设与新型城镇化协调发展。建设新农村是统筹城乡发展的重要内容，是推动城乡发展一体化的必然要求。习近平总书记指出，工业化、城镇化、信息化、农业现代化应该齐头并进、相辅相成，千万不要让农业现代化和新农村建设掉了队，否则很难实现全面小康这一目标。要看到，当前农业还是"四化同步"的短腿，农村还是全面建成小康社会的短板。河北省是农业大省，城镇化水平较低，农村人口占比较大，新农村建设任务异常艰巨。必须坚持把解决好"三农"问题作为全党工作重中之重，坚持工业反哺农业、城市支持农村的方针，不断加大强农惠农富农政策力度。要加快推进农业现代化，扎实推进新农村建设，使之与新型城镇化协调发展、互惠一体，形成双轮驱动。

二、紧紧抓住京津冀协同发展的重大历史机遇

国家实施京津冀协同发展重大战略，为河北省推动新型城镇化与城乡统筹发展提供了重大历史机遇。《京津冀协同发展规划纲要》明确提出河北"新型城镇化与城乡统筹示范区"的功能定位，这是从京津冀协同发展的需要和河北省情特点出发，在京津冀及国家战略层面，对河北应有的地位和应发挥的作用所做出的科学判断。

加快建设新型城镇化与城乡统筹示范区，是打造以首都为核心的世界级城市群的战略需要。从城市群发展的一般规律看，大中小城市协调、布局形态优化、规模结构合理、内部关联紧密是世界级城市群的普遍特征。目前，京津冀城市群存在的主要问题是城镇体系结构失衡，京津两级过于"肥胖"，河北中小城市过于"瘦弱"，不同规模的城市间没有形成合理的分工和布局，城市群规模结构存在明显"断层"。打造京津冀世界级城市群，核心在北京，主体和纵深在河北。优化京津冀城市结构，发展的重点也在河北。河北省要按照优化京津冀地区总体空间格局的要求，遵循"功能互补、区域联动、轴向集聚、节点支撑"的思路，围绕构建京津冀"一核、双城、三轴、四区、多节点"的总体框架，科学规划建设新型城镇化与城乡统筹示范区。发挥石家庄、唐山、保定、邯郸等城市的区域性中心城市功能，打造河北经济增长极。强化张家口、承德、廊坊、秦皇岛、沧州、邢台、衡水等节点城市的支撑作用，进一步提高城市综合承载能力和服务能力。加快培育发展中小城市和特色小城镇，有序推动产业和人口聚集，加快形成定位清晰、分工合理、功能完善、生态宜居的现代城镇体系。

加快建设新型城镇化与城乡统筹示范区，是承接北京非首都功能疏解的

迫切需要。京津冀协同发展的首要任务是有序疏解北京非首都功能、解决北京"大城市病"。习近平总书记指出，京津冀协同发展要牵住疏解北京非首都功能这个"牛鼻子"和主要矛盾。河北环绕北京，地域广阔，区位地理优势独一无二，是承接北京非首都功能疏解的主要载体。但从全省现状和基础看，由于城镇化发展滞后，城镇体系发育不完善，综合承载力和服务功能不强，特别是经济社会发展水平与北京差距较大，影响北京非首都功能的顺利转移承接。加快建设新型城镇化与城乡统筹示范区，着力提升河北省城镇化发展质量和城乡统筹发展水平，优化承接环境，提高承接能力，可以让北京转移出来的产业、社会服务功能和相应人口在河北更好地落地生根。

加快建设新型城镇化与城乡统筹示范区，是破解河北城乡发展困局、加快建成全面小康社会的现实需要。当前河北经济社会发展面临的突出矛盾是城镇化发展滞后、"三农"问题突出、全面建成小康社会任务艰巨。2016年，河北常住人口城镇化率为53.32%，比全国平均水平低4.03个百分点，全省城乡居民人均可支配收入低于全国平均水平。尤其截至2015年底，河北仍有62个贫困县，近310万贫困人口，扶贫开发任务很重。充分利用京津冀协同发展的战略机遇，加速提升河北城镇化水平，促进城乡统筹和一体化发展，对于弥补河北发展差距，加快建设经济强省和美丽河北具有重要现实意义。

河北省推进新型城镇化和城乡统筹发展机遇难得，全省上下一定要抓住这一机遇，积极探索、勇于创新，努力走出一条具有中国特色、符合河北实际的城乡一体化发展道路，为全国新型城镇化和城乡统筹发展提供有益经验。

三、找准加快河北省新型城镇化与城乡统筹示范区建设的突破口

近年来，河北省紧紧围绕"全国新型城镇化与城乡统筹示范区"的功能定位，制定专项规划、出台系列举措强化政策落实，全省新型城镇化持续稳步推进，城乡统筹发展取得显著成效。为深入贯彻落实习近平总书记多次视察河北时的重要讲话精神，促进"十三五"时期重点建设任务落实，河北省应从当前新型城镇化与城乡统筹示范区建设最迫切、最现实的问题出发，系统性破解发展中的难题和瓶颈，力争在北京非首都功能疏解、新型城镇化体制机制创新、县域经济发展、美丽乡村建设等重点领域和关键环节有所突破，

推动京津冀协同发展和全省经济社会发展再上新台阶。

（1）在北京非首都功能疏解上实现新突破。《京津冀协同发展规划纲要》明确指出，集中疏解北京非首都功能，要在北京周边规划建设集中承载地和微中心。目前，河北城乡空间布局较为分散，无法与京津两大都市有效衔接，突出表现是：京津两极过于"肥胖"，周边中小城市过于"瘦弱"，不同规模的城市没有形成合理分工和布局，城市群规划结构存在明显断层。为此，河北必须以有序承接北京非首都功能疏解为重要契机，高水平谋划推进雄安新区建设，积极推进中小城市为主体的"微中心"发展，搭建起与京津合作交流的高水平综合型发展平台，作为拉动河北经济社会发展的重要引擎，进一步优化城乡发展空间布局。

（2）在新型城镇化体制机制创新上实现新突破。《京津冀协同发展规划纲要》明确提出：开展国家新型城镇化综合试点；调整优化京津冀行政区划设置，打破行政藩篱，促进资源优化配置；在基础设施及公共服务设施建设运营领域推广政府和社会资本合作模式等多项城镇发展任务。河北省城镇化总体发展水平较低，全省常住人口城镇化率低于北京、天津 33 个和 30 个百分点，户籍城镇化率仅为 36.34%。为此，河北省应紧密围绕京津冀世界级城市群建设目标，按照《国家新型城镇化规划》和中央城市工作会议要求，选择若干重点领域深入推进新型城镇化体制机制创新，创造良好发展环境，实现城镇化加速发展与加速转型。

（3）在县域经济提质增量上实现新突破。《京津冀协同发展规划纲要》明确提出"增强节点城市要素聚集能力，培育中小城市和特色小城镇"，鲜明指出了县域和县城建设发展方向。当前河北省县域经济发展面临总体实力弱、结构层次低、发展不平衡、可持续发展能力不强等诸多问题，核心制约因素是县域工业化仍处于简单粗放的初中级阶段、中高端 GDP 存量和增量显著偏低，因此导致与国内县域经济发达省份相比差距明显。县域是城乡统筹发展的基本单元和重要载体，河北省加快建设城乡统筹示范区必须高度重视县域发展，以新型工业化、新型城镇化和农业现代化为主要抓手，实现县域经济大发展、大转变、大提升。

（4）在美丽乡村建设上实现新突破。习近平总书记多次强调美丽乡村建设的重要性和基本方向，《京津冀协同发展规划纲要》在生态环境保护建设任务中明确提出"推进农村环境改善工程"。京津冀地区大部分区域是农村，农村的大部分区域在河北，当前全省农村地区发展仍面临人居环境较差、产业支撑较弱、文化传承缺失等突出问题。为此，河北省应着力开展美丽乡村建设示范工程，坚持把改善居住生活条件与发展现代高效农业、乡村旅游结合起来，建设留得住乡愁记忆和山水怡情的燕赵乡村，为区域经济社会发展提供广阔腹地，为广大农民建造幸福美好家园。

四、本书的主要内容

本书紧紧围绕《京津冀协同发展规划纲要》关于"河北省新型城镇化与城乡统筹发展示范区"的功能定位，系统分析了河北省新型城镇化与城乡统筹发展取得的主要成就、面临的形势及主要问题，提出了进一步发展的思路与对策建议。笔者认为，河北省新型城镇化与城乡统筹发展应包含新型城镇化建设、县域经济发展、美丽乡村建设及城乡统筹与城乡发展一体化四方面核心内容，这四方面内容构成了本书的基本框架。全书共分八章。第一章实施新型城镇化战略，推进城乡发展一体化，主要分析了河北省新型城镇化与城乡统筹发展的背景条件，阐释了新型城镇化与城乡发展一体化的基本内涵，提出了加快推进河北省新型城镇化与城乡统筹发展的基本思路、重点举措、体制机制创新和重点领域政策改革。第二章河北省加快推进新型城镇化建设，分析了河北省新型城镇化发展的现状与阶段性特征，提出了推动河北省新型城镇化，特别是城市经济发展的主要路径和重点举措。第三章河北省县域经济发展路径及对策，分析了河北省县域经济运行总体态势，提出了不同类型县域经济发展的主要路径及重点举措。第四章河北省农村现代化的实现模式与路径研究，科学阐释了未来农村现代化的物质形态构成与文化支撑，提出了河北省加快实现农村现代化的典型模式、主要路径和战略举措。第五章河北省加快培育新型农业经营主体问题研究，着重提出了河北省加快培育新型农业经营主体的重点方向和重点举措。第六章河北省扶贫开发工作实践经验研究，总结了多年来河北省扶贫开发工作的实践探索、成功案例和重要理论启示，提出了坚决打赢新时期脱贫攻坚战的思路与举措。第七章河北省深入推进农村重点改革问题研究，分析了"十二五"期间河北省农村重点改革的总体进展，提出了"十三五"时期进一步深化农村重点改革的思路与重点举措。第八章河北省统筹城乡试点评价与一体化推进机制研究，综合评价了2009~2013年河北省统筹城乡试点建设的主要成效和典型经验，提出了深入推进河北省统筹城乡发展、实现城乡发展一体化的基本原则和主要措施。

本书由彭建强、张波共同讨论拟定结构框架并撰写书稿。河北省社会科学院城乡发展研究中心唐丙元研究员、王春蕊副研究员、段小平副研究员、魏宣利副研究员，河北经贸大学马彦丽教授，河北省委宣传部，河北省发改委，河北省住建厅，河北省扶贫办，给予本书大力支持，在此一并表示感谢。

本书观点仅代表著者的个人观点，不代表著者所在单位或机构的观点。著者力图系统阐释河北省新型城镇化与城乡统筹发展的经济、社会、空间等多维度现状、问题，探索河北省新型城镇化与城乡统筹示范区建设的基本内涵、影响因素、政策着力点，以期为河北省补齐发展短板、主动融入京津冀世界级城市群发展大局提出可行的对策建议。但限于理论水平与实践经验，本书难免存在肤浅与不足之处，诚恳希望得到广大读者的批评指正。

彭建强

2017 年 6 月 23 日

目录 CONTENTS

第一章　实施新型城镇化战略，推进城乡发展一体化

第二章　河北省加快推进新型城镇化建设

第六章　河北省扶贫开发工作实践经验研究

第七章　河北省深入推进农村重点改革问题研究

第八章　河北省统筹城乡试点评价与一体化推进机制研究

第一章
实施新型城镇化战略，
推进城乡发展一体化

　　城镇化是现代化的必由之路，城乡发展一体化是解决"三农"问题的根本途径。当前，中国经济正处在一个速度变化、结构优化、动力转换的经济发展新常态时期。在此阶段，城镇化作为一个关系全局的重要战略，其重要性正在得到全国上下越来越多人的重视。而新型城镇化概念的提出，源于在新的时代和发展阶段，我国城镇化发展所面临的环境和条件的巨大变化，以及传统城镇化自身发展模式或道路走到今天所积累的一些不良后果和问题的日趋严重化。

　　河北省已进入全面建成小康社会的决胜阶段，正处于城镇化和城乡一体化深入发展、转型发展的关键时期。《京津冀协同发展规划纲要》提出了建设京津冀世界级城市群的战略部署，并将河北定位为新型城镇化与城乡统筹示范区，为新时期河北推进新型城镇化和城乡发展一体化提出了新的更高要求。深入实施新型城镇化战略，顺利推进城乡一体化发展，对于河北省"十三五"时期经济社会健康快速发展、全面建成小康社会，具有重大战略意义。

第一节　河北省新型城镇化与城乡统筹发展面临的形势

一、经济社会发展背景条件的新变化

（一）全国一般性分析

经过 30 多年的改革开放，我国经济社会发展已进入一个发展方式快速转

型和城乡关系深刻变革的历史新阶段，这些发展条件和背景环境的新变化，使我国未来城镇化建设所面临的形势更加严峻。

首先，如何在产业结构优化升级和资源环境及气候约束逐步增强的大背景下，努力提高城镇经济增长的速度和其对人口的集聚力、吸纳力，将是未来较长时期内我国城镇化发展必须面对的重要挑战。当前，迫于生产要素成本的快速上升和资源环境压力的不断加大，原来主要表现为外延扩张的粗放型经济增长模式已完成了其历史任务，相应地，传统的城镇主要依靠投资来吸引就业、扩大人口的城镇化道路也将走到尽头，必须尽快寻求和建立牵引未来城镇化发展的新机制。对于中心城市来讲，未来其对人口的吸纳可能要更多依赖服务业的发展，同时产业结构的优化升级对人力素质的要求也在逐步提高；对于次中心城镇来说，尽管它们可以部分通过接纳中心城市的重化工业来增加进城人口，但资源、环境、气候越来越大的压力将是一个严重的约束。

其次，在城乡关系上"刘易斯拐点"逐步到来，将导致人口红利的逐渐丧失和人口向城镇流动意愿及比例的下降，农民进城的微观动力机制将面临考验。近年来，随着我国劳动力总量趋顶并开始进入老年社会，以及城镇居住成本的快速提高和国家对农村发展与改革事业的倾斜式投入，农村劳动力向城镇的转移开始出现逐步放缓的迹象，"民工荒"现象已不时出现。这表明我国已开始正式进入"刘易斯拐点"期。"刘易斯拐点"的到来，标志着中国人口红利基本结束，劳动力成本的上升将会成为未来城镇经济发展的一大困扰，而这反过来也会削弱城镇经济对人口的吸纳能力；同时，随着城镇生活成本的提高和农村要素收入与社会保障能力的提高，农村人口向城镇流动与转移的利益牵引机制已开始不断弱化。

（二）河北省特殊性分析

具体到河北省下一步城镇化发展的背景条件，河北省城镇化正处于快速发展时期，经济发展进入新常态，要求城镇化发展必须进入以提升质量为主的转型发展新阶段；到2020年如期实现全面建成小康社会目标，要求必须尽快补齐农村发展短板。河北加快新型城镇化与城乡一体化建设，既面临重大机遇也面临诸多挑战。

从机遇看，《国家新型城镇化规划》将京津冀城市群定位为世界级城市群，有利于河北省做大做强中心城市，优化城镇布局，提升城市功能，为加快新型城镇化发展开辟广阔空间；《京津冀协同发展规划纲要》明确了河北省"三区一基地"的功能定位，有利于河北省承接北京非首都功能疏解和产业转移，在重点领域和薄弱环节率先进行改革探索，为加快城乡发展、缩小与京津差距创造了有利条件；十八届五中全会强调坚持创新、协调、绿色、开放、共享发展理念，力促新型工业化、信息化、城镇化、农业现代化同步发展，为河北省城乡统筹发展注入新动力；改革进入全面深化阶段，改革的系统性、整体性、协同性不断增强，为河北省健全城乡发展一体化体制机制提供了有力支撑；北京携手张家口成功获得冬奥会举办权，河北省的知名度、美誉度进一步提升，有利于扩大对内对外开放、聚集国内外先进生产要素。同时，"一带一路"建设和环渤海地区合作发展，也为河北省新型城镇化与城乡一体化发展提供了重要支撑条件。

从面临的挑战看，京津"虹吸效应"明显，优质资源与要素向京津单向流动趋势短期内难以有根本改变，河北省城乡发展优势要素支撑不足；经济增长趋缓，公共服务需求增加，新型城镇化与城乡统筹财政保障压力加大；生态空间趋紧，资源环境约束加大，城乡可持续发展面临严峻挑战。

河北城镇化与城乡一体化发展已经站在新的历史起点上，到了借势出击、全面发力的关键时期。面对新常态、新要求，必须牢牢把握机遇，勇于迎接挑战，团结奋进、求真务实、改革创新、攻坚克难，开创全省新型城镇化与城乡统筹发展的新局面。

二、河北省新型城镇化与城乡统筹发展现状

近年来，河北省积极实施城镇化战略，城镇化发展步入快车道，取得显著成效。同时，整体来看河北省城镇化还相对滞后，存在一些问题，需要继续追赶和努力。

（一）发展的成效

河北省自 2003 年实施城镇化战略以来，不断深化城镇化体制机制改革，持续加强城镇改造建设，大力推进新农村建设，城镇化与工业化、信息化、农业现代化互动共进融合，城乡发展协调性进一步增强。

城镇化水平持续提高。城镇聚集人口的能力不断增强，2003~2015 年，全省城镇常住人口从 2268 万人增加到 3811.2 万人，城镇化率从 33.51% 提升到 51.33%（见图 1-1），年均提高 1.5 个百分点，高于全国同期年均 1.3 个百分点的增长幅度。户籍人口城镇化率达到 36.34%，1500 多万农业转移人口和其他常住人口落户城镇。城镇规模结构不断优化，300 万以上人口城市发展到 2 个，100 万~300 万人口城市发展到 4 个，50 万~100 万人口城市发展到 4 个，一批特色小城镇初具规模（见表 1-1）。

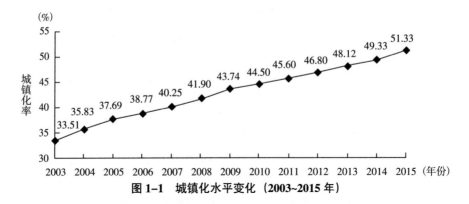

图 1-1　城镇化水平变化（2003~2015 年）

表 1-1　河北省城市（镇）数量和规模变化情况

单位：个

	2003 年	2014 年
城市	33	31
300 万~500 万人口城市	—	2（石家庄、唐山）
100 万~300 万人口城市	3	4（保定、邯郸、张家口、秦皇岛）
50 万~100 万人口城市	3	4（邢台、承德、廊坊、沧州）
50 万以下人口城市	27	21（衡水、任丘、迁安、定州、辛集、晋州、新乐、遵化、霸州、三河、涿州、安国、高碑店、泊头、黄骅、河间、冀州、深州、南宫、沙河、武安）
镇	937	1050

产业结构不断优化。三次产业比重由 2003 年的 15.4∶49.4∶35.2 调整为 2015 年的 11.5∶48.3∶40.2，高新技术产业增加值占规模以上工业增加值的比重达到 16%。31 个城市中第二产业和第三产业增加值占全省的比重分别达到 42.7% 和 55.4%，全部财政收入占全省的比重达到 60.2%。畜牧、蔬菜、果品三大优势产业产值占农林牧渔业总产值的比重达到 71%，农业产业化经营率达到 65.6%，分别比 2003 年提高 3.4 个和 21.5 个百分点。

城乡面貌大幅改观。城市综合交通枢纽、商贸中心、文体场馆等大型服务设施现代化水平不断提升，精品建筑、亮点工程和特色景观大量涌现，城市魅力和特色更加凸显。城市基础设施明显改善，生活垃圾无害化处理率达到 85%，人均道路面积、公园绿地面积分别达到 19.61 平方米和 12.8 平方米，城镇常住人口保障性安居工程覆盖率达到 20%。新农村建设扎实推进，农村民居改造、道路硬化、饮水安全、改水改厕、垃圾处理等惠民利民工程有效实施，农村人居环境明显改善。

城市管理水平不断提高。唐山、石家庄、保定、秦皇岛、张家口部分行政区划调整顺利完成，城区面积增加约 11500 平方千米，城市发展空间大为拓展。改革城市管理体制，下放城市管理权限，推行精细化管理，城市管理的市场化、规范化、法治化程度明显提高。大力实施智慧城市建设工程，将智慧城市理念运用于城市管理，数字城市建设全面铺开，智慧城市建设试点有序推进，智慧政务、智慧交通、智慧医疗、智慧社区建设取得初步成效。

城乡居民生活明显改善。2015 年，城镇居民人均可支配收入为 26152 元，是 2003 年的 3.6 倍。农村居民人均可支配收入为 11051 元，是 2003 年的 3.9 倍。全省城乡居民参加基本养老保险人数为 3440 万人，参加城镇基本医疗保险人数为 1702 万人，新型农村合作医疗参合率达到 98%，基本实现全覆盖。"十二五"期间，累计有 500 万贫困人口实现稳定脱贫，解决 2660 万农村人口饮水不安全问题。

城乡协调发展水平稳步提升。城乡规划建设管理一体化深入推进，户籍管理制度改革、城乡建设用地增减挂钩试点、经济发达镇行政管理体制改革有序开展，劳动力、土地、资本等生产要素配置不断优化。以工补农、以城带乡发展机制逐步建立，城镇基础设施、公共服务不断向农村延伸，农民生产生活条件发生显著变化。城乡居民收入差距持续缩小，城乡居民人均可支配收入比由 2003 年的 2.54∶1 缩小为 2015 年的 2.37∶1。

（二）存在的问题

河北省新型城镇化与城乡统筹发展取得了较好成效，但总体看，城镇化发展质量和城乡协调水平还不高，仍存在一些亟待解决的突出矛盾和问题。

一是城镇化总体水平较低，发展质量不高。2015 年河北省常住人口城镇化率比全国平均水平低 4.8 个百分点，户籍人口城镇化率比全国平均水平低 4 个百分点。农业转移人口市民化进程缓慢，约有 1000 万人口在城镇居住就业但没有落户，未能在教育、医疗、养老、住房保障等方面享受城镇居民的基本公共服务，处于"半市民化"状态，城镇内部出现新的二元矛盾。

二是城乡布局形态不合理，城镇带动能力弱。河北省大城市发展缓慢，没有形成与京津相匹配并在全国有影响力的次级中心城市，导致京津冀城市群规模结构"断层"。城镇体系整体规模层级较低，大城市规模小，中等城市数量少，小城镇特色不突出，近 60% 的县城人口不足 10 万人。中心城市经济不发达，集聚承载力弱，城市间功能互补程度低，经济关联度不高，对周边地区辐射带动能力相对不强。

三是发展方式粗放，环境污染等问题突出。城镇建设用地粗放低效，新城新区、开发区和工业园区占地比重较大。城市道路、地下管网、公共服务等市政服务设施建设不配套，内涝、供热不足等问题时有发生，交通拥堵等城市病日趋严重。城市管理服务水平不高，城中村、城乡结合部等外来人口集聚区人居环境较差。水资源短缺，大气污染严重，农村垃圾围村问题突出，生态修复和治理难度加大。

四是城乡差距依然较大，统筹任务十分艰巨。农村基础设施条件、公共服务水平、农民收入等与城镇存在明显差距，公共财政投入依然更多地偏向城镇，城乡发展一体化体制机制仍不健全，统筹城乡政策力度有待进一步加强。

五是动力支撑和制度保障能力较弱。河北省产业层次偏重、偏低，吸纳就业数量和稳定性较差。产业布局相对分散，产城融合发展程度较低。户籍制度、土地产权与交易制度、城镇财政体制与管理体制等方面的改革进程也相对滞后。

第二节　新型城镇化、城乡发展一体化的基本内涵

一、新型城镇化的内涵与主要特征

城镇化发展到现阶段自身积累的矛盾、问题以及外围条件的变化，客观上需要实现由传统城镇化向新型城镇化的过渡与转变。新型城镇化概念的提出，是党和国家在新的历史发展阶段进行的一项重大理论创新，也是指导下一时期城镇化建设的总纲领。

《国家新型城镇化规划（2014~2020 年)》指出，要紧紧围绕全面提高城镇化质量，加快转变城镇化发展方式，以人的城镇化为核心，有序推进农业转移人口市民化；以城市群为主体形态，推动大中小城市和小城镇协调发展；以综合承载能力为支撑，提升城市可持续发展水平；以体制机制创新为保障，通过改革释放城镇化发展潜力，走以人为本、四化同步、优化布局、生态文明、文化传承的中国特色新型城镇化道路。

总体来讲，新型城镇化是指坚持以人为核心，以新型工业化为支撑，以四化同步为动力，以城乡发展一体化为方略，转变城镇化发展模式，全面提升城镇化质量和水平，走集约高效、功能完善、环境友好、社会和谐、大中小城市和小城镇协调发展的城镇化发展之路。

围绕国家提出的城镇化发展一般要求，结合自身实际，河北省特色新型城镇化的主要特征可以概括为四个方面。

首先是人本化。推进城镇化，核心是人的城镇化，关键是提高城镇化质

量，目的是造福百姓和富裕农民，让农民工逐步融入城镇。河北省人口城镇化率仅为 32%，大量进城农民工尚未真正在城市落户，与传统城镇化侧重土地扩张、投资扩大的"物质发展模式"不同，新型城镇化应更加关注"人口城镇化"，注重人民生活水平和社会福利的实质提升，注重城乡居民平等待遇和一体化发展，实施"普惠式发展模式"，使全体人民都能享受到新型城镇化所带来的最终成果。

其次是集约化。集约发展的核心是依托城镇建设实现人口、产业、资源、环境等多维度的协同发展与适度集中发展。当前，河北省面临经济转型升级的历史重任，从产业和城镇发展现状来看，新型城镇化就是要改变过去粗放型、资源掠夺型的城镇发展模式，节约利用土地、资金、劳动力等各种资源，根据资源环境承载能力合理控制开发强度、合理调整空间结构、合理控制城市规模，切实保护好生态环境，推进生态城镇、生态园区、生态社区等绿色城镇化的发展，增强城镇化发展的可持续性。

再次是集群化。集群化的核心是推动空间上接近的若干城市与小城镇紧密联系起来，实现公共设施、公共服务等多个领域的"网络式"对接与延伸，使整个城镇群都享受到正外部经济。河北省环抱京津两大都市，既面临有利辐射，又面临虹吸影响，城镇体系布局与优化必须以融入京津冀一体化城市群为基础，扬长避短，重点推进大城市做强、中等城市做多、小城市做大，实现大中小城市和小城镇协调发展，走一条河北特色的城镇集群发展道路。

最后是协调化。坚定不移地走统筹城乡的城镇化、工业化、农业现代化和信息化协同推进的城镇化道路。河北省城乡差距客观存在，城镇化滞后工业化、农业现代化滞后城镇化问题并存，推进新型城镇化尤其要更加重视农村发展利益，主张城市经济辐射农村，工业带动农业，统筹城乡基础设施建设、公共服务提供和产业发展，为农业和农村的各方面发展创造有利条件，切实改变二元经济结构导致的农村落后局面，逐步缩小并消除城乡差距，实现城乡发展一体化。

二、城乡一体化的内涵与主要特征

中共十八大报告明确指出，解决好农业、农村、农民问题是全党工作重中之重，城乡发展一体化是解决"三农"问题的根本途径。这一论断顺应我国经济社会发展趋势，是近年来统筹城乡发展方略的深化和升华，是新时期解决"三农"问题的基本思路，是实现全面建成小康社会宏伟目标和建设现代化的重大战略部署。2013 年发布的中央一号文件《中共中央国务院关于加快发展现代农业进一步增强农村发展活力的若干意见》指出，随着工业化、城镇化深入推进，我国农业农村发展正在进入新的阶段，呈现出农业综合生产成本上升、农产品供求结构性矛盾突出、农村社会结构加速转型、城乡发展加快融合的态势。国民经济与农村发展的关联度显著增强，农业资源要素流失加快，建立城乡要素平等交换机制的要求更为迫切，缩小城乡区域发展差距和居民收入分配差距任重道远。必须顺应阶段变化，遵循发展规律，增强忧患意识，持之以恒地强化农业、惠及农村、富裕农民。

针对我国城乡发展不平衡的实际，城乡发展一体化就是要破除城乡分割的二元体制障碍，全面构建城乡发展一体化体制机制，着力在城乡规划、基础设施、公共服务等方面推进一体化，促进城乡要素平等交换和公共资源均衡配置，形成以工促农、以城带乡、工农互惠、城乡一体的新型工农、城乡关系和城乡良性互动、互促共融发展的新格局。

城乡发展一体化是经济结构转型的必然要求。建设现代化的过程就是从传统农业社会向现代工业社会转型的过程。发展经济学二元经济理论认为，由于传统农业部门存在边际生产率为零的剩余劳动力，在城乡预期收入差异下，劳动力会向预期收入高的现代工业部门转移。这决定了工业化的前期必然以现代工业部门扩张为主，通过提供就业、共享设施、文明辐射、要素流动等途径，吸纳传统农业部门剩余劳动力。当工农数量的转换超过"粮食短缺点"后，农业剩余劳动力被现代部门吸纳殆尽时，社会劳动力在工农两部门间的分配将由竞争性工资水平决定。这时，农业部门要加快推进现代化进程，通过提高生产率，继续为工业部门提供产品和要素支撑；工业部门要加大对农业的反哺和改造，使之转化为现代部门，实现工农业的共同现代化。由于长期以来的城乡分割，我国农业部门释放劳动力的潜力和工业部门吸纳农业剩余人口的能力均较低，在一定程度上抑制了农业现代化和工业化进程，阻滞了工农城乡的深度融合。实现经济结构转型升级，必须改革城乡二元体制，促进人口和要素在两部门间合理流动，实现农业与工业的协调联动发展。

城乡发展一体化是社会结构转型的必然要求。建设现代化的过程也是从传统农村为主的社会形态向现代城市为主的社会形态转化的过程。伴随经济的快速发展，西方发达国家在完成经济结构转型的同时，曾出现了失业、犯罪、城市病等很多社会问题。发达国家主要采取健全城乡社会保障制度、就业制度、公共资源配给制度等措施，提高社会整体福利，解决转型期城乡各种社会问题，实现整个社会形态的转型。近些年来，我国城乡人口流动加剧，但在现有户籍制度下，农村人口的长期外流将产生两方面影响：一是大量农村人口涌入城市，加剧城市就业、交通、住房等公共资源的供给紧张，如果处理不好，很容易产生城市发展综合征；二是农村青壮年人口外流，容易造成农业生产缺人手、农民老龄化以及农村"三留守"问题，如果不能有序引导人口合理流动，会极大地削弱农村发展活力，使农村发展陷入落后恶性循环。因此，只有通过城乡一体化发展，实现城乡社会转型与经济转型同步，才能妥善解决城镇化进程中出现的各种社会矛盾和问题。

城乡发展一体化是实现全面现代化的必然要求。在整个现代化过程中，工业化和城镇化是现代化的主要动力和实现途径。纵观世界发达国家现代化进程，基本都经历了以乡育城、城乡分离、城乡对立、城乡一体的发展历程。在工业化初期，为了快速完成工业发展所需的资本原始积累，主要依靠攫取农业剩余价值支持工业和城市发展。进入工业化中期以后，普遍加大对农业农村的反哺力度，消化吸收农业剩余人口，缓和城乡关系，化解城乡矛盾，促进城乡同步发展，实现城乡一体化。目前我国已经进入工业化中期阶段，但是由于工农城乡发展失衡，农业比较效益依然低下，农民收入水平依然较低，农村各项事业发展依然落后，必须从根本上加大统筹城乡发展力度，努力缩小城乡差距，促进一体化发展，实现城乡共同繁荣和经济社会的全面现代化。

第三节　以新型城镇化带动城乡发展一体化的主要路径

新时期，构建城乡发展一体化新格局，重点是调整城乡关系，疏通城乡要素流通渠道，充分借助城市力量带动农村经济社会全面发展，形成区域性、网络状、多层次的城乡发展一体化复合系统。

一是深入推进户籍制度改革，加快破除城乡二元体制障碍。农业转移人口市民化是提高城镇化质量的关键。目前我国有大量的农村进城人口尚未真正融入城市。实现这些人口的市民化，能够在更大程度上提高城镇化质量，带来巨大增长潜力。因此，当务之急是切实加快推进户籍制度改革。具体操作上，首先要根据各级城市和城镇的吸纳能力，放宽城镇落户条件，凡有合法固定住所、稳定职业或生活来源的人员，均可根据本人意愿转为城镇居民；其次要消除影响农民工流动的障碍因素，保障和提高农村进城人口权益，努力实现城镇基本公共服务常住人口全覆盖。加快改革城乡分治的户籍制度，逐步实现户籍管理上的城乡统一。

二是建立城乡要素平等交换机制，增强农村发展活力。优势生产要素是经济发展的源泉，要加快建立土地、资金和人才资源城乡平等交换机制和补偿机制，提高要素配置带来的经济效益、社会效益和生态效益。在城乡土地流转方面，要加快改革征地制度，调整土地出让收益分配关系，按照"取之于地、用之于农"的原则，提高对农民的征地补偿标准和用于农业基础设施建设的投入比重，保护农民土地权益。在资金流动方面，要鼓励发展新型农村金融组织，加强农村金融产品创新，积极鼓励大中型银行开展涉农贷款批发业务、小微型银行开展零售业务，放宽抵押担保范围，建立符合农村实际的抵押、担保制度，破解"三农"发展的资金制约。同时，政府要通过加大财政投入和政策性金融投入回补农村。在劳动力流动方面，要加快形成城乡统一的劳动力市场，大力推进城乡劳动力同工同酬同保障，逐步实现同城同待遇。

三是加快城镇内涵式扩容，提高以城带乡的发展能力。城镇化的核心是人的城镇化，推进城镇化，关键是提高城镇化质量，目的是造福百姓和富裕农民，实现产业发展和城镇建设融合，让农民逐步融入城镇。城镇扩容不是简单的城镇建设的外延式空间规模扩大和人为"造城"，而是在城乡一体化发展框架下，以吸纳更多的农村人口（劳动力）进城为主要内容的内涵式规模化拓展。"扩容"在城镇投资和城镇发展的方向上应主要体现为，通过构建城乡一体的城镇发展体系、完善城镇基础设施和公共服务功能、加快城镇产业转型升级、改善城镇发展环境，提高城镇综合承载能力，接纳更多农民进城。因此，城镇发展需要政府主导的调控政策介入，科学规范城镇投资的方向。城镇经济投资应有助于为进城农民提供更多的就业岗位，城镇建设投资应有助于降低农民在城镇定居的门槛和成本。

四是改进农村公共服务机制，积极推进城乡公共资源均衡配置。要按照提高水平、完善机制、逐步并轨的要求，大力推动社会事业发展和基础设施建设向农村倾斜，努力缩小城乡差距，加快实现城乡基本公共服务均等化。要大力推进公共服务改革，加快健全农村基本公共服务制度框架，积极调整国民收入分配格局，优先并加大农村基本公共服务投入力度，逐步提高农村基本公共服务的标准和保障水平，加快建设农民幸福生活的美好家园。要制定实施城乡一体的基本公共服务设施配置和标准，提高农村社会保障水平，逐步实现社会保障制度城乡并轨。要加大对农村的投入力度，切实把基础设施建设和社会事业发展的重点转向农村，把国家财政新增教育、卫生、文化等事业经费和固定资产投资增量主要用于农村，提高农村基础设施和社会事业发展水平。要发挥城市公共资源和服务的辐射带动作用，推动城市公共优势资源向农村延伸，使城乡居民共享现代化发展成果。

第四节　加快河北省新型城镇化与城乡统筹发展的重点举措

一、促进城镇化转型发展

坚持以人的城镇化为核心，以京津冀世界级城市群建设为载体，实施"一融双新"工程，有序推进农业转移人口市民化，优化城镇布局形态，创新体制机制，提高城镇建设管理水平。

（一）加快农业转移人口市民化进程

1. 有序推进农业转移人口落户城镇

加强对各类流动人口的落户引导。坚持存量优先、带动增量，尊重农民意愿，着力促进有能力在城镇稳定就业和生活的常住人口有序实现市民化，优先解决好进城时间长、就业能力强、可以适应城镇和市场竞争环境的农业转移人口在城镇落户问题。重点推进高素质技能型农民工、新生代农民工、私营企业主等条件相对成熟的群体转为城镇居民。提高高校毕业生、职业技术院校毕业生、技工等常住人口的城镇落户率。

实施差别化落户政策。按城市类型、经济规模和人口特征采取不同的户籍迁移管理办法。以合法稳定职业或合法稳定住所（含租赁）为前置落户条件，全面放开城区人口 100 万以下的城市和建制镇落户限制，合理确定城区人口 100 万以上的城市和首都周边城镇落户条件。承载压力大的地区可以根据城镇发展实际情况，对稳定职业、稳定住所的年限和范围做出具体规定。全面放开各类人才落户限制，放宽投靠类人员落户条件，具有城镇户口的人员其父母、子女均可投靠落户，对省外人员落户实行与省内人员同等待遇。创立社区公共户口，解决农业转移人口等迁入人员租赁住房无法落户问题。

健全农业转移人口落户制度。统筹考虑资源环境等综合承载能力和发展潜力，健全各类城镇落户制度，尽快形成以合法稳定职业或住所为户口迁移基本条件，以经常居住地登记户口为基本形式，城乡统一、以人为本、科学高效、规范有序的新型户籍制度。及时向全社会公布、宣传城镇落户政策，引导农业转移人口形成合理预期和流向。简化落户程序，完善管理制度，提高服务水平。维护进城落户农民土地承包权、宅基地使用权、集体收益分配权，探索建立进城落户人员资源土地承包经营权、宅基地使用权补偿机制。

2. 推进农业转移人口享有城镇基本公共服务

按照保障基本、循序渐进的原则，积极推进城镇基本公共服务由主要对本地户籍人口提供向对常住人口提供转变，实现对流动人口由重"管理、控制"向重"服务、保障"转变，逐步解决在城镇就业居住但未落户的农业转移人口享有城镇基本公共服务问题，使其在就业、养老、医疗、住房、子女教育等方面得到切实保障。

保障随迁子女平等享有受教育权利。科学制定学校布局和建设规划，使学校布局与城镇建设、人口变动相协调。健全统一的中小学生学籍信息管理系统，制定完善本省学籍管理实施细则，规范学生学籍管理，为学生学籍转接提供便捷服务。以流入地政府管理为主，将进城务工农民工随迁子女义务教育纳入当地城镇教育发展规划和财政保障范畴。以流入地全日制公办中小学接收为主，保障农民工随迁子女免费就近入学，平等接受义务教育。逐步实行农民工随迁子女在流入地接受免费中等职业教育政策。以流入地政府为主，普惠性幼儿园为主，努力解决农民工随迁子女学前教育问题。保障进城务工人员随迁子女享有公平受教育权利和升学机会，符合条件的随迁子女在流入地参加中、高考升学考试，享受与当地户籍学生同等待遇。

完善公共就业创业服务体系。建立健全以职业院校、用工企业和其他各类职业培训机构为载体的职业培训体系，大力实施"农民工职业技能提升计划"，加强就业技能培训、岗位技能提升培训、高技能人才和创业培训、劳动预备制培训、社区公益性培训和职业技能培训能力建设。实行农民工免费就业技能培训和技能鉴定，引导鼓励农民工取得职业资格证书和专项职业能力证书，提高就业创业能力和职业素质。加强基层公共就业服务平台建设，完善基层就业和社会保障服务设施，力争全省所有县（市、区）基本达标。推广秦皇岛、唐山试点市经验，进一步完善农村劳动力转移就业实名制动态管理制度。大力开展订单式培训和定向培训，培育劳务品牌，及时发布就业信息，推行就业服务进村入户。加大农民工创业政策扶持力度，落实税费减免、小额担保贷款、创业补贴等各项优惠政策。

推进农民工享有健全的社会保障。搞好城乡养老保险制度衔接，实现职工基本养老保险与城乡居民社会养老保险之间的转移接续。加快建立和完善新农合异地就医结算机制，适时整合城乡居民基本医疗保险制度，探索城镇居民、职工和新农合医疗保险衔接机制，实行一体化管理和服务。依法将农民工纳入城镇职工基本养老和医疗保险体系，提高农业转移人口参加城镇社会保障的比例。鼓励农村居民中无雇工的个体工商户、未在用人单位参加基本养老保险的非全日制从业人员以及其他在城镇灵活就业人员参加企业职工养老保险。完善失业保险制度，积极推动更多农民工参加失业保险，并按规定享受相关待遇。积极促进农民工参加工伤保险，切实维护农民工工伤保险合法权益。鼓励开办各类补充性养老、医疗、健康商业保险。

推进农业转移人口享有基本医疗卫生服务。根据常住人口配置城镇基本医疗卫生服务资源，提高农业转移人口集中的基层社区医疗卫生机构服务能力。按照国家要求制定流动人口享受国家 11 类基本公共卫生服务的相关政策，优先落实好健康档案、健康教育、儿童预防接种、传染病防控、孕产妇和儿童保健、计划生育六项基本公共卫生服务，抓好石家庄市流动人口和计划生育基本公共服务均等化试点工作，逐步推广普及。完善城乡医疗救助制度，逐步将符合条件的农民工及随迁家属纳入当地医疗救助范围。

加强农民工住房保障。把进城稳定就业的农民工纳入城镇住房保障体系，采取实物保障和租赁补贴等多种方式改善农民工居住条件。外来人口集中的产业园区、企业可在其工业用地总面积 7% 的行政办公及生活服务设施用地内集中建设宿舍型保障性住房，面向园区或用工单位就业人员出租。探索制定符合农民工特点的住房公积金缴存和使用办法，将稳定就业的农民工纳入住房公积金保障范围。稳步推进城中村改造，实现农民身份转为城镇居民、村委会转为居委会、集体经济资产转为规范的公司制运营。

3. 建立健全农业转移人口市民化推进机制

建立成本分担机制。加快建立健全由政府、企业、个人共同参与的农业转移人口市民化成本分担机制，明确成本承担主体和支出责任。政府主要承担义务教育、劳动就业、基本养老、基本医疗卫生、保障性住房以及市政设施等方面的公共成本，以城镇常住人口为转移支付的依据，加大各级财政对农业转移人口市民化的投入力度。企业要依法与农民工订立劳动合同，落实同工同酬制度，加大职业技能培训投入，依法为农民工缴纳职工养老、医疗、工伤、失业和生育等社会保险费用，帮助农民工解决好居住问题。农民工要积极参加城镇社会保险、职业教育和技能培训等，按照规定承担相关费用，提升融入城市社会的能力。把农民工市民化与农村产权制度改革结合起来，增强个人成本分担能力。

切实履行政府职责。省政府负责制定全省农业转移人口市民化总体安排和配套政策，市县政府负责制定本行政区城市和建制镇农业转移人口市民化的具体方案和实施细则。各级政府根据基本公共服务的事权划分，承担相应的财政支出责任，增强农业转移人口落户较多地区政府的公共服务保障能力。抓好石家庄等新型城镇化综合试点，加快建立财政转移支付、财政建设资金对城市基础设施补贴数额、城镇建设用地增加规模与农业转移人口落户数量"三挂钩"机制，促进农民工融入城镇。

完善农业转移人口社会参与机制。推进农民工融入企业、子女融入学校、家庭融入社区、群体融入社会，加强全社会对农业转移人口的人文关怀，建设包容性城市。提高各级党代会代表、人大代表、政协委员中农民工的比例，积极引导农民工参与党组织、工会和社团组织，引导农业转移人口有序参政议政和参与社会管理。

（二）优化城镇化布局和形态

1. 推进京津冀城市群协同发展

落实国家京津冀协同发展战略，按照优势互补、错位发展、强化联动的原则，以"一区、两翼、五轴（带）、多支点"为主骨架，提升区域中心城市功能，增强重要节点城市聚集能力，推动中小城市扩容提质，构筑城市群轴带发展框架，打造层次分明、梯度有序、分工明确、布局合理的区域城镇布局结构，促进京津冀城市群多城联动、协同发展。

推动京津保（廊）核心区率先联动发展。发挥保定、廊坊毗邻京津的区位优势，扩大保定城市规模，提升廊坊城市功能，全方位拓展与京津的对接融合，积极承接北京非首都功能疏解和京津产业转移，突出分工协作，增强综合实力，与京津共同打造京津冀城市群核心区。

提升石家庄、唐山两翼中心城市功能。积极拓展石家庄、唐山城市规模，加快提升城市功能，强化石家庄对京津冀城市群南部地区的核心引领和辐射带动作用，提升唐山对京津冀城市群东北部地区的辐射带动功能，增强石家庄、唐山与京津的协调联动和功能互补能力，带动冀中南、冀东北两翼加快发展。

培育发展区域中心城市和重要节点城市。强化邯郸在晋冀鲁豫接壤地区的中心城市地位，推动沧州发展成为滨海型产业聚集区和环渤海地区的重要港口城市，增强邢台、衡水规模实力，努力建设成京津冀城市群中具有重要带动作用的节点城市。充分发挥秦皇岛的滨海资源优势和张家口、承德的生态优势，打造服务首都的特色功能城市。加快定州、辛集、迁安、任丘等新兴城市发展，提升产业和人口聚集能力。

打造城镇发展轴（带）。按照全省主体功能区规划，在城市化地区实施轴带拓展战略，沿交通干线建设产业发展和城镇聚集轴带，以轴串点、以点带面，构筑城市群发展框架，重点发展京石邯、京唐秦、京衡、石衡沧、沿海等城市发展轴（带）。在西部、北部生态功能区，构建生态保障与绿色产业带，实施城镇据点式开发，促进集聚发展。

2. 做大做强区域中心城市

发挥中心城市在城镇化格局中的引领作用，明确功能定位，优化规模结构，提升要素聚集、科技创新、高端服务能力，增强对区域发展的辐射带动功能。

石家庄市：围绕建成京津冀城市群南部中心城市，强化省会职能，全面提升综合服务功能，增强辐射带动作用，不断晋升在全国省会城市的位次；优化空间布局，加快推进正定新区建设，构建"一河两岸三组团"的城市发展格局；优化产业结构，主动承接京津产业转移和科教文化功能，加快发展现代服务业和生物医药、新一代信息技术、高端装备制造等战略性新兴产业，加强区域性金融中心、商贸物流中心建设，积极推进科技创新及成果转化基地建设；优化生态环境，提升城市魅力，打造转型升级、绿色崛起的示范城市，努力建成功能齐备的省会城市和京津冀城市群"第三极"。

唐山市：围绕建成京津冀城市群东北部中心城市，推进中心城市发展重心向曹妃甸港区、京唐港区战略东移，加快唐山湾生态城建设，构建"两核一轴多组团"城市空间布局；以循环发展为方向，加快传统产业转型升级，积极承接北京新型重化工业和战略性新兴产业转移，着力发展精品钢铁、高端装备、现代化工、港口物流等产业，建设具有国际先进水平的重化工业和装备制造业基地以及综合性贸易大港，努力建成东北亚地区经济合作的窗口城市、环渤海地区新型工业化基地、首都经济圈的重要支点和京津唐区域中心城市。

保定市：围绕建设区域性中心城市，充分发挥地缘优势，积极服务北京非首都功能疏解，做大城市规模，努力扩大生态空间，着力做优城市环境，完善提升城市功能，提高综合承载能力；做强产业支撑，以白洋淀科技城、京南现代产业基地等为载体，发展高端装备制造、新能源、节能环保和临空经济、商贸物流等产业，承接首都部分高等院校、科研院所、医疗养老等功能疏解和产业转移，建设京南地区重要的综合交通枢纽、国家重要的新能源和先进制造业基地，努力建成创新驱动发展示范区和京津保区域中心城市。

邯郸市：围绕建设区域性中心城市，整合中心城区与周边城镇资源，做大城市规模，依托冀南新区、冀津循环经济示范园等重点园区，积极承接京津装备制造、现代物流等产业转移，加快传统产业优化升级，大力发展先进制造业、现代商贸物流、文化旅游等产业，加强历史文化名城保护，建设晋冀鲁豫四省交界的综合交通枢纽、全国重要的物流节点城市和京津冀城市群重要的工业基地，努力建成全国的先进制造业基地、区域性商贸物流中心和京津联动中原的区域中心城市。

3. 强化节点城市支撑作用

张家口市：紧紧抓住与北京联合举办冬奥会的契机，以绿色、低碳、智能为方向，加大生态环境保护和改善力度，完善城市综合服务功能，大力发展清洁能源、先进制造、大数据、文化旅游、特色农业等绿色经济，积极承接京津科技研发及成果转化和节能环保、商贸物流、教育医疗、休闲养老等产业转移，建设全国新能源示范城市和京津冀绿色农副产品保障基地，努力建成国家可再生能源示范区、国际休闲运动旅游区和奥运新城。

承德市：突出生态服务功能，走生态保护与绿色发展双赢之路，加强与京津在旅游会展、文化创意、教育科研、医疗卫生、健康养老和战略性新兴产业的协作配套，建设国家钒钛产业基地，加快发展清洁能源、先进制造等产业，打造世界文化遗产保护传承和创新发展示范城市，努力建成国家绿色发展先行区、国家绿色数据中心和国际旅游城市。

廊坊市：充分发挥"京津走廊"区位优势，以生态、智能、休闲、商务为方向，突出创新发展、高端发展，加强与京津地区的创新资源共享和产业对接协作，强化科技研发及成果转化功能，加快北京新机场和临空经济区等合作园区建设，大力发展现代服务业和战略性新兴产业，着力建设创新型城市。合理设定北三县开发强度，控制人口规模，以吸引北京高端产业、研发机构和企业总部转移为重点，积极探索绿色发展、集约发展、协同发展新模式。努力建成京津冀城市群科技研发及成果转化重要基地、战略性新兴产业和现代服务业聚集区。

秦皇岛市：围绕建设沿海强市、美丽港城，发挥滨海、生态、旅游等优势特色，加快西港搬迁改造工程和北戴河新区开发建设，推进国家现代服务业综合改革试点，深化与京津科研院所合作，加快发展休闲旅游、港口物流、会议会展、健康养老、数据产业等现代服务业和重大装备、电子信息等先进制造业，建设国家高新技术产业及成果转化基地，努力建成国际滨海休闲度假之都、国际健康城和科技创新之城。

沧州市：立足南连山东半岛、东出东北亚的区位优势，壮大中心城市规模、完善服务功能，积极承接北京装备制造、精细化工、新型特种材料等产业转移，与天津合作发展大宗港口物流和临港工业，加快黄骅新城建设，推动新型工业化与新型城镇化融合发展，努力建成环渤海地区重要沿海开放城市和京津冀城市群重要产业支撑基地。

邢台市：实施"一城五星"发展战略，提升城市功能、推进组团发展，加快邢东新区开发建设步伐，积极发展汽车、新能源及节能环保、新材料、精细化工、新型建材、农副产品深加工等产业，加快发展和转型步伐，努力建成国家新能源产业基地、产业转型升级示范区和冀中南物流枢纽城市。

衡水市：以建设生态湖城、美丽衡水为目标，加快推进综合配套改革实验区建设，依托工业新区和滨湖新区，承接京津食品加工、机械加工、纺织服装和健康养老等产业转移，加强特色产业集群建设，加快壮大经济实力，努力建成冀中南综合物流枢纽、安全食品和优质农产品生产加工配送基地、生态宜居的滨湖园林城市。

4.提升县城质量和水平

把加快发展中小城市作为优化城镇规模结构的主攻方向，实施"大县城"战略，加快县级市和县城扩容提质步伐，加强产业和公共服务资源布局引导，提高城区聚集产业、吸纳人口的综合承载能力和统筹城乡的服务能力，培育发展一批中小型现代城市。

把北京周边县城建设成环首都卫星城。发挥区位优势，明确功能定位，深化对接融合，把固安、永清、涿州、高碑店、滦平、怀来等一批县城（县级市市区）建设成特色鲜明、设施完善、生态宜居、品位一流、服务首都的功能性小城市，有序承接非首都功能和人口集中转移，打造有效承担首都部分功能的环首都卫星城，增强人口就地城镇化能力，吸引、承接外来人口，形成对京津都市的反磁力。

沿交通干线建设专业化"微中心"。按照"突出重点、统筹兼顾"的原则，综合考虑区位、交通、土地、水资源和能源保障、环境承载、人口及经济社会发展状况等，依托既有中小城市、城市新区和配套设施相对完善的开发区、产业园区，沿京广、京九、京沪、京哈、京张等铁路和高速公路通道，布局建设一批定位明确、特色鲜明、职住合一、规模适度、专业化发展的"微中心"，发挥比较优势，科学、合理、有序承接北京非首都功能疏解，以及聚集发展要求较高的产业或生产环节转移。

把有条件的县城建设成高标准中等城市。优先培育基础条件好、发展潜力大、区位条件优、经济实力强的县级市和县城，发展高标准的中等城市。鼓励引导产业项目聚集，依托优势资源发展特色产业，壮大产业实力，夯实产业基础。加强市政基础设施和公共服务设施建设，促进教育医疗等公共资源配置向其倾斜，完善丰富城市功能。

把大部分县城建设成高品质小城市。围绕增强承载力和吸引力，实施县城建设攻坚行动，着力完善服务功能，改善发展环境和宜居环境，提升城市品位，引导产业、资本、人口等要素向县城聚集。支持各县（市）统筹推进水、电、路、气、信等设施建设，所有县城全部实现集中供水、集中供热或清洁能源供热，污水处理厂全面达到一级 A 排放标准，垃圾处理场达到二级及以上标准。开展"三改一拆"专项行动，加大旧住宅区、旧厂区、城中村改造和违法建筑拆除力度，优化土地开发利用，改善居民人居环境。

推动县城产城教融合。支持每个县在县城周边建设一个省级以上产业园区，县域内有两个及以上的采取"一区多园"模式整合，促进产业园区与县城建设资源共享、设施配套、功能互补、融合发展。鼓励分散的乡镇企业入园发展，制定实施鼓励乡镇招商引资项目入园的"飞地"政策，对新上制造业项目在乡村选址的原则上不予核准或备案。优化县域教育资源布局，推动小学高年级向乡镇集中，初中向重点镇集中，高中和职业教育向县城教育园区集中，推广"产业园区＋标准厂房＋职业教育"发展模式，推动产城教一体化发展。人口少于 30 万人或面积小于 500 平方千米的县（市），原则上高中教育要设在县城。

5. 有重点地培育特色小城镇

按照因地制宜、分类指导、突出重点、彰显特色、引领示范的原则，加强规划引导，完善基础设施，改善发展环境，以多样化、专业化和特色化为方向，培育一批经济发达、环境优美、功能完善、特色鲜明的小城镇。大城市周边的中心镇，要加强与城市发展的统筹规划，逐步发展成卫星城。具有特色资源、区位优势的小城镇，要通过规划引领、市场运作，培育成为工业加工、商贸物流、文化旅游、特色农业、交通枢纽等类型的专业特色镇。远离中心城市的小城镇，要完善基础设施和公共服务，发展成服务农村、带动周边的综合性小城镇。加大对经济发达镇的支持力度，创新行政管理体制，提升城镇规划建设水平，推动经济发达试点镇加快向现代新型小城市迈进。全省重点培育100个特色小城镇，参照县城建设标准和政策支持小城镇基础设施建设。有条件的县（市）选择一两个镇重点支持，着力提高承载产业和转移人口的能力，增强服务功能，发展成县域副中心。鼓励有实力的企业积极参与小城镇建设，探索依托企业品牌建设特色城镇的新模式，支持英利科技工业小镇建设成产业特色突出、生态智能宜居的小城镇。

（三）提高城市可持续发展能力

1. 强化城市产业就业支撑

优化城市经济结构，推动工业转型升级。深入实施工业强省战略，加快传统产业改造提升步伐，培育壮大战略性新兴产业，推动产业向中高端迈进。加大用新技术、新工艺、新装备、新材料改造提升钢铁、装备、石化等优势传统产业力度，实施千项新产品开发、千项名牌产品培育"双千工程"，推动传统工业由初级产品向深加工产品拓展、低端产品向中高端产品演进。严格重点区域重点行业的排放限值，实施差别电价水价、要素激励等政策，有序化解过剩产能，加快淘汰落后产能。实施高新技术产业倍增工程，大力发展先进装备制造、以大数据为重点的电子信息、生物医药、新能源、新材料、节能环保、新能源汽车等新兴产业，集中资源扶持技术水平高、带动力强的企业发展壮大，支持每个市引进培育两三家领军企业，推动新兴产业集群发展。支持企业间开展战略合作和兼并重组，加快组织架构变革和流程再造，培育壮大一批拥有自主品牌和核心竞争力的优势企业集团。推动工业化与信息化深度融合，加快实施智能制造创新工程，积极发展新型制造模式和产业组织模式，培育催生新产业、新业态，促进传统制造向高端化、智能化和信息化方向转型升级。突出发展现代服务业。优先发展生产性服务业，大力发展生活性服务业，积极发展高端服务业，拓展新领域、催生新业态、构建新模式，促进服务业跨越式发展。实施金融服务、信息服务、科技服务、电子商务、文化旅游、会展产业、健康养老等重点行业发展行动计划。大力发展现代商贸物流业，建设钢铁、煤炭等国家级大宗商品交易平台，积极承接北京批发市场、物流功能疏解，打造大型现代商贸物流园区，建设石家庄、唐山、邯郸等国家级物流枢纽城市。大力发展文化旅游业，高标准建设环首都、环省会等旅游产业带，打造旅游知名品牌和精品线路，实施"燕赵乡村游"工程，构建京津冀大旅游格局，加快影视服务、动漫游戏、主题公园等文化产业发展，培育建设一批文化产业强县和聚集区，把文化旅游产业打造成支柱产业。大力发展大健康新医疗产业，推动医药医疗、保健养生、运动康体、健康管理服务等产业加快发展，构建"互联网＋医疗"服务体系，试点推行家庭电子医生。

增强城市创新能力。顺应科技进步和产业变革新趋势，发挥城市创新载体作用，大力实施创新驱动发展战略，以产业创新为主攻方向，全面推动技术创新、商业模式创新和管理创新，加快创新型城市、创新型县（区、市）建设。完善财政、税收、金融对创新发展的支持政策，深化科技管理体制改革，推动技术资本化、人才股份化，加大知识产权保护力度，大力倡导"尊重知识、尊重人才、鼓励探索、宽容失败"的创新文化，营造鼓励创新的制度环境和文化氛围。借力京津科研院所和高端人才优势，深化科技研发、成果转化等环节的对接合作，共建一批科技园区、技术交易市场、创新服务平台、产业技术创新联盟，打造京津冀协同创新共同体。开展石家庄、保定、廊坊国家全面创新改革试验，加快推进京南科技成果转化试验区建设。强化企业的创新主体地位，加强对企业创新基础能力和创新体系建设的支持力度，做大做强一批创新型领军企业，大力实施科技型中小企业成长计划，深化以企业为主导的产学研合作，在突破核心关键技术、提高主体装备水平、培育产品竞争优势、加强企业管理创新等方面取得实质性进展。大力推动园区创新发展，加快白洋淀科技城、中关村正定分园、北京大学秦皇岛科技园等创新和研发基地的规划建设，强化科技创新公共服务平台支撑，依托各类产业园区建设一批面向中小企业的成果孵化转化、技术咨询、融资投资等创新服务机构，推进科技成果产业化和高新技术应用。加强"巨人计划"、"百人计划"和"三三三人才工程"等人才培养扶持项目建设，壮大创新人才队伍，营造引才、用才、留才的良好环境，提高高等学校创新人才培养能力，积极探索面向京津高端人才的引进、合作模式，加快培育科技领军人才和企业家队伍，打造数百万计的具有专业技能的产业工人队伍，加快形成城市人力资本红利。深入实施"百家院校（所）进河北"活动，推进石家庄、唐山、秦皇岛国家级创新型试点城市建设，加快城市发展由要素推动向创新驱动转变。

营造良好创业就业发展环境。发挥城市创业平台作用，充分利用城市规模经济产生的专业化分工效应，放宽政府管制，降低交易成本，激发创业活力，为"大众创新、万众创业"营造良好环境。继续深化商事制度改革，减少、下放行政审批事项，完善"三个公开"、"三个清单"和"三证合一"登记制度，推广网上并联审批模式，提高审批效能，做多、壮大市场主体。完善优惠政策，全面落实鼓励自主创业的税收优惠、小额担保贷款、资金补贴、场地安排等扶持政策，强化促进创业的资金支持和公共就业服务，鼓励发展众创、众包、众扶、众筹支撑平台，建设一批低成本、便利化、全要素、开放式的众创空间和创新创业社区，培育各类创新人才和创新团队，促进以创业带动就业。实施"苗圃"、"雏鹰"、"科技小巨人"和"新三板挂牌"四大工程，大力发展科技型中小企业。加大对民营经济的支持力度，积极发展劳动密集型企业、中小微企业，加快发展就业容量大的服务业，做多、壮大市场主体，为城乡居民提供更多的就业机会。促进以高校毕业生为主力的青年就业和农村转移劳动力、城镇困难人员、退役军人就业。结合产业升级开发更多适合高校毕业生的就业岗位，实行激励高校毕业生自主创业政策，实施离校未就业高校毕业生就业促进计划。加强在岗职工继续教育和培训工作，推动产业转型升级和淘汰落后产能过程中失业人员的再就业。加大对就业困难人员的就业援助力度，鼓励灵活就业，确保城镇零就业家庭动态为零。

2. 提升城市公共服务水平和管理效能

加快发展城市公共交通。构建以公共交通为主体的城市机动化出行系统。实施"优先发展公共交通行动计划"，加大大容量车辆、客运枢纽、调度中心等设施投入，在城市骨干道路设置公交专用车道，100万人以上人口城市规划建设大运量快速公交系统，加快石家庄轨道交通建设，推进唐山、邯郸等具备条件的城市规划建设轨道交通。优化公共交通站点和线路规划，加强公共交通智能化建设，推动多种交通方式、城市道路交通管理系统的信息共享和资源整合，全面推广公共交通"一卡通"，提高公共交通运行效率。强化交通综合管理，提高运营服务水平，有效控制、合理引导个体机动车交通需求，提高公共交通出行比率。大力推广清洁能源汽车，加快淘汰老旧车辆。倡导绿色出行，合理设置步行道和自行车道，大力发展立体步行系统和步行街，加强无障碍设施建设，形成比较完善的城市慢行交通网络。

加强市政公用设施建设。加强城市供水、污水、雨水、燃气、供热、通信、消防等各类地下管网的建设、改造和检查，确保管网漏损率控制在国家标准以内。积极推行城市综合管廊建设，统筹地下人防工程及各类设施、管线布局，新建城市主干道路、城市新区、各类园区应实行城市地下管网综合管廊模式。推进城乡统筹区域供水，尽快完成南水北调受水区配套水厂和管网建设，加强饮用水水源开发与保护，限期关闭城市公共供水管网覆盖范围内的自备水井，提高供水水质，保障饮用水安全。完善生活垃圾收集、中转、运输网络，加快垃圾中转站、压缩站和无害化处理设施建设，开展生活垃圾分类试点和存量垃圾治理，推进医疗和餐厨废弃物无害化处理。按照"全收集、全处理"的要求，加强城市污水处理设施建设管理和升级改造，提高污泥处置率和污水再生利用率。加快天然气利用工程建设，完善输配气管网和调峰设施，提高城镇燃气普及率。大力发展集中供热，加快热源建设及管网改造步伐，淘汰小燃煤供热锅炉，推广燃气、地热、太阳能等多种形式的新能源供热。加强城市配电网建设，优化骨干电网结构，推进城市电网智能化，提高城市配网互联和供电能力，保障城市供电安全可靠。规划建设电动汽车充电设施，改善电动汽车使用条件。合理布局建设城市停车场和立体车库，新建大型商业设施要配建货物装卸作业区和停车场，新建办公区和住宅小区要配建地下停车场。

完善基本公共服务体系。根据城镇常住人口增长趋势和空间布局，统筹布局建设学校、医疗卫生机构、文化设施、体育场所、便民市场、消防设施等公共服务设施。优化学校布局和建设规模。新区开发、住宅小区建设和旧城改造，同步规划建设中小学、幼儿园等教育设施。加强对师资薄弱学校的投入，增加学校容量，提升办学质量。支持名校和薄弱学校联合办学，推动教育资源合理分布、教学水平整体提高。建立健全公共卫生服务体系。科学规划布局综合医院、专科医院和社区卫生服务机构，完善重大疾病防控、妇幼保健、卫生监督等专业公共卫生机构和计划生育服务网络。加强县级医院、乡镇卫生院、社区卫生服务机构建设。健全社区卫生服务机构与城市大医院之间的分工协作、分级诊疗、双向转诊的医疗卫生服务体系，将符合条件的社区卫生服务机构纳入城镇职工基本医疗保险定点医疗机构范围。完善食品、药品质量安全检测体系，提高动态监管能力和水平。优化社区生活设施布局。加强社区服务设施建设，完善物流配送、便民超市、肉菜市场、家庭服务中心等便民利民服务网络，基本形成"一刻钟生活服务圈"。完善文体设施网络。实施公共文化服务设施达标工程，开展公共文化服务示范县（区）创建工作。加强图书馆、博物馆、群艺馆、文化馆、乡镇综合文化站、文化广场、社区文化活动场所等公共文化设施建设，实施公共文化服务项目和其他公共服务项目共建共享。加快体育健身基础设施建设，各设区市均建有全民健身活动中心和体育健身公园，县区普遍建有综合性公共体育健身设施，街道、乡镇全部建有全民健身活动站点。加强社会保障服务设施建设。科学布局养老机构，加快社区养老服务照料中心（站）建设，积极探索社区养老和居家养老相结合的新模式，大力培育专业化养老机构和从业人员。完善社会福利和社会救助设施建设，加强就业服务设施和社会保障综合服务平台建设，实施社会保障"一卡通"。创新公共服务供给方式。积极引导社会力量参与公共服务建设，扩大政府购买服务规模，实现供给主体和方式多元化。建立起比较完善的政府向社会力量购买服务的制度体系、高效合理的公共服务资源配置体系和供给体系，逐步提高城镇居民基本公共服务水平，在学有所教、劳有所得、病有所医、老有所养、住有所居上持续取得新进展。

提升城镇管理效能。完善"两级政府、三级管理、四级落实"城市管理体制，下移管理重心，推动城市管理部门联动和功能整合，改善城管执法体制，推行相对集中行政处罚权，形成精简高效的工作机制。拓展数字化城市管理平台，整理复核供水、排水、燃气、供热、通信等各类管线信息，并将其纳入数字化城市管理平台，实现对地下管线的综合管理、应急指挥和全面服务，推进数字化城市管理平台向县城延伸。完善道路交通、市政设施、公园广场、环境卫生设施等城市管理标准化体系，量化管理目标，细化管理标准，提高便民服务水平，实现城市管理工作标准化、人性化、精细化、社会化。开展城镇环境容貌综合整治，建立精细管理长效机制，实现城镇容貌干净、整齐、有序。

3. 优化城市内部空间结构

改造提升中心城区功能。提升城市中心城区功能，设置人口密度控制标准，推动人口密度过大城区的部分功能向新区疏散，强化大中城市中心城区金融、文化、商务、科技、信息等高端服务功能，促进各主要功能之间相互支撑、融合发展。优化中心城区发展空间，统筹规划地上地下开发，大力发展楼宇经济，合理组合商业、办公、居住等功能，鼓励建设复合功能区和城市综合体，增加生态绿化和休闲娱乐空间，推动城市生产、生活、生态空间合理分布，促进功能适度混合和职住基本平衡。按照国家城市市辖区设置标准，优化市辖区规模和结构，合理确定功能定位，构建功能清晰、分工合理的市辖区格局。坚持城市中心区旧城改造与功能提升并举，注重城区旧城改造工程与城市总体风貌相协调，健全旧城改造机制，有序推进老城区升级改造，促进土地高效利用和城市功能提升。加快中心城区工业企业搬迁改造，大力推进棚户区改造，稳步实施城中村改造，有序推进旧住宅小区综合整治和危旧住房改造，全面改善人居环境。

规范新城新区建设。科学编制新城新区发展规划，以产业规模、人口密度、功能作用和资源环境承载能力为基准，科学规划新城新区建设数量和规模，合理安排开发时序，严格控制建设用地规模，确保新城新区建设集约高效、布局合理。正确处理新城新区与相邻城区之间的关系，为中心城区疏解功能、转移产业、减少人口压力提供新空间。统筹新城新区生产、办公、生活、商业等功能区建设，完善市政基础设施和公共服务设施，推进功能混合和产城融合，在聚集产业的同时加快人口的聚集，防止新城新区空心化。加强现有产业园区城市功能建设，推动单一生产功能向城市综合功能转型，为促进人口聚集、发展服务经济提供良好条件。高标准推进唐山湾生态城和黄骅新城建设，加快曹妃甸区、渤海新区、北戴河新区、正定新区、冀南新区、邢东新区和滨湖新区等经济功能区发展，建设成全省重要的产业发展新平台和人口聚集新城区。

推动城市组团式发展。整合中心城市与周边城镇资源，构建以中心城市主城区为核心、周边县（市）为组团的发展格局。统筹城市总体功能定位、产业布局、基础设施建设，突出主城区与周边县（市）错位发展，形成布局合理、功能衔接、各具特色、联系紧密的组团式城市。科学划定城市发展边界，遏制中心城市"摊大饼"式扩张，注重保持原有绿地空间的整体性与系统性，加强快速交通走廊和生态廊道建设，强化组团城市之间区域性绿地和中心城市环城绿带建设，保留通风廊道，扩大环境容量和生态空间，促进城市建设与生态环境协调融合。力争通过三年的努力，基本确定各设区市和县城的空间格局，建成连接主城区和卫星城的景观大道。

4. 培育城市魅力特色

建设绿色城镇。将生态文明理念贯彻到城市规划和建设的全过程，构建绿色生产方式、绿色生活方式和绿色消费模式。实施严格的环境准入标准和污染排放标准，积极推行绿色制造和清洁生产，严格控制高耗能、高排放行业发展。节约集约利用土地、水、能源等资源，完善城市废旧商品回收和垃圾分类处理系统，大力发展循环经济，以国家级和省级产业园区为重点，加强循环化改造，强力推进废物交换利用、能量梯级利用、废水循环利用和污染物集中处理，推动再制造业规模化、产业化发展，建设"城市矿产"示范基地。加强城市扩展区原生生态系统保护力度，建设城郊生态防护绿地、水系、环城林和郊野公园。科学规划建设城市绿地系统，积极推行立体绿化。提升完善绿地功能，推行绿岛网络建设。积极保护和治理城市河湖水生态，加强河湖水体沿岸绿化建设，建设城市生态廊道，推广下凹式绿地建设，保持合理的雨水渗漏功能，提高城市的雨洪蓄滞能力。通过增加绿量、提高绿质，进一步提升城市园林绿化水平。实施绿色建筑行动计划，严格绿色建筑标准及认证体系，扩大强制执行范围，加快既有建筑节能改造，大力发展绿色建材，加快住宅产业现代化发展步伐，强力推进建筑工业化、标准化。提高新能源和可再生能源利用比例，推广使用新能源汽车，大力发展和完善步行、自行车系统等绿色交通基础设施，合理控制机动车保有量，加快主城区污染企业环保搬迁与升级改造，改善城市空气质量。推进保定、石家庄、秦皇岛国家低碳城市试点，积极创建文明城镇、卫生城镇、园林城镇、环境保护模范城镇。

建设智慧城镇。坚持城市信息基础设施与市政公用设施、公共服务设施同步规划、同步建设，大力推进"宽带中国"战略，推动物联网、云计算、空间数据库等信息技术创新应用，促进信息化发展与城市发展深度融合。全面推进"三网融合"，合理布局建设新一代移动通信网、下一代互联网、数字广播网、卫星通信、数字中心等设施，大幅提升宽带网络速度，扩大无线局域网覆盖范围（推进信息网络宽带化），基本实现城市光纤到楼入户、农村宽带进乡入村。推进城市基础信息库建设，积极发展智能交通、智能电网、智能水务、智能管网，完善城市地理信息、社会治安、环境管理、市容管理、灾害应急处置等智能化信息系统。强化信息资源社会开发利用，推动跨部门、跨行业、跨地区的政务信息共享和业务协同，促进城市规划管理信息化、基础设施智能化、公共服务便捷化、产业发展现代化、社会治理精细化。坚持试点先行、以点带面，抓好石家庄、秦皇岛、廊坊、邯郸等13个国家级和30个省级智慧城市试点建设，支持试点城市制定鼓励市场化投融资、信息系统服务外包、信息资源社会化开发利用等吸引各类市场主体共同参与智慧城市建设的政策。

建设人文城镇。突出城市的地域、历史和文化特色，注重城市文化资源发掘，强化燕赵文化传承创新，把城市打造成历史底蕴厚重、时代特色鲜明的人文魅力空间。搞好城市设计，明确城市风貌特色定位和空间总体框架，合理控制建筑体量、高度、材质、色彩，着力提升城市重要街区和建筑群体的文化品位。塑造城镇特色空间，建设一批特色风貌街区和精品建筑，承载城镇文化内涵。提高建筑设计文化艺术水平，充分融入中国元素和燕赵文化，推进现代艺术与传统文化相结合。统筹城镇建设和文化遗产保护，在旧城改造中最大限度地保留古代建筑，注重单体建筑美观舒适、富有特色，使建筑物与周边环境协调融合、浑然一体。实施历史文化名城名镇名村、古树名木和风景名胜资源保护工程，对历史建筑、传统村落和古树名木进行普查鉴定、建立名录、登记挂牌、分级保护。开展千年古县、千年古镇、千年古聚落地名申报保护工作。挖掘保护非物质文化遗产，传承和发扬优秀历史文化，推动地方特色文化发展，保存城市文化记忆。加强城镇公共文化设施建设，创新公共文化设施运营模式，丰富和提升城镇居民文化需求。加强精神文明建设，培育新河北人文精神和独具特色的城市精神，着力推进文化创新，打造更多具有燕赵风格、河北气息的文化品牌，鼓励城市文化多样化发展，促进传统文化与现代文化、本土文化与外来文化交融，形成多元开放的现代城市文化。

二、推动县域经济提升增效

放手搞活民营经济，做大做强县域特色产业，加快县城提质扩容，培育壮大园区经济，不断增强县域经济的实力、活力和竞争力。

（一）实施分类指导

推动经济强县率先发展。鼓励产业项目在资源环境好、发展潜力大的县（市）布局，做大做强支柱产业和产业集群，培育一批实力雄厚的经济强县，重点在产业转型、做大县城、统筹城乡等方面取得突破，优先支持工业总产值超千亿元的县（市），打造引领全省县域经济发展的"排头兵"。

支持发展较快、实力较强的县加快发展。采取有效措施支持其他发展较快、实力较强的县挖掘发展潜力，加快培育特色优势产业，壮大龙头企业，增强综合实力，努力成为经济强县。

推进贫困县脱贫甩帽加速发展。加大力度帮扶贫困县，发展特色产业，提升经济总量，力争提前脱贫甩帽。对 62 个省级以上贫困县大力推进扶贫攻坚，明确脱贫时限，落实责任主体，突出攻坚重点，实行动态管理，加强政策扶持。

对传统农业大县，在完善利益补偿机制、培育壮大优势农业产业体系的基础上，把农产品的生产、转化、加工、流通作为完整的产业链条，进行系列开发和精深加工，提高综合效益。

促进区位优势县跨越式发展。对紧邻中心城市的县（市），要围绕中心城市发展需要，比照城区规划建设县城，按照功能分区确定产业发展重点，尽快与中心城市融为一体。沿海各县（市）要借力沿海地区发展规划的实施，率先建成小康。环京津各县（市）要抢抓京津先进要素外溢的机遇，实现跨越式发展。

按照不同的发展基础、基础条件和功能定位，依据经济规模、投资规模、产业发展、科技进步、县城建设、美丽乡村建设、劳动就业、财政税收、居民收入、生态环境、党的建设、群众满意度等，综合考核县域发展情况，实行县域发展排名通报制度，并与县（市）党政主要领导干部任用直接挂钩，激励县域经济社会快速发展。

（二）促进县域民营经济顺利发展

加强法制建设，树立服务理念。通过法规确定河北省民营企业的地位，维护民营企业的合法权益。全面贯彻实施《河北省中小企业促进条例》，并围绕民营企业发展所需的公平竞争、融资、创新、人才培养、信息化等诸多环境建设，强化河北省的民营企业法规体系建设，使河北省的民营企业法规体系更加科学、完备和高效。在民营经济管理部门中树立民企发展主体意识，消除"管理部门对民营企业而言是老爷、是父母官"的思想，在思想上和行动上摆正管理部门、服务机构与民营企业之间的依存关系。建立重点民营企业联系制度，定期组织企业与部门对话，切实解决企业发展中遇到的困难。

降低市场准入，提高金融保障。抓紧制定出台"河北省民营经济市场准入负面清单"，推进工商注册制度便利化、简单化，落实由"实缴登记制"改为"认缴登记制"、由"先证后照"改为"先照后证"、由"检验制度"改为"报告制度"的改革。降低金融行业准入门槛，鼓励民营资本设立银行、参与互联网金融。建立河北省民营中小微企业信用信息系统，促进金融机构对中小企业授信支持，鼓励支持有实力的县域民企上市融资。在条件成熟的情况下，试行建立地方民营企业政策性银行。

完善服务体系，强化政策扶持。加快重点产业集群和民营企业集聚区公共服务平台建设，制定《河北省民营企业社会服务体系建设发展规划》，逐步形成以政府主导的民营企业服务机构为核心和"龙头"，以行业协会（商会）和专业服务机构等为支撑，各层级服务机构纵向贯通、各类服务机构横向协同、各类服务资源开放共享、各方面服务健全完善的民营企业服务体系。把构建公平竞争机制视为一项长期持久的战略任务，为民营企业发展营造公平、公正、健康的市场竞争环境。建立民营企业参与政府采购的信用管理制度，强化政府在政府采购、土地审批等方面的扶持政策。

（三）推动产业结构优化升级

坚持以大开放促升级。抢抓京津冀一体化机遇和南资北移的有利时机，加大招商力度，谋划引进一批大项目、好项目，打造经济发展新引擎。结合国家有关产业政策，以区域一体化的视野对现有重点产业进行深入论证、科学定位，重点对国家支持、发展前景广阔的产业进行培育和布局，依产业布局定位开展招商引资。积极参与和推动更广阔区域范围内资源有效配置，促进生产要素在区域间自由流通，努力推动区域市场一体化。创新区域合作机制，深化与发达地区的战略合作，多层面、多形式与央企、大型民企和国外大企业开展对接合作。

坚持以市场开发领升级。充分发挥各县区域内的物产、区位、产业优势，加快建设具有区域资源特色和优势的商贸市场，如山产品、绿色食品、建材、小五金等商贸流通市场等，以市场开发建设带动优势资源的市场转化。进一步强化资本市场开发意识，鼓励有条件的县市加快企业上市融资步伐，依靠资本市场激励和助推企业经营模式升级。充分利用网络市场信息量大、受众面广和速度快、效率高、成本低的特点，积极拓展县域特色产业的市场范围，利用电子商务催化河北省县域商业模式转型。

坚持以园区建设助升级。充分利用河北省粮食、果蔬、奶畜等优势资源，大力发展农产品加工园区，提高农产品附加值，延伸产业链，以工业化带动农业产业化。以县城园区建设为核心，实施产业集群示范工程，以城市信息和技术优势以及良好的市政设施服务助力产业升级，实现企业集中布局、产业集群发展、资源集约利用、功能集合构建，提高县域特色产业的整体发展水平。打造高标准新型园区经济，按照资源高级化、技术高端化、生产低碳化、服务公共化的思路，加快推进各类园区提档升级，促进县域新型工业化，影响和带动整体县域经济内在层次和创新能力的不断提升。坚持产城互动发展，将产业园区用地纳入县城总体规划和土地利用总体规划允许建设用地范围，根据产业特点与建设规模，统筹谋划产业项目、园区建设与城镇发展。支持企业利用PPP等模式进行基础设施建设，促进符合条件的产业园区扩区升级，将产业园区建成新型城区。

坚持以龙头企业带升级。通过整合、重组、并购、引进等途径，做大做强龙头企业。鼓励龙头企业抓住科技进步和提高劳动者素质两个核心环节，通过培育、引进科技人才，推进科技进步与创新，更加注重科技成果落地转化，提升自身科技研发和服务能力。积极引导龙头企业在县域内延伸产业链条，深化与周边集群的合作，发挥其辐射带动作用。围绕支柱产业、龙头企业和优势产品加强品牌建设，鼓励企业依法申报知名商标，支持企业争创国家级知名品牌，加快研发一批拥有自主知识产权和国际竞争力的知名品牌，提升产业集群主导产品附加值。

坚持以特色产业集群扶升级。实施产业集群示范和提升工程，推动项目入园、龙头带动和链式发展，培育一批产业集群龙头企业和区域品牌，增强县域产业集群的综合竞争优势。以产业园区为载体，以龙头企业、重点项目为支撑，每个县集中支持一个主业突出、特色鲜明、市场竞争力强的产业集群，打造一批年营业收入超十亿元、超百亿元的产业集群。采取合同约定的方式，省里确定一批产业园区实行税收地方留成分享办法，对县域内主营业务收入超十亿元、超五十亿元、超百亿元的龙头企业和新成长的科技"小巨人"给予管理团队奖励。

（四）做优做强现代农业

优化农业区域布局。集中力量建设环京津、环渤海、沿燕山—太行山优质农产品产业带，加快建设京津冀菜肉蛋奶果生产供应基地、绿色食品生产加工物流基地，构筑"一圈四区一带"现代农业新格局。环京津都市农业圈，建成京津"菜篮子"产品重要供给区，农业先进生产要素聚集区和农业多功能开发先行区；山前平原高产农业区，建成粮食、蔬菜、畜禽等重要农产品生产、加工、物流基地；黑龙港节水农业区，建成国家节水农业综合示范区和绿色农产品供应基地；燕山、太行山生态农业区，建成绿色生态、特色鲜明的沟域经济产业带；坝上高原特色农牧区，建成高原特色有机农产品供给基地和高压特色休闲旅游度假区；沿海水产经济带，建成京津冀特色水产品供应基地和特色水产品出口创汇基地。

调整优化农业结构。加强粮食生产核心区建设，"以水定产"，适度调整黑龙岗等地区高耗水粮食种植；稳夏增秋，优化粮食作物结构，提高粮食生产能力和综合效益。调整优化畜牧业结构，巩固发展生猪、禽蛋等传统优势产业，不断提高草食畜牧业比重，按照粮经饲三元模式，在农区实行"以养定种"；山坝地区建立草畜平衡制度，实现"以草定牧"，增草增畜。促进蔬菜产业提档升级，实现稳量增效，加快建设蔬菜大县和集中产区，形成区域性标志和品牌。大力发展果品产业，加快建设太行山、燕山、冀东、冀中南优势果品带，培育七大优势果品基地。积极发展特色水产、中药材、食用菌、苗木园艺等特色优势产业。

创新农业经营方式。积极培育新型经营主体，发展多种形式的适度规模经营。加快培育农业服务组织，开展政府购买农业公益性服务，推行合作式、托管式、订单式等服务形式。大力开展农产品加工业，推进农业产业化经营，推行政府、龙头企业、金融组织、科研机构、合作组织、农户"六位一体"的产业化经营模式，重点扶持一批行业产业联盟型经营组织，提升农业产业化经营水平。推进第一、第二、第三产业融合发展，以现代农业园区建设为平台，聚集资金、项目、科技和人才等要素，把适度规模经营与延伸农业产业链有机结合，引导农民通过合作、联合等方式发展规模种养业、农产品加工业和农村服务业。努力开发农业多种功能，挖掘农业的生态价值、休闲价值和文化价值，发展休闲农业。实施山区综合开发工程，抓好沟域经济，发展现代山地特色高效农业，打造现代农业、扶贫农业、乡村旅游、生态建设综合发展示范带。实施农产品品牌战略，开展农业品牌塑造培育、推介营销和社会宣传，着力打造一批有影响力、有文化内涵的农业品牌，提升增值空间。全面推行农业标准化生产，实现生产设施、过程和产品标准化。加强农产品产地环境监测和农业面源污染检测，强化产地安全管理。加强农产品质量安全监管，探索建立有效的监管机制和模式。

大力发展生态农业。科学合理利用耕地资源，促进种地养地结合，探索实行耕地轮作休耕试点。大力发展节水农业，落实最严格的水资源管理制度，推进农业水价改革，结合农艺、生物、设施、管理等综合节水措施，实现灌溉用水总量零增长。治理农业面源污染，全面推进测土配方施肥，实现主要农作物测土配方施肥全覆盖，建立科学施肥管理和技术体系，实现化肥使用总量零增长；加强农药使用管理，大力推广应用高效、低毒、低残留的生物农药，实现农药使用总量零增长；建立多元化、产业化利用秸秆的收储运体系，基本实现秸秆全量利用；建设畜禽养殖粪污处理设施，实现畜禽粪便资源化利用；推广使用标准地膜，建立完善废弃地膜回收再利用体系，加快治理地膜"白色污染"。

强化农业科技创新。进一步完善农业科技创新体系，推进京津冀农业科技协同创新，建设环首都现代农业科技示范带，实施环渤海粮仓工程和粮食丰产科技工程，加强农业标准化建设，提升农业科技创新能力。加强基层农技推广队伍建设，创新农技推广服务模式，提升农技推广服务效能。构建新型种业创新体系，提升种业创新能力。大力推进农业信息化，建设农业综合信息服务平台，发展农村电子商务，积极支持全省大型农产品批发市场信息化建设，推进"互联网+"在农业生产领域的应用。大力培育新型职业农民，实施新型职业农民培育工程、现代农场主和农村实用人才培养计划，建设一支高素质的新型职业农民队伍。

三、建设富有河北特色的美丽乡村

把美丽乡村建设作为农业农村现代化的综合抓手，与扶贫攻坚、现代农业发展、山区综合开发、乡村旅游业发展统筹推进，坚持城乡空间差异化发展，结合产业特色、区位条件和发展定位，配套完善农村基础设施，加强保留村庄整治和特色村庄保护，全面改善农村生产生活条件，全力打造农民幸福生活的美好家园。

（一）坚持分类推进

坚持因地制宜、分类指导，科学编制县域村镇体系规划和镇、乡、村庄规划，对村庄发展定级定位，按照保留村、撤并村、中心村、历史文化名村（少数民族特色村）和贫困村等实施分类指导和建设。

保留村，按照"修旧为主、建新为辅、保留乡村风情、改造提升品位"的要求，一村一策，就地改造。撤并村，对生态移民村、自然消亡村实施搬迁撤并；将城中村、城郊村纳入城市统一规划、建设和管理，加快农村向城市、村组向社区、农民向市民转型，有条件的发展为城市居民就近度假目的地。中心村，引导农村人口相对集中居住，促进土地节约集约利用、基础设施和公共设施同建共享，着力打造一批符合全面小康要求的农村新型社区。历史文化名村（少数民族特色村），坚持开发与保护、培育与传承相结合，将历史文化古迹与村庄环境融为一体，彰显燕赵文化特色。贫困村，重点倾斜、精准帮扶，在农民增收脱贫的基础上，改善生产生活条件，与全省同步达到小康。

（二）改善生产生活条件

坚持生活富裕。有序引导农村住宅和居民点建设，精心设计建设体现地域特色、注重美观实用、满足农民多样化需求的新民居，有条件的增加旅游接待功能和休闲养老功能。扎实开展"三清一拆"、"三水共治"、厕所改造、道路硬化等工作，切实改善农村人居环境。加强乡村旅游服务网络、农村邮政设施、快递服务设施和宽带网络建设，增加农村商品零售、餐饮及其他生活服务网点，形成方便快捷的"居民服务生活圈"。

坚持产业兴旺。景区内及周边村庄、历史文化名镇名村、少数民族特色村等，坚持整体包装打造，把田园变成风景、把农房变成景观、把村庄变成景区，建成一批乡村旅游专业村。依托资源优势、产业基础，着眼于发展第六产业，引进培育一批广覆盖项目，形成一批以农特产品种养、精深加工等为主的专业村。充分发挥农村土地资源、劳动力资源相对丰富的优势，积极开发类型多样、市场前景好的家庭手工业项目，加大品牌营销，健全销售网络，打造一批特色工贸和家庭手工业专业村。抓住国家实施"互联网+"行动计划和商务部等联合印发《关于加快发展农村电子商务的意见》的契机，加快推进农村电子商务发展，建立淘宝"特色中国馆"县级馆，打造一批电商专业村。

坚持乡风文明。广泛开展弘扬"好家风、好家训"活动，发挥村民议事会、道德评议会等群众组织的作用，促进移风易俗。深入开展"星级文明农户"、"五好文明家庭"等创建评选活动，激发农民群众的荣誉感和上进心。广泛开展科学知识、实用技术、职业技能培训，引导农民群众树立与市场经济相适应的现代理念，提高创业本领和致富能力。坚持科学统筹，整合基层宣传文化、党员教育、科学普及、体育健身等设施，建设农村基层综合性文化服务中心，做到综合利用、共建共享。完善乡村治理新机制，重点建立办事服务站和群众工作站两个平台，让群众好办事，好说事。

坚持生态宜居。将生态文明理念融入美丽乡村建设全过程，把保护好农村自然生态放在关键位置，使青山常在、绿水长流、空气常新。根据自然条件和资源禀赋，在房前屋后、道旁河边、村里村外，大力开展植树造林活动，建设环村林带，发展庭院经济种植花果蔬菜，实行立体绿化、生态种植，打造庭院深深、绿树荫荫、村在林中、人在绿中的乡村环境。落实补贴政策，推进厨房改造，加大清洁型炉具、灶具推广应用，推广转化利用新技术，有条件的地方实行煤改地热、煤改太阳能、煤改电、煤改气等新型能源，提高热能利用效率，降低农村煤炭使用量。采用 PPP 运作模式，推广适用技术，引进专业企业统一进行垃圾收集、运输和处理。

（三）强化政策支持引导

拓宽投融资渠道。建立省、市、县三级美丽乡村建设投融资公司，通过政府委托代建、购买服务模式，利用农业发展银行等长期低息贷款进行融资，分期贷款和还款。实施科学有效的激励政策。对获得省级美丽乡村荣誉称号的村，按照村庄规划、民居样式、实施"四新"（新材料、新技术、新装备、新样式）改造的村，列入联村并建或整村新建中心村示范点给予奖励。加大民居改造力度。统筹使用异地扶贫搬迁、保障性住房、危房改造和节能建筑改造政策，确保全面完成农村危房改造。推行"六位一体"经营模式。支持村村组建法人合作社和股份合作体，将项目和资金到户转为资本和权益到户，实现资源变股权、资金变股金、农民变股东。建设河北美丽乡村云。利用大数据平台和技术，对各地特色农产品、乡村旅游资源及相关建设信息集中整理，提高美丽乡村建设和管理水平。

（四）打赢精准扶贫脱贫攻坚战

实施"五个一批"攻坚行动。一是通过生产和就业发展一批。对有劳动能力的贫困人口，通过扶持生产和就业发展实现稳定脱贫。二是通过移民搬迁安置一批。对居住和生存条件恶劣的贫困人口，通过移民搬迁安置实现稳定脱贫。三是教育培训就业一批。把扶志和扶智相结合，对贫困家庭考上大学本科的学生实行奖励加贴息贷款政策，对贫困户子女实施免费高中教育，安排贫困户子女到大中城市接受学费、生活费全免职业教育，优先安排就业。四是通过低保兜底一批。对无劳动能力的低保和"五保"对象，把低保线提高到扶贫线，实现"两线合一"，实施政策性兜底扶贫。五是通过医疗救助一批。对因病致贫、因病返贫的贫困人口，建立医疗救助机制。

实施"九大增收工程"。一是首都"后花园"工程，在燕山地区重点发展优质林果业、乡村旅游、养老服务等项目。二是山区综合开发工程，在太行山地区实施长短结合、以短为主战略，大力发展沟域经济、生态农业项目。三是生态涵养工程，在坝上地区建设节水有机菜基地，大力发展风力发电、光伏发电、现代畜牧业等项目，开展资产收益扶贫。四是"大菜篮"工程，在黑龙港地区通过规模经营和园区建设，发展节水设施蔬菜。五是"新业态"工程，重点推进旅游扶贫。六是龙头企业带动工程，建立利益链接机制，龙头企业对贫困户带动率大幅提升，增强贫困群众持续增收能力。七是教育扶贫工程，对贫困家庭子女提供扶贫助学补助、助学贷款等扶持政策，促进"两后生"就业创业。八是劳务协作对接工程，推进京津冀扶贫协作，帮助贫困地区劳动力向京津转移。九是"互联网+扶贫"工程，搭建信息平台，将贫困地区资源变成"资本"，将农特产品变成"商品"。

　　构筑政府、市场、社会协同推进大格局。一是坚持政府主导。持续增加投入，继续增加省级财政扶贫资金投入，建立市县专项扶贫资金的倍增机制，为实现贫困地区减贫、脱贫提供稳定资金支持。持续强化政策支持，继续实行省财政对国家重点县"三税返还"的财政体制激励政策，继续加大金融、保险、教育、基础设施和公共服务等方面的支持力度，实行投资倾斜政策，加大对贫困地区生态补偿力度。继续支持贫困县实行土地增减挂钩和占补平衡政策。实行行业部门倾斜，有关行业部门规划要体现向贫困地区和贫困人口倾斜的要求，并与减贫人口挂钩。二是发挥市场机制作用。更加注重运用市场思维和市场机制推进扶贫开发，大力推行股份合作制经济，吸引资源要素向贫困地区流动。充分利用城乡建设用地增减挂钩等政策，通过土地流转、股份合作、金融支持等方式，吸引民营企业、城市工商资本和科技创新人才向贫困地区流动。吸引市场主体到贫困地区投资兴业，大力引进和培育产业化龙头企业，发展新型农民合作组织，培育家庭农场，通过资金、土地入股等形式，引导各类主体到贫困地区发展现代农业、旅游业和家庭手工业。探索推广PPP模式，吸引社会资本参与贫困地区公共服务领域建设。三是建立社会扶贫服务平台。进一步健全和完善领导干部联系点制度，不脱贫不脱钩。继续完善相关政策，鼓励和引导各类企业、社会组织和个人等社会力量积极参与扶贫开发。依托阿里巴巴平台优势，继续推进"互联网+扶贫"，建设社会扶贫信息平台，实现帮扶主体与帮扶对象精准对接。借鉴万达集团对口帮扶贵州省丹寨县的成功经验，大力实施国企、民企整村脱贫计划。充分利用京津冀协同发展重大机遇，建立对口帮扶、干部交流机制。

强化扶贫责任落实和队伍建设。一是强化贫困县的责任。认真落实中央组织部、国务院扶贫办《关于改进贫困县党政领导班子和领导干部经济社会发展实绩考核工作的意见》，进一步改进贫困县考核机制，严格落实约束机制，完善退出激励机制，让扶贫真正成为贫困县党政领导班子和领导干部的"主业"。二是强化行业部门责任。有关行业部门要编制行业扶贫专项规划，制定年度工作计划，把扶贫开发工作开展情况纳入年终班子考核。三是强化乡镇扶贫责任。把扶贫工作纳入贫困县、乡、镇考核范围，提高扶贫工作执行力。四是强化村"两委"班子的责任。认真落实中央要求，向基层组织薄弱村、贫困村选派第一书记，提高村"两委"班子推动扶贫工作整体水平，打造扶贫攻坚"战斗堡垒"。五是强化驻村工作队责任。建立完善工作队管理、培训、考核等各项制度，建立工作队目标责任制和激励约束机制，确保工作队真正发挥作用。六是加强扶贫机构队伍建设。调整加强各级扶贫开发领导小组作用，将扶贫开发任务重的贫困县、扶贫办列为政府组成部门，建立贫困地区县级领导干部和县以上扶贫干部培训长效机制，提高贫困地区广大干部整体素质和工作能力。

第五节　构建河北省城乡发展一体化体制机制

健全城乡一体化发展体制机制，推进城乡要素平等交换和公共资源均衡配置，逐步实现城乡居民基本权益平等化、城乡公共服务均等化、城乡居民收入均衡化、城乡要素配置合理化以及城乡产业发展融合化。

一、构建城乡统一要素市场

赋予农民更多财产权利。保障农民集体经济组织成员权利，积极发展农民股份合作，赋予农民对集体资产股份享有占有、收益、有偿退出及抵押、担保、继承权。保障农户宅基地用益物权，改革完善农村宅基地制度，选择若干试点，慎重稳妥推进农民住房财产权抵押、担保、转让，探索农民增加财产性收入渠道。建立农村产权流转交易市场，推动农村产权流转交易公开、公正、规范运行。

建立城乡统一的建设用地市场。推进农村集体建设用地使用权市场化改革，根据国家统一部署，在符合规划和用途管制的前提下，允许农村集体经营性建设用地出让、租赁、入股，实行与国有土地同等入市、同权同价。加快建立县级农村产权交易市场，推动农村产权流转交易公开、公正、规范运行。完善城乡建设用地增减挂钩政策，探索节余指标省域内有偿调剂使用。

加快建立城乡统一的人力资源市场。完善人力资源市场管理法规，实施城乡统筹的就业政策，打破城乡就业壁垒，形成城乡劳动者平等就业、同工同酬的制度。发展农业科技成果托管中心和交易市场，建立健全有利于农业科技人员下乡、农业科技成果转化、先进农业技术推广的激励和利益分享机制。鼓励企业和行业协会开办职工学校、农民工学校，扩大在岗职业培训。以大型企业为依托，培育扶持一批农村劳动力骨干培训基地，打造劳务品牌。

创新面向"三农"的金融服务。支持银行业金融机构到农村增设网点，支持设立小额贷款公司和村镇银行，保障金融机构农村存款主要用于农业农村。加快发展农业保险及服务体系，扩大涉农保险范围和覆盖面。鼓励社会资本投向农村建设，引导产业链条向农村延伸，推动城乡要素互动融合。

二、推进城乡规划、基础设施一体化

加大公共财政向农村倾斜力度，扩大覆盖范围，确保财政资金对农村基础设施和基本公共服务的支出稳步增加。统筹城乡基础设施建设，加快基础设施向农村延伸，强化城乡基础设施连接，实施道路畅通工程，推进城乡客运网络一体化和城乡水务一体化，加快推进农村饮水安全工程和农村电网改造，推动水电路气信等基础设施城乡联网、共建共享。将城市供水补助政策拓展至农村。逐步实现城乡用电同网同价。加快推进村镇生活污水处理设施建设，进一步扩大"户分类、村收集、镇转运、县处理"的城乡垃圾一体化处理推广范围。

三、加快公共服务向农村覆盖

确立以人为本、尊重自然、传承文化、绿色低碳、精明增长的城乡规划理念，建立通过规划引导功能提升、促进转型升级的机制。科学确定城市功能定位和形态，合理划定城市"三区五线"，明确城市规模、开发边界和开发强度。统筹规划城市空间功能布局，推进不同功能区之间合理分工和高效互动，促进城市功能适度混合。健全完善城市规划编制程序，推行城市规划政务公开，设立城市总规划师制度。加强地方人大对城市规划实施的监督检查，将城市规划实施情况纳入地方党政领导干部的考核和离任审计，严格执行规划实施责任追究制度。推进经济社会发展总体规划、城市规划、土地利用规划等"多规合一"，科学编制县（市）域村镇体系规划和镇、乡、村庄规划，合理安排县域城镇建设、农田保护、产业聚集、村落分布、生态涵养等空间布局，提升村庄规划管理水平。

推动城乡基本公共服务均等化。提高农村义务教育质量和均衡发展水平，推动县、乡公共文化体育设施和服务标准化建设，完善以县级医院为龙头、乡镇卫生院和村卫生室为基础的农村三级医疗卫生服务网络，推进公共就业服务网络向县以下延伸，加快形成政府主导、覆盖城乡、可持续的基本公共服务体系。

健全城乡社会保障体系。扩大城镇社会保障的覆盖范围，推动各类基本社会保障从户籍人口扩大到常住人口，逐步实现城镇企业职工与城乡居民养老保险之间、城镇基本医疗保险与新农合之间、城乡医疗救助制度之间及异地社会保障之间的有效衔接，统筹城乡社会保障经办资源，实现合署办公，确保城乡各类人群社会保险关系的转移接续。积极扩大和稳定就业，加大城镇收入分配调节力度。着力解决特殊困难群体生产生活中的实际问题，完善

济贫、帮困、助残、托孤等社会救助体系，促进城镇包容性发展。在城中村
改造中确定合理补偿标准，依法保障村民的合法权益，实现以集体土地转为
国有、村民身份转为市民、村委会转为居委会、集体资产转为公司制运营为
方向的四大转变。

四、推进城乡社会治理一体化

完善城市社会治理结构。创新社会治理体制，坚持系统治理、依法治理、
综合治理、源头治理，加强党委领导，发挥政府的主导作用，积极引导社会
各方面有序参与城市社会管理。转变政府职能，强化公共服务、市场监管、
社会管理、环境保护等职责，理顺各级政府职责关系。畅通和规范群众诉求
表达、利益协调、权益保障渠道，实现政府治理和社会自我调节、居民自治
的良性互动。

加强社区自治和服务功能。健全社区党组织领导下的基层群众自治制度，
推进社区居民依法民主管理社区公共事务和公益事业。科学划分城乡社区网
格，创新社区管理和服务体制。促进公共服务向社区延伸，整合人口、劳动
就业、社保、民政、卫生计生、文化以及综治、维稳、信访等管理职能和服
务资源，建设集行政职能、社会事务、便民服务于一体的社会服务网络。发
挥业主委员会、物业管理机构、驻区单位的积极作用，引导各类社会组织、
志愿者参与社区服务和管理。加强社区社会工作专业人才和志愿者队伍建设，
推进社区工作人员专业化和职业化。加强城乡结合部、城中村、流动人口聚
居地等的社区委员会制度建设，强化流动人口服务管理。

深化"平安河北"建设。建立健全源头治理、动态协调、应急处置相互
衔接、相互支撑的社会治安综合治理机制。创新立体化社会治安防控体系，
改进治理方式，促进多部门管理职能整合，鼓励社会力量积极参与社会治安
综合治理。及时解决影响人民群众安全的社会治安问题，加强对城市治安复
杂地区的治安整治和管理。加大依法管理网络力度，确保网络和信息安全。

五、做好城乡发展一体化试点示范

率先在全省县级市开展省级城乡发展一体化试点，推动经济实力强、社会基础好的地区率先实现城乡一体化。加强试点工作的组织协调，科学编制试点方案，加大财政金融支持力度，强化分类指导和督导考核，为全省城乡一体化发展探寻规律、积累经验，成熟一个推广一个。

第六节　深化河北省城乡发展领域重点改革

尊重市场规律，统筹推进重点领域和关键环节体制机制改革，促进资源要素集约高效利用，着力破解土地、资金等方面的"瓶颈"，加快形成有利于城镇化健康发展的制度环境。

一、推进人口管理制度改革

完善居住证制度。建立健全与居住年限等条件挂钩的基本公共服务提供机制，研究拓展居住证的服务和管理功能，制定凭居住证可以享有基本公共服务、能够惠及流动人口的服务办法，在制度机制上解决暂不具备落户条件或不愿意落户的流动人口工作生活中面临的突出问题。

健全人口信息管理制度。加强和完善人口统计调查制度，健全人口变动调查制度。加快推进人口基础信息库建设，分类完善劳动就业、教育、收入、社保、房产、信用、计生、税务等信息系统，逐步实现跨部门、跨地区信息整合和共享，在此基础上建设覆盖全省、安全可靠的人口综合信息库和信息交换平台。

二、深化土地管理制度改革

建立城镇用地规模结构调控机制。严格控制新增城镇建设用地规模，严格执行城市用地分类与规划建设用地标准，实行增量供给与存量挖潜相结合的供地、用地政策，提高城镇建设使用存量用地比例。探索实行城镇建设用地增加规模与吸纳农业转移人口落户数量挂钩政策。适度增加集约用地程度高、发展潜力大、吸纳人口多的卫星城、中小城市和县城建设用地供给。适度控制工业用地，适当增加生活用地，严格保护生态用地，保障城镇基础设施和公共服务设施用地。从严从紧控制占用耕地，避让优质耕地，严禁占用永久基本农田，严禁突破规划设立新城新区和各类园区。

健全节约集约用地制度。严格执行土地使用标准，适当提高工业项目容积率和土地产出率门槛，鼓励建设多层标准厂房。建立存量建设用地退出激励机制，对在结构调整和压减过剩产能中退出的企业用地，给予优惠政策。加强工程建设项目用地标准控制，坚持有限指标保重点、一般项目靠挖潜，优化建设用地配置。建设节地型城镇，加强节地考核，开展城镇低效建设用地再开发利用，着力盘活闲置土地，用好用足地下地上空间。规范推进城乡建设用地增减挂钩和工矿废弃地复垦利用两项试点，用好将砖瓦窑等废弃集体建设用地纳入增减挂钩试点管理的政策，努力拓展城镇建设用地空间。支持"燕山—太行山"连片特困地区22个县，在优先保障本县域范围内建设用地的前提下，将部分节余指标在省域范围内挂钩使用。将美丽乡村建设的重点村和县城建设涉及的农村废弃建设用地纳入增减挂钩试点管理。

推进农村土地制度改革。加快完成农村土地确权登记颁证工作，依法维护农民土地承包经营权，赋予农民对承包地的占有、使用、收益、流转及承包经营权抵押、担保权能，加快建立健全土地经营权流转市场。争取国家支持河北省开展"地票"交易制度试点，鼓励各县（市）加快建立农村产权流转交易平台，在不改变土地集体所有性质、不改变土地用途、不损害农民土地承包权益的前提下，开展农村产权交易试点。改革完善农村宅基地制度，严格执行宅基地使用标准，严禁一户多宅。探索建立农民宅基地有偿退出机制和农民住房财产权抵押、担保、转让的有效途径和具体办法，保障农户宅基地用益物权。在不改变农村集体土地所有权和农民宅基地使用权的前提下，允许农村居民与城镇居民合作建房、租赁合作经营房产，共享收益。在符合规划和用途管制的前提下，允许农村集体经营性建设用地出让、租赁、入股，实行与国有土地同等入市、同权同价，加快建立农村集体经营性建设用地产权流转和增值收益分配制度。加快推进征地制度改革，缩小征地范围，规范征地程序，保障农民公平分享土地增值收益。

三、创新资金保障机制

改革完善财政体制。合理划分各级政府在教育、基本医疗、社会保障等公共服务方面的事权，建立健全城镇基本公共服务支出分担机制。建立财政转移支付同农业转移人口市民化挂钩机制，探索财政性建设资金对城市基础设施补贴数额与城市吸纳农业转移人口落户数量挂钩机制，支持市、县政府加大对城镇基本公共服务的投入。完善地方税体系，落实不动产税收政策，逐步减少城镇建设对土地出让金的过度依赖。

完善投融资平台管理机制。支持县（市）组建、壮大投融资公司，省和设区市设立城市建设投资基金，加大资本注入和资产整合力度，引导开展融资创新，做大做强融资平台。加强投融资平台管理，建立科学的法人治理结构，推进平台规范运行。强化平台风险管控，建立动态平衡的偿债保障机制，实现投资、融资、建设、经营、偿债的良性循环。

建立健全多元化投融资机制。拓宽投融资渠道，有条件的地方探索发行市政债券。充分利用好政策性金融专项支持政策，积极引进城市基础设施、住宅政策性金融机构，研究建立城市基础设施、住宅专项扶持基金，为城市基础设施和保障性安居工程建设提供规范透明、成本合理、期限匹配的融资服务。加强与国家政策性银行战略合作，引导商业银行扩大贷款投放量及保险公司、信托公司等金融机构丰富金融产品，有效支持城镇化建设。健全城市公用事业服务价格形成、调整和利益补偿机制，建立健全阶梯电价、阶梯水价、阶梯气价制度，全面实行污水处理收费制度和供热计量收费制度。放宽准入，完善监管，积极推广运用政府和社会资本合作模式，通过特许经营、投资补助、运营补助、政府购买服务等多种形式，吸引民间资本参与投资、建设和运营经营性城市基础设施项目。探索建立政府统一监管的民间融资市场和管理机构。搞好土地储备和循环开发，增加土地增值收益并合理分配，提高用于城镇建设的比例。

四、健全城镇住房制度

健全住房供应体系和调控制度。建立市场配置与政府保障相结合的住房制度，对城镇低收入和中等偏下收入住房困难家庭，以政府为主提供基本保障，满足基本住房需求。稳定增加商品住房供应，大力发展二手房市场和住房租赁市场，以市场为主满足多层次住房需求，实现住房供应主体多元化。研究制定进城落户农民和外来务工人员购置首套商品房税费优惠政策，将稳定就业的农民工纳入住房公积金覆盖范围，鼓励农民到县城买房和居住。落实国家住房、土地、财税、金融等政策，构建房地产市场长效调控机制。各城市要编制城市住房发展规划，确定住房建设总量、结构和布局。建立以土地为基础的不动产登记制度，实行住房信息联网，推进部门信息共享。努力提高城镇物业管理水平，构建和谐文明社区。

健全保障性住房制度。研究制定河北省城镇住房保障条例，积极稳妥推进保障性住房并轨工作，按照统筹建设、租补分离、梯度保障、保租控售、统一管理的原则，探索建立政府主导、多方参与、可持续发展的体制机制。把外来务工人员、新就业高校毕业生和城镇中等偏下收入的住房困难常住人口纳入城镇住房保障体系，保障性住房覆盖范围拓展至乡镇教师、医护人员、乡镇政府及事业单位公职人员。建立各级财政保障性住房稳定投入机制，鼓励政策性金融机构扩大融资服务，保障用地供应，深入推进保障性安居工程建设，加大各类棚户区改造力度，努力满足住房困难家庭的基本居住需求。

建立规范的保障性住房准入、使用、退出机制，推进信息公开，确保分配公平。推进政府购买棚户区改造服务，将棚户区改造服务资金列入财政预算，预算安排有缺口确需举借政府债务的市、县，可通过省政府代发地方政府债券予以支持。

五、优化行政区划

完善行政区划调整机制。优化行政区划格局，建立跨区域城市发展协调机制。合理拓展中心城市行政区规模，有序推进设区城市周边具备行政区划调整条件的县（市）撤县设区，纳入市辖区管理，解决市县同城、重名等问题，支持有条件的中等城市适时提升为区域中心城市。适时调整部分县（市）城区区划设置，推动具备行政区划调整条件的县撤县设市。对设市城市城区内具备行政区划调整条件的镇撤镇设街和村改居。将镇域内有产业园区的列为扩权强镇试点镇，实行"镇区合一"管理体制。扩大省直管县（市）和强镇扩权改革试点范围，审慎稳妥推进具备行政区划调整条件的乡撤乡设镇。

创新行政管理机制。理顺行政管理关系，优化行政层级，探索建立协同管理、权责一致、精简高效的行政管理机制。选择具备一定规模和经济基础的建制镇，开展扩权强镇改革试点工作。探索新型设市模式，支持条件成熟的镇建立城市管理体制。重点镇设立村镇建设管理办公室，其他镇（乡）政府明确机构和人员，负责村镇建设管理工作。

第二章
河北省加快推进新型城镇化建设

　　推进城镇化是解决农业、农村、农民问题的重要途径，是推动区域协调发展的有力支撑，是扩大内需和促进产业升级的重要抓手，对全面建成小康社会、加快推进社会主义现代化具有重大现实意义和深远历史意义。

　　新型城镇化是关系全国及河北省未来一个时期发展全局的战略举措，是实现城镇化道路转型、积极解决城镇化现有问题的必然选择。加快河北省推进新型城镇化进程，必须深刻认识并科学把握城镇化发展的新阶段和新特征，切实转变城镇化发展方式，坚持以创新、协调、绿色、开放、共享的发展理念为引领，以人的城镇化为核心，更加注重提高户籍人口城镇化率，更加注重城乡基本公共服务均等化，更加注重环境宜居和历史文化传承，更加注重提升人民群众获得感和幸福感，全面提升城镇化发展质量和水平，努力成为京津冀世界级城市群的中坚力量和重要组成部分。

第一节　河北省新型城镇化发展现状

一、发展成就

　　近年来，河北省新型城镇化持续稳步推进，石家庄、定州、张北、威县、白沟镇入选国家新型城镇化综合试点，191 个区位优势明显、产业人口集聚能力较强的小城镇成为国家重点镇，城镇化各方面呈现出良好发展态势。

　　一是城镇化率提升较快。2003~2015 年，河北省新增城市常住人口 1543

万人，常住人口城镇化率从 33.51%提高到 51.33%，历史性地跨越了 50%门槛，年均增长 1.49 个百分点，快于同期全国平均水平 0.19 个百分点；户籍人口城镇化率达到 36.34%，1500 多万农业转移人口和其他常住人口落户城镇。

二是城镇规模结构不断优化。设区市城市中心承载能力不断增强，建成区面积从 1171 平方千米增加到 1833 平方千米；300 万以上人口城市发展到 2 个，100 万~300 万人口城市发展到 4 个，50 万~100 万人口城市发展到 4 个，一批特色小城镇初具规模。

三是城市建设扎实推进。2015 年，河北省城镇生活垃圾无害化处理率达到 85%，人均道路面积、公园绿地面积分别达到 19.61 平方米和 12.8 平方米，城镇常住人口保障性安居工程覆盖率达到 20%，一批现代城市综合交通枢纽、商贸中心、文体场馆、特色景观等服务设施纷纷涌现。

四是城市管理水平逐步提高。唐山、石家庄、保定、秦皇岛、张家口部分行政区划调整顺利完成，衡水市部分行政区划调整得到国务院批复并在顺利推进，城区面积增加约 12400 平方千米，城市发展空间大为拓展；城市管理精细化、市场化、规范化、法治化程度明显提高，13 个市（县、区）入选国家智慧城市试点。

五是城乡统筹发展水平显著提升。以工补农、以城带乡发展机制逐步建立，城镇基础设施、公共服务不断向农村延伸，城乡居民人均可支配收入比由 2003 年的 2.54∶1 缩小为 2015 年的 2.37∶1，农村社保、扶贫攻坚、美丽乡村建设取得明显进展。

二、阶段特征

总体上看，河北省新型城镇化正在经历一个重要历史时期，呈现出深度转型、中心聚集和点轴发展的阶段特征。

从发展模式来看，河北省城镇化处于深度转型阶段。河北省城镇化率低于全国平均水平，需要加速发展，迎头赶上。与此同时，城镇化发展又面临基础设施薄弱、资源环境约束、城市经济转型、管理滞后等诸多问题，需要逐一破解。河北省城市还没有长"大"就先"病"了，出现了发达地区快速发展过程中不曾有过的特殊困难，面临着加速发展、加速转型的双重任务，城镇化发展处于深度转型阶段。

从要素流向来看，河北省城镇化处于中心聚集阶段。规律表明，城市化发展初期和中期，由于在资源配置效率方面占有比较优势，大城市数量和规模快速增长不可避免，这种客观必然性被称为大城市超先发展规律。河北省城镇化发展不足，目前仍处于大城市超先发展阶段，人口、资金、技术、土地等要素主要向以大中城市为代表的中心地带聚集。根据测算，截至2015年底，河北省大中城市市区有省内农业转移人口500万，而城乡结合部、县城、乡镇等省内农业转移人口合计300万，大中城市对人口的吸附能力远高于小城市和农村地区。

从空间布局来看，河北省城镇化正处于点轴发展阶段。在国家大的战略支持下，河北省城市间交通体系进一步完善，过往省域内部城市间隔离问题逐步得到解决，冀中南城市与冀东北部城市、冀西北部城市联系显著增强，以大的交通干线为轴、大中城市为节点的点轴发展态势日趋明显，大中城市分散发展格局得到改善，与京津的联系更为直接快捷，区域城市群发展进入快速推进阶段。

三、面临问题

河北省新型城镇化也面临诸多问题和挑战，突出表现为"不高、不优、不强、不美、不顺"。

不高，是指河北省城镇化水平依然不高，"半市民化"现象较为突出。2015年，河北省常住人口城镇化率、户籍人口城镇化率，分别低于全国平均水平4.77个和3.56个百分点，全省户籍人口城镇化率低于常住人口城镇化率14.99个百分点。

不优，是指河北省城镇体系结构失衡，大城市辐射带动能力弱，中等城市数量少，大部分县城建设水平低、服务功能不完善，小城镇特色不鲜明，城市规模和建设相对京津存在较大差距，城市群的规模效应、集聚效应、协同效应还有待提升。

不强，是指城市经济不强，规模小、产业重、层次低、分布散、竞争力弱等问题突出，城市人口集聚力、持续发展力较弱。2014 年，在全国 294 个城市经济综合竞争力排名中，河北省仅有 1 个进入前 30 名，2 个进入前 50 名，6 个进入前 100 名，城市经济整体实力堪忧。

不美，是指城镇发展模式比较粗放，城镇功能还不完善。主要表现为城市规划管理不科学、不精细，城市建设缺乏历史文化特色，基础设施欠账较多，资源环境压力凸显，逢雨必涝、马路拉链、交通拥堵、垃圾围城、雾霾污染等"城市病"问题亟待解决。

不顺，是指城镇化相关体制机制还不顺畅，户籍制度、住房制度、土地流转与交易制度、城镇财政体制与城市管理体制等方面的改革进程相对滞后，亮点不多，阻碍城镇化的进一步健康发展。

第二节　河北省新型城镇化发展路径与发展重点

一、发展路径

学界普遍认为，不同国家和地区依据各自发展条件，选择了不同的城镇化发展道路。按照政府与市场在城镇化进程中的作用、城镇化进程与工业化和经济发展的相互关系，可以将世界城镇化发展大体概括为三种模式；以西欧为代表的政府调控下的市场主导型城镇化；以美国为代表的自由放任式的城镇化；以拉美和非洲部分国家为代表的受殖民地经济制约的发展中国家的城镇化。

结合城镇化发展面临的新形势与新特征，河北省新型城镇化的实现路径应以四化同步为指引，以人本、绿色、生态为理念，协调区域城镇体系与社会保障体系，加快体制机制与政策创新，走多类主体、多个机制相互协同、相互匹配、共同推进的发展道路。

（一）以四化同步为动力，走人口与产业双转移的发展道路

城镇化的目标是推动剩余劳动力从农业向第二、第三产业流动，形成产业结构与劳动力就业能力的有效匹配。从产业的角度看，河北要以节能减排形成的倒逼压力为契机，加快发展科技含量高、经济效益好、资源消耗低、环境污染少的新型工业，同时充分利用现代信息技术和信息系统，推动农业的现代化进程，共同为城镇化发展提供产业支撑。从劳动力的角度看，则要以提升劳动力素质为基础，积极扭转河北省劳动力素质偏低的不利局面，进而构筑农村劳动力向产业工人转变的绿色通道，为劳动力的自我发展提供积极、稳妥的平台支撑，最终在宏观上形成产业升级与劳动力素质提高的相互带动，走具有河北特色的劳动力与产业双转移道路。

（二）以集约、绿色为方向，走城镇功能与生态并举的发展道路

城镇本身就是人口、产业、土地、资金等各类要素在空间上集聚的产物，而城镇化建设就是要求城镇进一步在集聚的基础上发挥组织协调的作用，形成独特的功能集聚和对资源要素的高效配置，走功能引领、资源节约、环境友好的内涵式增长道路。围绕功能提升，河北在城镇的发展中要避免资金、土地等要素单方面的大幅增加和扩张，要与技术、人才等结合起来，培育提升城镇的特色产业，进而推进城镇的财富增长与辐射带动。围绕生态宜居这一目标，需要以低碳、宜居等理念为指导，走城市、自然与人协调相融的发展道路。整体上，通过城镇功能与生态的相辅相成，综合提升城镇设施水平，改善资源环境，延伸文化脉络，形成对城镇化发展的有力支撑。

（三）以协调发展为指引，走城镇体系与社会保障体系协同推进的发展道路

近年来，国内城镇化的发展始终按照大、中、小城镇体系进行推进，但"半城镇化"问题越来越凸显，其关键原因在于单纯地建设城镇体系对于城镇化发展而言是不完整的，其背后需要有完善的社会保障制度相匹配才能有效解决问题。从河北的发展实际出发，城镇化建设一方面要进一步推动大中型城市的发展，以石家庄、唐山为"两翼"，积极与京津对接，形成"核心城市—大中城市—小城镇"三级人口疏导体系；另一方面要着重理顺不同行政区域间、同一区域的城乡间劳动力流动的社会保障接续问题，综合构筑一体化的区域社会保障体系，从体制机制的角度破除劳动力流动的后顾之忧，实现城镇体系这一"硬件"与社会保障这一"软件"的紧密衔接。

（四）以体制机制创新为保障，走分层次、有序推进的发展道路

河北地域广阔、地貌复杂、辖县数量较多，基于不同区块间的经济水平、资源环境等多方面的差异以及劳动力意愿转变等多种因素的影响，城镇化建设过程中需要针对不同情况开拓逐层和分类的新型发展道路。首先，创新城乡治理机制，打破传统"市管县"治理模式，凡符合设市条件的地区可重启设市进程，凡人口规模不断扩大的县镇可依据其发展特点积极探索管理权限下放的途径和模式，逐步构筑城乡间相对平等的治理模式。其次，创新社会管理机制，培育和形成包容和以人为本的城市价值观，引导外来人口与常住居民共同参与城镇公共事务的管理，推动"进城人员"由简单的进入城市向生产方式、生活方式、思维方式、行为习惯等全方位深度城镇化转变。最后，协调推进土地、户籍、资金等相关配套制度改革，释放市场主体活力，推动新型城镇化全方位、有序、和谐展开。

二、发展重点

（一）着力推进农村转移人口市民化

围绕河北省日益凸显的"半市民化"问题，整体走分类指引，有序推进的发展道路。"分类指引"就是要合理确定 11 个设区市落户限制，放开县级市、县城和建制镇落户限制，针对有进城意愿的农村转移人口，积极提供平等的市民待遇；针对没有进城意愿的农村人口，确保其农民权益不受伤害，走就地城镇化道路。"有序推进"就是要充分考虑当前和今后一定时期城镇就业吸纳能力、基础设施和公共服务承受能力以及资源环境承载能力，优先解决存量，有序引导增量。

（二）着力优化城镇化布局形态

以北京、天津为核心，以石家庄、唐山为区域中心，其他设区市为支点，做大做强县城，有重点地发展小城镇，形成"核心城市—省域中心城市—地区中心城市—中小城镇"四级规模结构合理、功能特色互补的城镇体系。加快打造京津保大三角核心区，增强石家庄、唐山两大区域中心城市对冀中南、冀东两翼的带动作用，促进发展要素向京津、京邯、京秦、石衡沧、沿海五条城市发展带集聚，打造"两翼、四区、五带、多点"的京津冀城镇空间新格局。

（三）着力推进城乡一体化

坚持把城镇和农村作为一个有机整体，走服务延伸、平等交换、协调联动的发展道路。"服务延伸"就是统筹城乡交通、通信、能源、水利、环保等基础设施布局和建设，推动基础设施向农村延伸，并逐步健全城乡一体的社会保障体系。"平等交换"就是促进土地、资金等要素在城乡间的平等交换与合理配置，并依此赋予农民更多的财产权利，为农村剩余劳动力的城乡流动提供公平对等的平台。"协调联动"就是在基础设施共建共享、要素节约集约的基础上，构建新型农业经营体系，促进农业现代化与城镇化联动，大幅改善农村生产生活条件。

（四）着力推进产城融合发展

坚持新型工业化和新型城镇化良性互动，走依城促产、以产兴城、融合互动的发展道路。"依城促产"就是根据城市资源禀赋，促进各类社会资源和生产要素在城市的集约、高效、优化配置，培育各具特色的城市产业体系。"以产兴城"就是发挥城市的功能引领和拉动效应，重点发展现代物流、金融保险、商贸服务、信息服务等现代服务业，提升城市吸纳农业转移人口就业的能力。"融合互动"就是围绕新型城镇化建设的产业需求，宏观上加快调整河北省以钢铁、化工为主导的工业结构，按照循环、绿色、低碳的发展理念，实施创新驱动战略，延伸产业链条，增强城镇化发展的产业支撑，形成融合互动的新格局。

（五）着力提升城镇建设管理水平

坚持将人本化理念贯穿于城镇建设的诸多环节，走规划引领、凸显特色、生态宜居、管理创新的内涵式发展道路。"规划引领"就是要实现城乡规划与经济社会发展规划、土地利用总体规划的紧密衔接，完善城乡规划委员会制度和规划督察员制度，强化规划实施监管。"凸显特色"就是要挖掘城镇文化资源，延续城镇历史文脉，使文化资源与城市特色有机融合，打造具有鲜明个性和品位的城镇风貌。"生态宜居"就是要以低碳、宜居等理念为指导，促进城市发展与自然和人的协调相融。"管理创新"就是要稳步推进河北九个国家级智慧城市的建设步伐，完善数字城管平台，实施高效、便捷、精细和人性化的城市管理，推进城镇建设不断走上新台阶。

（六）着力推动体制机制创新

创新城乡治理机制，打破传统"市管县"的治理模式，对于符合设市条件的地区要重启设市进程，对于人口规模不断扩大的县镇要依据其发展特点积极探索管理权限下放的途径和模式，逐步构筑城乡间相对平等的治理模式。创新社会管理机制，积极推进城市社区规范化建设，搭建城市社会治理工作的综合信息平台，激发社会组织活力，构建城镇化进程中的矛盾预防与化解新机制。协调推进土地、户籍、资金等相关制度改革，破除城镇化发展的政策"瓶颈"，整体上激发各个市场主体的活力，塑造市场化推进的崭新动力，推动新型城镇化全面、有序、高效展开。

第三节　优化城镇布局和形态

河北省城镇体系构成特征需要站在京津冀城市群发展框架下进行分析。2016 年 6 月，《长江三角洲城市群规划》正式发布，长三角城市群范围明确为上海市、江苏省、浙江省全境及安徽省的合肥、芜湖、马鞍山、铜陵、安庆、滁州、池州、宣城。京津冀城市群地域面积 21.8 万平方千米，总人口 1.1 亿人，长三角城市群地域面积 21.17 万平方千米，总人口 1.5 亿人，两个城市群面积、人口相当，且都是跨省级发展区域，具备较强的可比性。

目前，京津冀城市群有 32 个设市城市，包括 2 个人口在 1000 万以上的超大城市、2 个人口在 300 万~500 万的 I 型大城市、4 个人口在 100 万~300 万的 II 型大城市、5 个人口在 50 万~100 万的中等城市、8 个人口在 20 万~50 万的 I 型小城市、11 个人口在 20 万以下的 II 型小城市。长三角城市群现有 64 个设市城市，包括 1 个超大城市、1 个特大城市、3 个 I 型大城市、10 个 II 型大城市、7 个中等城市、34 个 I 型小城市和 8 个 II 型小城市。

横向比较看，京津冀城市群内部城镇结构等级明显低于长三角城市群，突出表现为 II 型大城市数量和 I 型小城市数量明显偏少，特别是 I 型小城市数量仅相当于后者的 1/4。长三角城市群现有的 I 型小城市按原标准划分均属于中等城市，未来绝大部分会发展成为新标准 50 万人口规模以上的中等城市，而京津冀城市群 I 型小城市数量过少，中等城市数量短时间内增长空间有限，以县城为主体的 20 万人口以下的小城市数量过多（见表 2-1）。再进一步分析，京津冀城市群除京津两个都市区外，其他所有城市都布局在河北省。因此，我们认为，京津冀城市群内部城镇结构等级与长三角城市群的差距，就差在了河北。

表 2-1　京津冀城市群与长三角城市群设市城市比较

单位：个

城市规模 ＼ 城市群	长三角城市群	京津冀城市群
设市城市数量	64	32
1000 万人口以上（超大城市）	1（上海市）	2（北京市、天津市）
500 万~1000 万人口（特大城市）	1（南京市）	
300 万~500 万人口（ I 型大城市）	3（杭州市、合肥市、苏州市）	2（石家庄市、唐山市）
100 万~300 万人口（ II 型大城市）	10（无锡市、宁波市、南通市、常州市、绍兴市、芜湖市、盐城市、扬州市、泰州市、台州市）	4（保定市、邯郸市、张家口市、秦皇岛市）

续表

城市规模 ＼ 城市群	长三角城市群	京津冀城市群
50万~100万人口（中等城市）	7（镇江市、湖州市、嘉兴市、金华市、舟山市、义乌市、慈溪市）	5（邢台市、承德市、廊坊市、沧州市、衡水市）
20万~50万人口（Ⅰ型小城市）	34（铜陵市、宣城市、滁州市、池州市、宜兴市、余姚市、常熟市、昆山市、东阳市、张家港市、江阴市、丹阳市、诸暨市、巢湖市、奉化市、如皋市、东台市、临海市、海门市、嵊州市、温岭市、临安市、泰兴市、兰溪市、桐乡市、太仓市、镇江市、永康市、高邮市、海宁市、启东市、仪征市、兴化市、溧阳市）	8（定州市、辛集市、任丘市、涿州市、武安市、迁安市、遵化市、三河市）
20万人口以下（Ⅱ型小城市）	8（天长市、宁国市、桐城市、平湖市、扬中市、句容市、明光市、建德市）	11（晋州市、新乐市、南宫市、沙河市、安国市、高碑店市、泊头市、黄骅市、河间市、霸州市、深州市）

城镇化发展规律表明，在城镇化率由50%增长到70%~80%的阶段，都市圈人口向核心区聚集的趋势明显。联合国对全球各规模城市吸纳人口的比重进行分析发现，1970~2014年，生活在1000万人以上城市的人口占全部城市人口的比重提高了近10个百分点，生活在100万~500万人、50万~100万人规模城市的人口所占比重也分别提高了3.87个和0.14个百分点，而生活在50万以下城市的人口比重则下降了13个百分点。

综合分析可知，当前河北省城镇体系整体规模层级依然偏低，大城市数量不足、辐射带动能力弱、区域次中心城市空白，中等城市数量少、后备动力不足，小城市过多、过散，与京津两大都市区存在"断崖"式差距，无法实现与京津两市的梯次衔接、功能互补。进一步优化河北省城市布局和形态，要根据国家空间战略总体要求，主动融入京津冀世界级城市群，做大做强以设区市为代表的中心城市，加快发展以县城为主体的中小城市，构筑起省域城市空间新格局。

一、构筑科学合理的省域城镇体系

北京与天津两个超大都市区是京津冀世界级城市群"心"和"肺"，河北省域城镇体系作为腹地和拓展区是京津冀世界级城市群的"骨骼与躯体"，是构成城市群的"丰满群体"。围绕建设京津冀世界级城市群，构筑河北省省域城镇体系重点是做好空间规划和空间互联两项工作。

一是空间规划。河北省区域发展主体战略历经"两环开放带动"、"一线两厢"和"四个一"战略，一直处于调整和完善过程中。京津冀协同发展重大国家战略将河北省全域纳入规划，河北必须要做好衔接，借此机会将全省未来很长一个时期的区域发展空间布局确定下来，围绕解决精准定位、体系结构、底线划定、功能承接、规模控制、人口布局等空间战略问题，抓紧出台河北省空间布局规划，做到"一张蓝图绘到底"。

二是空间互联。综合交通网是加强区域间城市联系的纽带。东京都市圈在发展过程中高度重视依靠轨道交通引导副中心发展，都市圈内现有 300 多千米地铁线，铁路近 3000 千米，轨道交通承担了东京都市圈全部客运量的86%。京津冀协同发展将交通列为"三个率先突破"之一，河北省要借此机会，加强与京津的互联互通，加快构建以高速铁路和高速公路为骨干、以普通国省干线公路和民航机场为补充、以综合交通枢纽为支点的多节点、网格状、全覆盖的快速交通网，到 2020 年，力争形成京津石中心城区与新城、卫星城市之间半小时通勤圈，京津保唐 1 小时交通圈，相邻城市间 1.5 小时交通圈，搭建起京津冀城市群基本框架。

二、做大做强中心城市

研究表明，大城市在创造就业、集聚人口方面比中小城市具有更高的效率，是吸纳外来人口的主要载体。就河北省来讲，最能发挥大城市人口和产业聚集功能的就是现有的 11 个设区市。河北省设区市与东部发达省份相比，数量少且辐射带动能力弱，下一步应集中优势力量重点打造、做大做强，缩小其与京津两大都市区的梯度差，由此带动全省城镇化水平的整体提升。具体来看，河北省 11 个设区市可以分区域中心城市和重要节点城市两类来建设。

首先，区域性中心城市重在"提质"。从发展现状看，河北省缺乏类似长三角、珠三角中南京、杭州、深圳等在区域发展中承担次级核心的二级城市，在技术、人才、产业等方面不能与京津两市形成有效对接，不利于承接京津功能疏解。石家庄、唐山作为省域中心城市，与京津两市的差距十分明显，仅就规模而言，分别相当于北京的 1/5 和 1/6，相当于天津的 1/3 和 1/4。保定和邯郸作为人口和地域面积较大的地级市，其中心城区发展十分滞后，与长三角无锡、南通、宁波等市差距较大。下一步，石家庄、唐山、保定、邯郸四个区域性中心城市要进一步明确功能定位，拓展发展空间，推动组团式发展，构建都市区格局，提升要素聚集、科技创新、高端服务的能力，增强对区域发展的辐射带动功能。石家庄市要强化省会城市功能，建设京津冀城市群"第三极"，带动冀中南地区发展；唐山市要加强都市区建设，依托曹妃甸协同发展示范区建设，打造京津冀东北部地区重要增长极；保定市要重点承接北京非首都功能疏解，与京津共同构筑京津冀协同发展核心区；邯郸市要强化在晋冀鲁豫接壤地区的中心城市地位，成为京津冀城市群和中原城市群连接协作的桥头堡。

其次，重要节点城市重在"扩能"。河北省其他 7 个设区市整体实力和综合竞争力不高，在全国城市总体排名中绝大部分居于中游偏下水平，难以发挥京津冀世界级城市群中的节点支撑作用，承德、沧州、廊坊、邢台、衡水 5 市市区人口尚不足百万，仍属中等城市行列，城市规模也有待提升。下一步，7 个设区市要切实找准在京津冀城市群中的功能定位，积极稳妥扩大城市空间，优化发展环境，集中建设一批高水平公共服务设施，建设一批高标准产业园区，增强人口和产业的聚集能力，提高综合承载能力，努力建设成地区性公共服务和产业中心。定州市和辛集市两个省直管市，要进一步完善城市功能，提升城市地位，着力打造京津冀城市群特色功能节点城市。

三、加快发展中小城市

依照国家最新的城市规模划分标准，当前河北省所有县城均属于小城市范畴。河北省县多且小，各县所管辖的土地和人口相对较少，可以调动使用的资源有限，县城集中打造力度不够，对县域人口和产业的聚集力不强。当前，河北省县城建成区平均面积只有 15.1 平方千米，县城城区人口超过 10 万人的不到 50%，1/3 的县城人口在 5 万人左右。从省情实际出发，河北省县城建设的重点在"攻坚"，基本路径是走"小县大县城"的路子，重点培育发展中小城市。调研发现，只要地方重视、工作对路，县城建设其实是比较容易出成效的，比如石家庄市的行唐县和无极县，近 3 年坚持高标准规划和建设，从全省县城建设"后 30"中快速出列。

基于河北省县多且差异较大的基本现实，从区位上划分，县城建设总体上可按照环首都卫星城、中心城市组团、新型中等城市和新型小城市四种类型谋划施策。一是三河、大厂、香河、固安、永清、涿州、高碑店、涞水、涿鹿、赤城、怀来、兴隆、滦平、丰宁、承德 15 个邻近北京的县（市），要全方位改善发展环境，合理控制开发强度，承接非首都功能疏解，建设首都周边特色卫星城。二是纳入设区市统筹管理的若干县（市），要实现与中心城市的同城化发展，实现与中心城区功能互补、产业衔接，统一城乡建设用地管理，统一基础设施建设和运营，统一社会管理和公共服务，建设中心城市的新城区和都市卫星城。三是迁安、三河、任丘、武安、涿州、霸州等发展条件较好的县（市），要进一步完善配套设施，推动城市功能向高端化方向发展，实现提档升级，努力建设现代化的新型中等城市。四是河北省其他大部分县（市），要以产城教融合为抓手，吸引资金、技术、人才等优质要素资源汇聚，加快产业向园区集聚、园区向县城集中，增强基础设施和公共服务功能，推动县城扩容提质，努力建设高品质的新型小城市。

四、有重点地培育特色小城镇

河北省乡镇数量多、布局分散，小城镇多是"马路带"状分布，缺乏纵深，规划建设管理水平明显滞后，总体还处于随意布局、无序发展状态。调研发现，河北省大部分小城镇还处于"大农村"的发展阶段，供排水、污水处理、垃圾处理等与人们生活休戚相关的基础设施建设明显不足，对农业转移人口的吸引力也十分有限。

作为京津冀城市群的必要组成部分，河北省小城镇发展的基本路径在于因地制宜、分类指导、突出特色。一是大城市周边的小城镇，要加强与城市发展的统筹规划，逐步发展成为卫星城。二是具有特色资源、区位优势的小城镇，要通过规划引导、市场运作培育成工业型、旅游型、商贸型、交通型、历史文化型的专业特色镇。三是远离中心城市的小城镇，要进一步完善基础设施和公共服务，发展成为服务农村、带动周边的综合性小城镇。四是条件较好的经济发达镇，要加强行政服务中心建设，创新行政管理体制，提升规划建设水平，加快向现代新型小城市迈进。五是空间散投发展，随着城镇化进程加快，城镇生活居住方式向外扩展，浙江等地出现"空投小镇"发展模式，即将具有产业、生态、文化、旅游、科技等多种功能的居住社区，呈散点状分布、随机建设在适宜区域，满足人们的多样化的居住需求。河北省可借鉴浙江省的经验，在建制镇镇区外，选择城镇周边、景区周边、高铁站周边及交通轴沿线，适宜集聚产业和人口的地域，按照 3A 级景区以上标准建设特色小镇，形成特色小城镇建设的必要补充。

五、优化村庄布局

从区域发展全局来看，未来京津冀世界级城市群中绝大部分农村人口和农村区域会坐落在河北省省域城市群内部。随着经济社会发展阶段的深入，当前农业人口和农业生产的集中趋势越发明显，原有的分散的村庄布局形态面临深度调整。调研发现，顺应发展需求，河北省许多县（市）都编制了村庄布局规划，提出了村庄撤并，集中建设新型农村社区的具体方案。如迁安市城乡总体规划提出，到 2030 年，逐步将全市 19 个乡镇和 534 个村，整合成 38 个社区和 48 个村。

总体来看，未来优化河北省村庄布局的基本路径是，在村庄发展定级定位的基础上，按照保留村、中心村、撤并村分类指导和建设。对保留村，一村一策、就地改造，按照"修旧为主、建新为辅，保留乡村风情、改造提升品位"的要求，保留现有的道路、村庄肌理，延续现有文脉。对中心村，增减挂钩、联村并建，平均一个中心村撤并整合 3~6 个行政村。对撤并村，整合资源、有序整治，其中，不具备生产生活条件、影响自然生态保护和生态功能增强的村，要实行生态移民；空心率超过 50%、剩余户少于 100 户的"空心村"，要实施搬迁整治，开发有市场价值的"空心村"，用于养老或休闲度假；纳入城市规划的村，要结合新型城镇化进行改造建设，一部分改成城市社区，一部分建成城中的美丽乡村。

第四节　强化城市经济发展支撑

经济发展的中心在城市，区域之间的竞争集中体现在城市综合竞争力的较量上，河北省发展的差距很大程度上差在城市经济上。从全国排位看，河北省城市经济总体竞争力不高，中国社会科学院最新发布的《城市竞争力报告》显示，在全国 294 个设区城市综合经济竞争力排名中，河北省没有一个进入 20 强，最高的唐山市仅列第 29 位，石家庄市更是排在了第 45 位，全省还有 4 个设区市排在了后 100 位。从自身看，河北省设区市城市经济在省域范围内的集聚能力不足，2014 年，全省设区市 GDP 总量、一般预算收入和社会消费品零售总额占全省比重分别为 36.09%、39.58% 和 41.95%，仍处在"少数区间"。此外，河北省各设区市市区 GDP 占本市 GDP 的比重普遍偏低，仅有秦皇岛、唐山、石家庄、张家口四市超过了 30%，邢台更是仅为 17%。从发展本质看，城市是第二、第三产业发展的主要载体，河北省城市经济发展滞后的根源还在于产业落后。因此，加快发展河北省城市经济，要按照全国现代商贸物流重要基地、产业转型升级试验区的总体定位，积极承接首都产业功能转移和京津科技成果转化，进一步优化城市产业布局，推动城市产业转型升级，坚持走以产兴城、以城带产、产城融合的发展道路。

一、优化城市产业结构

河北省资源型城市特征明显，城市经济构成中重化工业占主导，中低端产业居主体，城市间产业布局分散、同质发展、无序竞争问题较为突出，转型升级压力较大。数据显示，2014 年，河北省仅有石家庄、秦皇岛和廊坊三个市市辖区第三产业比重超过 50%，其他地级市辖区均是第二产业比重超过 50%，部分市辖区第二产业比重保持在 60% 以上。第二产业在河北省城市经济中占比最高，而钢铁、有色金属、化工等重化工业在河北省工业中所占比重超过 50%，在城市经济产业结构中占据较大比重甚至成为主体。重化工业是资本密集型产业，对就业人口拉动低，河北省现有的偏重的城市经济产业结构不利于人口向城市聚集，致使城市缺乏人气，服务经济也搞不上去。比如唐山市，作为全省经济实力最强的地级市，服务经济一直做不起来，市区到了晚上空荡荡的，与石家庄差距就非常明显，这归根结底还是城市产业结构决定的。加快发展河北省城市经济，必须调整和优化城市产业结构。调研发现，近些年，石家庄市与周边县市产业合作取得了一定的进展，比如石钢搬迁至井陉县，制药企业向藁城、无极和栾城布局等，进一步印证了大城市产业向周边转移的客观规律。下一步，各市要结合资源禀赋和区位优势，明确主攻方向和特色产业，强化大中小城市和小城镇产业协作协同。

分类来看，石家庄、唐山、保定、邯郸等区域性中心城市，区域人口基数、消费需求和经济体量较大，第三产业发展潜力巨大，可以聚集高端要素，重点发展高端服务业和高新技术产业，构建以服务经济为主的产业结构。张家口、承德、秦皇岛等节点城市，自然环境较好，是京津重要的生态屏障和后花园，可以生态为中心，重点发展高端服务、科技研发、休闲旅游等专业化、社会化、市场化的生产生活型服务业。廊坊、沧州、邢台、衡水等重要节点城市，属于河北省的重点发展区域，邢台、衡水正处于工业化初期向中期转型阶段，要坚持制造业与服务业融合互动发展，发展壮大主导优势产业，建设一批先进的制造业基地和区域性服务中心。部分条件较好的县（市），如迁安、三河、武安等产业发展基础较好，具备率先发展成为中等城市的潜力，可重点推进传统优势产业"退城进园"，加快发展高新技术产业和先进制造业，提高服务业吸纳就业的能力，推动城市经济集约集聚发展。大部分县城和小城镇，未来发展定位是小城市，应侧重承接大城市产业转移，重点发展与其资源环境承载力相适应的劳动密集型产业、现代特色加工业和面向城乡一体化发展的服务业。

二、推进产城融合发展

对河北省来讲，推进产城互动融合发展关键是解决好产业园区、开发区与城区的关系。截至2015年底，河北省省级以上开发区共建成246家，多数布局在城镇周边。但从发展成效看，河北省开发区产业聚集度低、产业层次低、功能单一，对城市空间拓展和城市经济拉动作用有限。数据显示，河北省开发区GDP和财政收入占全省比重为40%左右，而江苏、山东、浙江三省这一比重都达到了50%以上，有的达到70%以上。河北省大多数开发区缺乏明确的产业定位，什么项目都往里装，甚至有的高新区摆放了大量低端产品和企业，有的工业园区传统项目占据了主流，基本没有发挥出集聚新兴产业的作用。调研发现，河北省许多地方开发区"摊子"铺得过大，不注重"循环发展"、"滚动发展"，开发区还处于"吃不饱"、"装不满"的状态。

实践证明，单一的生产功能开发区发展往往都不成功，开发区、产业园区发展不仅要聚"产业"，还要聚"人气"，实现相关生活配套设施跟进，实现与城区、居住区的有机结合与相互促进。例如，天津经济开发区十分注重社会事业发展，相继建成了 9 个居民社区，32 个蓝白领公寓，各类教育机构 29 所，形成了社区管理"泰达社区治理模式"、新型医疗卫生服务模式、多层次住房保障体系，目前区内已有从业人员 56 万人，常住人口 23 万人，较好地实现了产城融合发展。

河北省产城融合的主要路径是，在优化整合现有产业园区、开发区的基础上，提升产业聚集度和整体竞争力，丰富园区生活功能、服务功能和配套功能，实现功能混合，逐步发展成为新城新区。优先选择规模大、产业新、区位优的园区，要培育提升生活配套服务功能，完善水、电、气、热、信息和公共交通等基础设施，在园区及周边适量建设保障性住房和商品住宅，提高教育、医疗、邮政和文化等公共服务品质和便捷性，扶持商贸、餐饮等生活服务业发展，改善园区生态和人居环境质量，推动企业办社会向园区办社会转变，推动产业园区由生产基地向城市功能组团转变，将具备城镇基本服务功能的园区及时调整为城市新区。河北省要重点推进曹妃甸工业区、沧州渤海新区、正定新区、北京新机场临空经济区、邯郸市冀南、邢台市邢东等产城融合示范区建设，支持其发展成为产业支撑能力强、服务功能完善、边界相对清晰的城市综合功能区。

三、培育打造中央商务区

中央商务区是现代服务业高度发展、要素资源高度集聚、功能构成高度复合的城市核心区域，一般具有良好的区位条件、便捷的交通网络、完善的基础设施和宜人的空间环境，是城市经济最重要的单元和增长点，已经成为区域中心城市现代化的象征与标志。调研发现，河北省中心城市中央商务区建设才刚刚起步，普遍存在规划引领不足、配套功能不全、空间形象不优、竞争力不强等问题，对区域中心城市核心引领作用无法有效发挥。20 世纪 90 年代开始，国内诸多城市就开展了中央商务区建设，河北省实际已经远远落后。从先行省市建设经验看，坚持高起点规划、注重基础设施完善与配套、采取政府主导开发模式、给予强力政策支持都是建设中央商务区中必须要做到的。从国外的中央商务区发展经验看，高度集聚是其发展的基本特征。如美国的芝加哥市中央商务区占地面积为 2.59 平方千米，总就业人数约为 38 万人，就业密度达到 14.4 万人/平方千米。

河北省中央商务区建设既要超前谋划，又要结合实际，将其作为河北省城市要素资源再聚集、发挥倍增效益的核心载体。培育打造河北省中央商务区要以设区市，尤其是 4 个区域性中心城市为重点，在科学规划、科学选址、政策支持的基础上突出做好产业集聚与设施配套两项工作。

一是大力发展高附加值经济。首先是金融经济。要积极引进金融、保险、证券机构和地方投融资平台，打造金融集聚核心区。大力发展股权投资基金、金融租赁等创新型机构，培育金融要素市场体系，完善资产评估、信用等级、中介服务等服务体系，提高金融服务水平。其次是总部经济。积极引进国际知名企业、行业龙头企业和行业协会组织的地区性总部或分支机构，同时吸引资产管理、咨询策划、研发设计、文化传播等高端服务业的职能总部进驻，强化总部经济与中央商务区产业融合，增强总部经济的辐射带动作用。再次是创意经济。培育新型产业业态，推动中央商务区产业向高端迈进，积极发展软件和计算机服务、广电传媒、文化出版、动漫、设计咨询、会展等高附加值和智力密集型产业。最后是消费经济。加快发展电子商务，建设和完善电子认证服务、第三方在线支付等多样化服务平台，完善高端商业配套服务体系。配套建设一批集商业、办公、酒店、餐饮、会议、休闲娱乐为一体的大型商业商务综合体，延伸消费链条，满足高品质、多元化消费需求。

二是完善配套设施。推进人车分流的交通系统建设，统筹考虑区内、外交通衔接和机动车与人流的交通组织，优化交通路网布局。优化中央商务区内部交通组织，支路间距原则上控制在 70~120 米，形成小街廊、开放式街区，完善步行、自行车交通系统和无障碍道路设施。大力推行地下综合管廊建设，统筹安排水、电、热、气、通信等基础设施。按照海绵城市建设要求，完善城市雨水收集和排放系统，加强信息基础设施建设，构筑统一开放的公共服务平台。合理规划建设停车场、文化休闲、体育健身、绿地公园等配套设施和抗震、消防等安全防灾设施。

四、推动城市创新创业

城市创新创业需要丰富的创新资源做支撑。河北省科技创新能力薄弱，研发投入不足，科技人才尤其是高端人才匮乏，直接导致城市创新创业能力不够、动力不足。2014 年，河北省 R&D 经费支出占 GDP 的比重仅为 1.14%，相当于全国平均水平的一半左右，规模以上工业企业研发投入占销售收入的比重不到 1%，远低于发达国家 2.5%~4.0%的水平。全省 R&D 从业人员 15.5 万人，分别比河南、湖北和四川少 7.7 万人、6.3 万人和 4.3 万人，其中，硕士以上学历比重为 16.3%，低于全国平均水平 2.6 个百分点。近年来，河北省流出人口的受教育程度高于流入人口，高学历人才外流现象更为明显，且主要流向京津两市；省内高层次国家级创新资源和优势主要集中在农业科技、水文地质、医学等领域，钢铁、机械、能源等转型升级需求较高的领域创新人才层次低、数量少。

近年来，在国家指引下，各地在支持"大众创业、万众创新"方面出台了一系列具体措施，例如，上海市财政连续 3 年新增 10 亿元资金，专项用于补充上海市创业投资引导基金；贵州省将引导基金对创业投资企业最高参股比例由 20%提高到 30%，扩大了引导基金的使用范围；青岛市积极落实大学生创业孵化基地房租减免、资金支持、培训和中介等优惠政策；福建省组建政府主导的融资性担保机构，组建 5 亿元规模的省级代偿补偿资金，为中小微企业提供融资担保服务。借鉴相关省市的经验，推动河北省城市创新创业的基本路径在于，加大政策支持力度，营造良好的创新创业环境，让城市成为创新活动最活跃、先进要素最密集的地区。

首先要进一步完善城市创新系统。为弥补自身创新能力的不足，河北省可充分借助京津科研院所和高端人才密集的优势，深化科技研发、成果转化等环节的对接合作，共建科技园区、技术交易市场、创新服务平台、产业技术创新联盟，打造京津冀协同创新共同体。借鉴清华大学重大科技项目（固安）中试孵化基地落户经验，重点支持石家庄、保定、廊坊开展国家全面创新改革试验，加快 G45 京南科技成果转化试验区建设。借鉴上海、贵州等省市以资金支持创新创业的做法，重点抓好科技成果转化基金、战略性新兴产业创业投资引导基金和天使投资引导基金运作，培育科技金融服务中心，探索多种支持方式，着力破解科技型中小企业资金瓶颈。

其次是搭建城市创业平台。以平台建设作为培养创业人才、吸引创业人才、留住创业人才、成就创业人才的重要载体。选择具备条件的区域，高标准规划集技术转移交易、成果孵化转化、产城融合、生态宜居于一体的创客新城，吸纳和集聚京津及全国创新创业人才，推动科技成果转移转化，带动科技创新能力和产业素质整体提升。利用城市已有的高新技术产业开发区、经济（技术）开发区、科技企业孵化器、小企业创业基地、大学科技园和高等学校、科研院所等，盘活现有闲置办公楼、商业设施、老旧厂房等资源，建设一批创新创业、线上线下、孵化投资相结合的新型众创空间。积极开展与京津的合作共建，优先支持京津众创空间在河北省设立分支机构。

第五节　加快农业转移人口市民化进程

推进农业转移人口市民化，是新型城镇化的核心，也是河北新型城镇化的首要任务。据测算，河北省要实现 2020 年常住人口城镇化率 60%、户籍人口城镇化率 45%的目标，需要新增入城常住人口约 800 万人、落户城市人口约 800 万人，人口城镇化任务相对繁重。其中，提高户籍人口城镇化率面临的形势更为严峻，调研发现，有的县市两个城镇化率差距有扩大趋势，户籍指标任务完成起来比较困难。一方面，三挂钩机制尚未真正落地的背景下城市对接纳更多农业转移人口落户有成本顾虑；另一方面，城市生存成本上升和公共服务均等化、农村各种补贴和权益保护力度提升，也使农民进城落户意愿不断降低。下一步，河北省应按照尊重意愿、自主选择、因地制宜、分步推进、存量优先、带动增量的原则，积极促进以农民工、高校毕业生、城中村居民为重点的城市稳定就业定居人口有序实现市民化。

一、加快农业转移人口落户城镇

目前，全省和各设区市已出台户籍制度改革意见，各地公安部门也已制定出台户籍制度改革实施细则。总体来看，相比于全国，河北省户籍改革较早，门槛较低。进一步推进户籍制度改革，主要应做好服务工作。

一是加强引导。调研发现，很多农民工对如何落户城镇、落户条件是什么、落户后有何权益等知之不多，对如何获取相关信息也较为迷茫。建议充分利用广播、电视、报纸、社区服务窗、网络、微信 APP 等渠道，广泛开展户籍改革政策解读，让广大农民工及时了解河北省户籍改革政策措施。

二是简化程序。调研发现，农民工在具体落户过程中，某些城市一定程度上存在程序烦琐、态度冷淡等问题。建议督促各地进一步研究制定加快推进户籍制度改革的配套政策和工作措施，在全省范围内定期清查各类配套政策制定和落实情况，简化落户程序，完善管理制度，提高服务水平。

二、规范实施居住证制度

居住证制度是户籍制度改革的重要组成部分，是推进城镇基本公共服务向常住人口全覆盖的重要方式。根据河北省实际，可以适当放宽居住证办理范围和条件，加快推进居住证制度走向规范化。

一是进一步明确和统一居住证办理范围，凡在河北省城镇连续居住半年以上的非本地户籍人口，符合有合法稳定就业、合法稳定住所、连续就读条件之一的，均可以申领居住证。

二是建立与居住证制度相挂钩的城镇基本公共服务保障机制，将为居住证持有人提供公共服务纳入政府职能和财政预算，并参考江苏经验逐步实现居住证与基本公共服务待遇挂钩政策在全省地级市之间通用。

三是建立居住证持有人申请登记常住户口衔接通道，入户指标实施"下限管理"，不设上限，鼓励符合居住地政府规定落户条件的居住证持有人，根据本人意愿，在居住地办理常住户口登记。

三、保障农业转移人口享有城镇基本公共服务

推进基本公共服务均等化，是让农业转移人口进得来、住得下的重要保障。河北省在这方面整体推进较快，但也存在各地市（县）之间进度不一、财政压力大、政策措施相对滞后等问题。

调研发现，进城务工农民工随迁子女义务教育方面，主要存在两个较普遍的问题：一是在一些城镇部分农民工随迁子女无学可上，或是要找关系、掏费用；二是即使随迁子女入学了，多是进入一般学校、非重点学校，即所谓的农民工子女扎堆学校，这样的学校教育质量差，环境差，对农民工子女的长远发展和将来在城市顺利就业不利。如何扩大农民工随迁子女教育供给、均衡城市优质教育资源分布，是河北省现在面临的一个突出问题。石家庄市在这方面成绩较为突出，近几年小学招收新生中随迁子女比例约占1/3，基本实现了"零门槛"接收，实行的放低随迁子女入学门槛、建立义务教育招生入学服务平台、均衡教育资源分布、落实经费保障机制等经验，可以在全省进行推广。

调研发现，加强农业转移人口就业创业培训服务方面，河北省一些地方成效并不明显，一方面有整体经济增速下滑导致就业机会减少的原因，但也有课程设置不合理、家政服务等新兴行业培训课程较少等问题，同时农民工综合素质培训也不受重视。下一步建议在全省出台相关政策文件，引导农民工培训走以就业需求为导向、更多采取定向订单培训的路子，并依托农民工课程培训和社区服务进而在一定程度上加大农民工融入城市综合素质方面的培养。

在扩大农民工社会保障覆盖面、拓宽农民工住房保障渠道、完善农业转移人口基本医疗卫生服务等方面，下一阶段也应该积极按照国家政策要求，尽快完善城乡社会保险关系转移接续政策，全面推行廉租住房、公共租赁住

房、经济适用住房"三房合一"住房管理新体制，通过提高基层医疗卫生服务能力、健康档案等形式积极推进城市流动人口基本医疗卫生服务均等化。

四、健全农业转移人口市民化推进机制

健全农业转移人口市民化推进机制的核心是协调好各方利益承担关系，调动各层次、各部门、各群体推进农业转移人口市民化的积极性。

第一，探索建立成本分担机制。建立健全由政府、企业、个人共同参与的农业转移人口市民化成本分担机制，明确政府的成本承担责任与支出范围是核心。调研发现，河北省一些地区已经开始对相关成本进行测算，并按常住人口进行年度预算安排，但这方面工作刚刚开始，方法和程序还很不规范，下一步建议统一让河北省几个国家新型城镇化试点在这方面进行先行先试，在进行工作经验总结的基础上，出台全省规范性指导意见。

第二，建立公共资源配置与农业转移人口落户挂钩机制。充分调动政府推进农业转移人口市民化工作的积极性，缓解城市接纳更多农业转移人口的成本顾虑。首先，完善落实好"三挂钩"机制，这方面国家已出台相关政策，现在重点工作一是加大争取财政转移支付、城镇建设用地新增指标、中央基建投资安排力度，二是尽快出台具体细则，促进"三挂钩"机制尽快落地。其次，按照国发〔2016〕44号文，省级财政要尽快安排资金，建立省（区、市）对下农业转移人口市民化奖励机制，并监督好县级财政部门将上级奖励资金统筹用于提供基本公共服务。

第三，加强农村"三权"保护。依法维护进城落户农民土地承包权、宅基地使用权、集体收益分配权，通过确权颁证、合理流转、有偿退出、股权收益等形式，完善农业转移人口退出机制，调动农民进城落户的积极性。

第六节　优化提升城市功能

完善的城市功能是发展城市经济的必要条件。近 5 年，河北省城市市政基础设施累计投资达到 7165 亿元，基础设施水平大幅提升。到 2015 年末，全省供水能力达到 841 万吨/日，设区城市与县城供水普及率分别达到 99%和 97%，燃气普及率分别达到 92%和 87.4%，污水处理率分别达到 89%和 79%。全省城镇集中供热面积达到 7.5 亿平方米，生活垃圾无害化处理率提高到 85%，城市绿地率达到 35.4%，城市功能日趋完善，为全省城市经济快速发展提供了重要平台。

但另一方面，随着河北省城镇化进程加快，城市人口规模快速扩大，城市旧城区街道设计标准低、排水、排污设施不健全，新城区、工业园区与城市建设不配套、功能不齐备，城市交通不畅、居住环境不美、环境承载力不足、对投资者和务工人员吸纳能力不足等问题凸显，直接影响了河北省城市经济的发展。优化提升城市功能，已经成为当前河北省城市建设的首要任务。

一、高水平规划建设现代城市

规划是城市发展的战略引领和刚性控制，决定着城市品位和城市发展方向。河北省是全国最早开展编制覆盖全域、规划期到 2030 年城乡总体规划的省份，目前全省 96%的县（市）总规划已获批复或通过审议，设区市控规覆盖率达到 100%，9000 多个村完成了美丽乡村建设规划，邢台、定州、威县等市县"多规合一"试点稳步推进，城市"五线"（红线、绿线、蓝线、紫线、黄线）管理办法正式实施。同时需要看到，河北省城市规划水平总体不高，部分城市性质和定位不科学，城市一体化发展统筹程度不够，重规模扩张、轻内涵发展，产城融合不紧密，城市缺乏特色，文化传承不够等问题突出，高品质规划建设城市势在必行。

一是加强对新一版城市总体规划修编的指导。2017 年，中央明确提出了加强城市规划建设管理的指导意见，全省各地要按照中央统一部署，结合城市区位、资源、人口、产业等因素，合理确定城市功能定位、规模布局和发展方向，及时修编调整不适应空间发展战略要求的城乡总体规划和控制性详细规划。积极探索城乡空间层面的规划协同机制，逐步扩大"多规合一"试点范围。

二是强化建筑风貌引导。城市是人类文明的载体，建筑是城市历史文化的体现。建设特色城市、人文城市、魅力城市，关键是把以人为本、传承文化、传承历史的理念融入城市规划设计，推进城市设计与控制性详细规划的融合，加强对建筑形态、风格、色调的总体设计和精细设计建设，既留住城市的历史文化特色，也创造新的城市建设文化特色，留下新一代城市建设者的文化理念和文化足迹。

三是要把规划的编制与城区业态升级、功能提升和空间优化紧密结合起来。规划建设一批有特色、高回报的城市综合体、专业市场和精品街区，加速发展一批高端商贸、科技服务、特色旅游文化创意等生活性、生产性服务业，推动淘汰一批城市低效仓储、低端制造业，促进中心城市品位提升和功能完善。要强化自然山水特征，通过建设城市生态廊道、优化滨水空间、拆墙见绿、建筑增绿等综合手段，打造人与自然、城市和谐发展，宜居宜业、亲近自然的现代城市生活环境。

二、加大棚户区改造力度

棚户区改造是提升城市功能、改善城市环境的重要举措，也是新常态下拉动投资、消费，打造经济新增长点的重要抓手。近 5 年，河北省累计开工建设保障性安居住房 129.6 万套，城镇保障性住房安居工程覆盖率达到 20%，中央下放煤矿棚户区、国有林业棚户区已全部实施改造，一大批城镇棚户区居民、中低收入家庭、新就业职工和外来务工人员居住条件得到改善，城市功能得到极大提升。但随着商业开发价值较高的棚户区、城中村改造完成，河北省剩下的城中村、城郊村、老旧住宅多数位置较偏远、商业开发价值较低、市场运作空间较小、配套设施施建设压力大，加上经济下滑、地方财政困难等因素影响，河北省一些地方棚户区改造资金缺口较大、改造进展缓慢。加快棚户区改造应从以下三方面着手。

一是多渠道筹集棚户区改造资金。按照国家要求，到 2020 年，我国保障性住房保障水平将达到 23% 左右，测算下来，"十三五"时期河北省需新开工保障性安居工程近 70 万套，所需资金量在 2100 亿元左右，如果仅依靠财政资金是难以完成棚户区改造任务的。因而除了争取国家专项支持、加大省市财政支持，还要大力引进银行、企业以及各类社会资本参与棚户区改造，通过 BOT、APP 等多种形式，多渠道筹集城市棚户区改造资金。同时，积极探索地方政府举债的合理方式，允许资金不足的市县通过省代发政府债券的形式筹集棚户区改造资金。

二是采取多样化的改造安置方式。调研发现，一些人口多、区位好的市县棚户区改造房屋供不应求，一些人口不多、区位一般的县棚户区改造存在房屋空置、浪费的问题。要把棚户区改造住房安置的重点放在人口较多、住房供需矛盾突出、房价较高、市场房源短缺的城市，对人口较少、住房供需矛盾不突出、房价不高、市场房源较多的市县，可以采用货币安置为主的方式，将货币安置补偿直接发放给被拆迁居民，让居民自主购买安置住房，这样既有利于减轻政府财政压力，也有利于激活房地产市场，实现资源优化配置。

三是合理界定政府城市棚户区改造的服务范围。政府对棚户区改造的职责范围不是无限的，更不应该大包大揽。政府棚户区改造承担的义务应限定在改造拆迁服务、安置住房筹集、公益性基础设施建设等方面，房屋建造、小区环境、周边商业设施等任务应交给市场。要尽快制定政府购买城市棚户区改造服务办法，明确政府购买棚户区改造服务范围、程序，避免政府责任、财政支出被无限放大。要统筹规划道路、供排水等基础设施和学校、商业等公共服务设施，同步建设、同步交付使用，将棚户区改造成功能齐全、设备配套、环境优美的城市新区。

三、夯实城市基础设施

城市基础设施是城市正常运转的基础和保障，也是发展城市经济的重要依托。近年来，河北省城市基础设施力度不断加大，基础设施水平大幅提升，一些指标已领先于全国平均水平。但另一方面，居民的直观感受与统计数据存在较大差距，城市交通拥堵、逢雨必涝、"马路拉链"、"空中蛛网"等问题没有从根本上解决，城市承载功能、生产功能、消费功能、就业功能、居住功能不足，影响城市经济发展。未来应从产业发展、城市经济发展的高度，大力改善城市基础设施。

一是优化城市路网结构。交通是城市的主动脉。当前交通不畅、城市公交分担率低等问题已经成为制约河北省城市发展的重要问题。由于城镇人口、机动车辆快速增多，旧城区道路等级、标准设计较低，路网设计不合理等因素影响，河北省石家庄等城市交通拥堵状况严重。2016 年《中国城市交通出行报告》显示，石家庄已经成为全国最堵的城市，拥堵延时指数达到 1.87，拥堵状况高于北京、上海等一线城市。未来应按照密度适宜、宽展适度的城市道路布局理念，推进住宅小区和单位大院内部道路公共化，打通断头路，改善城市道路微循环，建设城市快速路、主次干道和支路级配合的道路网系统。同时，完善城市公共自行车、地铁系统，建设复合型立体停车场，逐步搞活城市交通网络体系。

二是提升市政公用基础设施。"7·21"特大暴雨灾害后，省会石家庄主城区出现大面积、长时间停水，市民生产生活受到严重影响，暴露出河北省城市供水、供电等基础设施建设保障能力薄弱的问题。为此，必须适应城镇人口增长、城市经济加速发展趋势，加快城市应急水源、城市老旧供水管网、城市污水管网、污水处理设施、垃圾处理设施、供暖管网设施改造升级，引进推广高浊度水处理技术、第三代污水处理技术等新技术、新产品，集中解决城市基础设施应急能力不足、污水处理厂排放不达标等突出问题。

三是建设城市地下综合管廊。随着城市发展，城市地下管线数量、种类快速增加，管线建设、施工、运行、维护部门分割，权力分割，导致道路被反复开挖，严重影响城市居民生活和城市经济发展。建设城市地下综合管廊虽然资金需求量大，但综合管廊建设的长期经济效益、社会效益显著。未来，各地应加快编制城市地下综合管廊建设规划，制定项目滚动建设计划和项目库。新城区、各类园区、成片开发的新建道路根据功能需求同步建设地下综合管廊；老城区结合旧城改造、河道治理等工程统筹安排地下管廊，逐步形成成片示范、覆盖成网的管廊体系。要科学选择耐久性好、可靠性高的建筑材料和工程材料，充分考虑各类管线接入、引出支线的需求，满足抗震、人防和综合防灾等方面的需要，让综合管网至少管用两三百年。

四、完善城市公共服务

近年来，河北省城市公共服务设施投入力度持续加大，城市教育、医疗、卫生、文化、体育、商业等公共服务水平明显提升，全省 104 个市、县建成数字化城管平台，城市环境显著改善。但与省外城市特别是京津大都市相比，河北省城市公共服务总体供给不足，教育、医疗等高端服务资源缺乏。如教育方面，河北省中小学教育水平总体靠前，拥有衡水中学等全国知名的学校，大专院校数量不少，但优质高等教育资源明显不足，省内城市没有一所"985"、"211"大学，极大影响了城市对高端人才、优质要素的吸引力。完善城市公共服务需要从以下方面着手。

一是建设一批优质高端服务设施。高质量的教育、医疗资源是提升城市品质、体现城市吸引力的核心要素。下一步，河北省应充分用好京津冀协同发展战略机遇，在石家庄、保定、廊坊等城市集中建设一批非首都核心功能承载区，引进一批京津高端医疗机构、知名大学、优秀专业技术人才，提升河北省城市高端公共服务供给能力。

二是推动城市公共服务均衡发展。要以社区为半径，建设完善教育、医疗卫生、商业网点、健身场所、文化娱乐等公共服务设施，形成多功能、集成化、布局合理、特色鲜明的便民生活圈，提升城市生活的舒适度、便捷性。同时，注重加强唐山等重工业城市公共服务设施建设，加快发展城市服务经济和城市夜经济。

三是提升城市应急服务保障能力。将城市应急供水服务作为城市应急保障能力建设的首要任务，制定城市应急供水保障方案，加强应急水源、应急管网建设，提升灾后城市应急供水能力。同时，健全城市抗震、防洪、排涝、消防、交通、应对地质灾害等应急指挥体系，完善城市生命通道系统，增强抵御自然灾害、处置突发事件和危机管理的能力。

五、提升城市管理服务水平

河北省城市建设总体较为粗放、管理方式简单、服务意识不强，部分城市交通拥堵、环境脏乱差问题突出，一定程度上制约了城市健康发展和新型城镇化的推进。抓好城市管理重点从以下四方面着手。

一是理顺管理体制。适应现代城市发展要求，制定城市管理改革的具体方案，积极推进城市管理领域大部制改革，启动城市管理立法，建立城市管理联席会议制度，逐步建立以城市良性运行为核心，地上地下设施建设运行统筹协调的城市管理体制机制。同步推进社区管理委员会建设，引导社区组织、居民及辖区单位、营利组织、非营利组织等参与社区管理，解决"管得着的看不见，看得见的管不了"的问题。

二是建设智慧城市。以大数据、物联网、云计算等现代信息技术为依托，加快城市管理和服务体系智能化改造升级，推动智慧交通、智慧水务、智慧管网、智能建筑等重点领域应用，加强行业间、部门间的数据资源整合，提高城市综合管理数据分析、研判、决策、指挥能力，推动数字化城市管理向智慧城市管理升级。建议由上一层级政府或地方政府牵头，做好各行业智慧城市系统整合与集中。坚持需求导向、问题导向，各有侧重地开展各领域智慧城市建设，如秦皇岛市应结合自身城市定位重点开展智慧旅游和智慧交通建设。

三是建设海绵城市。编制海绵城市建设专项规划和技术导则，配套制定规划、建筑、园林、水务等相关行业技术标准。以迁安海绵城市建设试点为引领，加快实施一批海绵城市建设改造项目，推广普及一批透水地面铺装建材和雨水循环收集利用技术，建设一批雨水花园和下沉式绿地，逐步提高城市雨水消纳能力，恢复城市自然生态循环。

四是建设人文城市。大力推进全域化、高水平文明城市创建，提升城市文明程度和市民文化素养。积极开展社会主义核心价值观学习教育实践，将良好校风、优良家风和社会新风有机融合，促进市民形成良好的道德素养和社会风尚。同时，河北省是历史文化资源大省，全省有 12 个历史文化名城、48 个历史文化名镇名村，还有大量历史文化资源有待发掘。要加大对历史文化名城名镇名村、传统村落、历史文化街区保护和管理，推进国家和省历史文化名城申报，建立传统文化保护机制，推进城市有机更新，恢复老城区功能和活力。

第七节　创新城镇化体制机制

当前，河北省在推进新型城镇化过程中遇到的主要问题和瓶颈就是"钱从哪儿筹"、"地从哪里来"，比如，作为建设资金新融资方式的 PPP 模式一直存在着项目入库数量日益增多但落地率不尽如人意的问题，有数据显示，在国家发改委全部签约项目中河北省签约率仅为 3%，与浙江的 7%、江苏的 10%、山东的 6% 相比还有不小的差距；土地使用过程中闲置浪费与用地紧张的矛盾依然突出；住房供给体系的不完善使得农业转移人口的"城市梦"难以实现。这些问题的存在归根结底在于体制、机制不够畅通、灵活，制度性壁垒依然存在。因此，要尊重市场规律，统筹推进重点领域和关键环节体制机制改革，促进资源要素集约高效利用，着力破解土地、资金等方面的瓶颈，加快形成有利于城镇化健康发展的制度环境。

一、创新城镇化资金保障机制

近年来，河北省在破解新型城镇化建设资金瓶颈方面做了许多探索，其中 PPP 模式迅速推进，截至 2016 年 9 月，省市县三级 PPP 项目库入库项目已达 450 个，总投资 8500 亿元，尤其在入选财政部示范项目库方面取得了"三二一"的好成绩。但同时也发现了一些问题，归结起来大致分为两大类：一是认识层面类，目前河北省 PPP 模式尚处于起步阶段，虽然中央、省级政府已先后出台了不少相关政策，但市（县）层面政府和行政部门对于 PPP 的深刻内涵、适用范围、运作模式以及潜在风险等方面的知识储备和实践经验还很欠缺，导致所推介的项目吸引力不够，落地率不高。二是政策层面类，当前由于没有明确界定 PPP 第一主管机构，致使政出多门（主要是财政部和国家发改委主管）、权责重叠，许多政策无法衔接，也给地方实际操作带来困难；另外，由于投资巨大、周期长、收益低使得社会资本（尤其是民营资本）对 PPP 热情不高。

为此，笔者通过对省内外先进经验提炼总结提出如下建议。首先，加强学习，深化认识。PPP 是新生事物，但同时也将成为新型城镇化建设资金的主要融资模式，为了更好地掌握利用这一新事物，建议借鉴重庆经验，对市（县）领导及相关部门主要领导进行定期培训，加强对 PPP 相关理论、政策以及成功案例的学习。其次，根据项目性质（经营性、非经营性）进行设计、推介，可将非经营项目与经营性项目打包，由经营性项目或经营性资源的收入平衡非经营项目的资金投入，使项目具有盈利空间。最后，营造公平竞争市场环境，吸引民间资本参与，提高政府契约意识，保障民间资本的合法权益，保障 PPP 项目收益合理，吸引民间资本参与，拓宽融资渠道，降低融资成本，规范退出机制，保障退出通道畅通。

二、完善土地利用机制

土地是推进新型城镇化的物质基础、空间载体和基本要素，据测算，城镇化率每提高一个百分点，就需要上百万亩土地支撑。而在现实工作中土地瓶颈日益突出，各市县在建设过程中普遍面临着用地紧张的困境。调查中发现，土地利用效率偏低、集约化和高效化程度不高；土地指标上边多、下边少；增减挂钩落实不好，增上去了，减的部分没有真减；县级企业土地以租代征现象日益普遍。这些问题的存在归根结底在于土地利用机制不完善，土地制度还有待进一步改革。

为此，笔者认为可以从以下四方面入手：一是以规划和监督"双管"促节约，科学制定功能片区规划，有差别地控制土地供应，腾退不符合产业规划的企业，引导生产要素集聚，建立项目用地"后评估"制度，实现对企业入园前后无缝对接、动态监管。二是探索建立亩产效益综合评价体系，提高要素配置效能和节约集约用地水平，嘉兴海宁的"分类打分"和邯郸武安的"效益综合评价"排序机制都是对此的有益尝试。三是积极向中央争取，在河北省部分县市进行土地"变性不变权"的征地制度改革试点，探索农村集体建设用地所有权和使用权分离的实现形式，确保农民土地权益的同时，缓解县市用地紧张问题。四是发挥考核导向，提升节地水平，将建设用地地均GDP及增长率、新增建设用地供地率、项目开工率、出让金到账率指标列入政绩考核体系，根据考核结果，土地供应向节约集约用地水平较高的地区倾斜。

三、改革住房供给体系

新型城镇化的重点工作之一在于如何让农业转移人口"进得来，留得住，过得好"，而满足其潜在住房需求，实现"居者有其屋"则是关键环节。从理论上讲，由于河北省目前住房供应体系中的廉租房和保障房只租不卖，农业转移人口只能通过购买商品房来实现"居者有其屋"的愿望，但房价高企使得供需失衡日益加剧，河北房价收入比已达到 7.3，其中省会石家庄房价收入偏离度高达 45%，几乎可与一线城市比肩。

因此有必要改革现有住房体系，建立租购并举的住房制度。一是深化住房供给体系改革，严格抑制针对普通商品住房的投资投机，加大普通商品住房土地供应，提高中低价位普通商品房入市审批的速度，简化审批程序，通过多方让利降低房价，切实缩小房价与新市民收入水平之间的鸿沟，提高公积金覆盖面，改革公积金归集信贷制度，降低公积金贷款利率。二是探索保障新模式，建立购租并举的住房制度，打通商品房市场与棚改安置房、公租房、租赁市场之间的三条渠道，制定出台收储收购存量商品房用作保障性住房的相关政策，支持保障对象通过房屋租赁市场解决住房问题，支持鼓励房地产企业利用其存量商品房直接租给保障对象，由政府发放现金补贴，各市要结合地方实际，对有稳定职业的农业转移人口加大保障性住房出售比例，对退出宅基地并符合保障性住房条件的农业转移人口，优先提供保障性住房，出台宅基地与保障房挂钩政策，可借鉴天津市"宅基地换房"经验，在条件成熟的小城镇，鼓励农民用自己的宅基地按规划定置换标准，换取小城镇内的一套住房，迁入小城镇居住。原村庄建设用地进行复耕，而节约下来的土地整合后再"招"、"拍"、"挂"出售，用土地收益弥补小城镇建设资金缺口。

四、健全人口信息管理制度

新型城镇化是人的城镇化，完善的人口信息管理将为推动城镇社会管理创新、基本公共服务水平均等化、公共服务设施资源优化配置提供有力的支撑。针对当前人口信息数出多门、数据不一致的问题，可从两方面予以解决。一是加快推进人口信息库和共享交换平台建设，提高数据质量，为跨部门数据共享和业务协同以及科学决策提供基础支撑。二是实现监测指标"广覆盖"，包括经济运行、产业转型、功能疏解、人口管理、社会管理、房屋管理、拆违打非、就业创业、公共服务、城市运行等方面。三是推进监测平台"全对接"，推动与流动人口和出租房屋管理平台、市政设施运行、交通、环境、应急管理等数字化平台功能的无缝对接。争取到"十三五"末期在全省实行以公民身份证为唯一标识，依法记录、查询和评估人口相关信息的制度，为人口服务和管理提供支撑。

五、科学推进行政区划调整

近年来，河北省行政区划调整步伐加大，唐山、石家庄、保定、秦皇岛、张家口、衡水等市部分行政区划调整已顺利完成，拓宽了城市发展空间。目前来看，河北省行政区划还有进一步调整的空间，一些长年存在的区划问题已严重制约新型城镇化的进一步推进，比如市县同名、县区同名问题，镇改街、村改居过程中所面临的集体资产处置问题等。为此要科学推进行政区划调整，从而为新型城镇化建设构建城市框架。

一是市级层面。进一步调整设区市的行政区划，加快推进邯郸、邢台、承德、廊坊、沧州、衡水行政区划调整，在同步解决邢台市与邢台县、邯郸市与邯郸县、沧州市与沧县的市县同名问题的基础上，以撤县设区方式实现所有设区市的区划调整，扩充城市发展空间。

二是县级层面。积极稳妥推进县改市，在城乡一体化的进程中，需要大量的中小城镇承担农业转移人口就地转移、就近转移的任务，而撤县设市成为实现这一任务的首选方案。由于目前国家还没有发布最新的撤县设市标准，参考江浙地区的发展经验，可考虑将已具备或即将具备 I 型小城市标准的约 15 个县，逐步撤县改市，近期重点推进平泉县、怀来县撤县改市。尽快解决县区同名问题，比如井陉县与井陉矿区。

三是乡镇层面。稳步推进具备行政区划调整条件的乡撤乡设镇，相比于其他发达省份，河北省强镇数量较少，2014 年中小城市综合实力百强镇中江苏、广东、浙江分别有 23 个、22 个、19 个镇上榜，河北省只有 1 个镇位列其中，要选择具备一定规模和经济基础的建制镇，开展扩权强镇改革试点工作。具备条件的 100~120 个乡，可实行撤乡设镇。对设市城市城区范围内具备行政区划调整条件的镇撤镇设街和村改居，当前河北省"村改居"过程中主要存在管理体制运行不畅、集体资产处置难、"村改居"居民就业困难、社会保障配套措施不完善等问题，因此要明确"村改居"条件，规范"村改居"程序，通过清产核资、量化资产、建立村民保障储备金、成立股份合作经济组织的程序积极稳妥处置农村集体资产，妥善安置村民生活，理顺行政管理关系，强化政府管理职能。

第三章
河北省县域经济发展路径与对策

县域经济是国民经济的重要组成部分，其发展状况直接关系到全省经济社会发展的质量和水平。河北省县域数量多，且各县的经济基础、资源禀赋、地理区位等发展条件参差不齐，不同县域在总体实力、发展模式、增长速度等方面存在明显差异和差距。自 2010 年以来，我国经济增速波动下行，低成本资源和要素投入形成的驱动力明显减弱，经济发展面临动力转换节点。因此，必须激发河北省县域经济发展内在活力，在适度扩大总需求的同时，加快推进供给侧结构性改革，用改革的办法推进县域经济结构调整，减少无效和低端供给，扩大有效和中高端供给，增强县域产业供给结构对需求变化的适应性和灵活性，提高全要素生产率，为加快建设美丽河北、经济强省奠定扎实基础。

第一节　河北省县域经济运行态势分析

县域经济是指以县级行政区划为基本地理空间，以县级政府为主要调控主体，以市场为导向优化配置县域资源，具有地域特色和功能完备的区域经济，是县域内各种经济关系和经济活动的总称。近年来，河北省县域经济发展总体形势较好，产业稳定发展，供给较为充足，但部分产品供给没有很好地适应需求变化，突出表现为阶段性供过于求和供给不足并存。县域经济发展的主要矛盾由总量不足转变为结构性矛盾，供给和需求两侧都有，但主要方面在供给侧。

一、县域经济的内涵

县域经济是中观层面的区域经济。县是处于国家、省、市等上层行政区之下，位于镇村基本单元之上，各类资源较为齐全，经济社会功能较为完善的行政区域，具有承上启下、联接城乡的作用。从国民经济运行层次看，县域经济是一种较为全面的、综合的区域性经济，是宏观经济和微观经济、城市经济和农村经济的结合部，是国民经济管理的中间环节，综合职能很强。因此，县域经济具有宏观与微观、工业与农业、城市与农村相互结合的特点，具有明显的中观经济性质。

县域经济是功能完备的综合经济。县域经济是由多种所有制形式、多部门结构、多层次隶属关系和多级生产力水平构成的地域性生产综合体。县域经济能够对应国民经济的各个行业、产业和部门，既涉及生产、消费、流通、分配各个环节，又涉及经济建设、社会发展、人民生活、行政管理等各个领域，是整个国民经济的缩影。同时，县域经济发展具有一定的自主决策权，可以根据国家经济发展战略、方针和政策，结合自身实际情况，相对独立地制定发展战略、发展规划，实施有利于县域经济发展的政策和措施，具有独立的财政、税收、工商管理等经济调控体系和行政管理体系，具有较强的综合性。

县域经济是开放的市场经济。从地域范围看，县域经济是以县级行政区划为边界的经济，社会再生产各个环节的经济活动，主要集中在这一特定区域，具有一定的地域性和封闭性。但随着市场经济的快速发展和社会化分工程度的不断加深，县域经济对外依存度日趋提高，这就要求县域经济必须突破人为的地域边界划分，跳出自身行政区划，在更大范围、更广区域之间进行资源配置，寻求经济发展急需的技术、资金、人才等各类资源，以获取竞争优势。县域经济不仅对县域以外的国内其他地区开放，还注重对国外开放，外向型经济和外资经济已成为部分县域经济的主要发展动力。

县域经济是非均衡型经济。由于历史、区位、资源禀赋等原因，不同县域在自然条件、地理区位、资源状况、产业结构和生产力水平等方面存在明显差异，由此导致各县在经济发展水平、战略重点以及在国民经济中所处的地位都有很大差异。不仅不同县域发展不平衡，即使同一县域的不同区域、不同部门、不同行业、不同主体之间也存在一定的差异性，非均衡是县域经济发展的一种常态。同时，随着生产力水平的提高和科学技术的进步，县域经济会随内外部条件的变化而产生明显的经济发展水平差异化。

二、河北省县域经济总体分析

河北省有县（市）128个（不含市辖区，下同），其中县级市20个、县108个。全省县域土地面积17.09万平方千米，占全省总面积的91.72%；县域总人口5833万人，占全省人口的78.56%。近年来，河北省着力推进体制机制改革、发展县域特色产业、推动人口产业集聚，全省县域经济规模迅速扩大、产业结构不断优化，县域经济发展活力、实力和竞争力明显提升，在很大程度上体现了全省经济的综合实力。

（一）县域经济规模不断扩大

2015年，全省县域生产总值18939.0亿元，占全省生产总值的68.93%，按现价比是2010年的1.35倍，年均增长6.1%；地方公共财政预算收入960.69亿元，占全省地方公共财政预算收入的61.41%；县及县以下社会消费品零售总额7475.19亿元，占全省的61.70%；县域全社会固定资产投资总额18061.65亿元，占全省的68.55%；城乡居民储蓄存款年末余额达到16151.97亿元，占全省的80.27%；县域内就业人口2603.91万人，占全省就业人口总量的61.81%（见表3-1）。由此可见，县域经济已成为河北省经济的重要支柱。

2015年，全省128个县（市）平均生产总值达到149.96亿元，其中GDP超500亿元的县（市）达到4个，比2010年增加3个（见表3-2）；GDP在200亿~500亿元的县（市）达到20个，比2010年增加5个；GDP在100亿~200亿元的县（市）达到43个，比2010年增加15个。地方公共财政预算收入超 20 亿元的县（市）达到 7 个，较 2010 年增加 4 个，其中三河市超过 72 亿元（见表 3-3）；10 亿~20 亿元的县达到 14 个，较 2010 年增加 10 个。

表 3-1 县域与全省主要经济发展指标对比表

	国土面积（平方千米）	总人口（万人）	从业人员（万人）	生产总值（亿元）	固定资产投资总额（亿元）	社会消费品零售总额（亿元）	地方公共财政预算收入（亿元）
县域	170856	5833	2603.91	18939.0	18061.65	7475.19	960.69
全省	186275	7425	4212.5	27475.3	26346.76	12114.90	1564.41
占比	91.72%	78.56%	61.81%	68.93%	68.55%	61.70%	61.41%

资料来源：历年《河北经济年鉴》，下同。

表 3-2 2015 年地区生产总值超 500 亿元的县（市）

单位：亿元

	迁安市	武安市	任丘市	三河市
2010 年	705.3	448.5	409.8	314.3
2015 年	891.1	600.1	565.0	510.1
增长指数（以 2010 年为 1）	1.26	1.34	1.38	1.62

表 3-3 2015 年县域地方公共财政预算收入达 20 亿元的县（市）

单位：亿元

	三河市	固安县	迁安市	香河县	武安市	任丘市	大厂回族自治县
2015 年	72.3	35.7	35.2	35.1	34.5	25.5	24.9
2010 年	28.2	5.5	21.7	8.2	21.3	13.9	2.9
增长指数（以 2010 年为 1）	2.6	6.5	1.6	4.3	1.6	1.8	8.6

较高的增长速度是县域经济总量快速扩张的前提。2010~2015 年，全省县域 GDP 增长速度分别为 18.9%、17.6%、10.5%、6.2%、-1.9% 和 -0.5%（按当年价格计算），见表 3-4。随着压减过剩产能和产业结构调整，县域经济增幅大幅回落，并且回落幅度明显高于全省平均水平。特别是受县（市）

改区的影响，先后有 8 个县（市）改为市辖区，因此近两年县域经济呈现负增长。

表 3-4　2010~2015 年县域经济增速与全省经济增速对比表

单位：亿元，%

	2010 年	2011 年	2012 年	2013 年	2014 年	2015 年
全省 GDP	20394.3	24515.8	26575.0	28443.0	29421.2	29806.1
较上年增长	18.3	20.2	8.4	7.0	3.4	1.3
县域 GDP	14056.6	16531.7	18263.7	19404.8	19029.5	18939.0
较上年增长	18.9	17.6	10.5	6.2	-1.9	-0.5

（二）县域产业结构不断优化

县域经济在总量不断扩张的同时，产业结构也逐步优化。2015 年，河北省县域经济第一产业增加值为 2964.8 亿元，第二产业增加值为 9030.2 亿元，第三产业增加值为 6943.9 亿元，按现价比，第一、第二、第三产业分别为 2010 年的 1.29 倍、1.22 倍和 1.60 倍。三次产业比重由 2010 年的 16.29：52.74：30.97 调整为 15.65：47.68：36.66，5 年间第一产业比重下降 0.64 个百分点，第二产业比重下降 5.06 个百分点，第三产业比重上升 5.69 个百分点（见表 3-5）。这表明，河北省县域产业结构基本稳定在"二三一"格局，但三次产业比重此消彼长势头明显，第一、第二产业比重稳步下降，第三产业比重快速上升，全省县域经济开始由工业化中期向工业化后期迈进。

表 3-5　2010~2015 年县域经济三次产业比重变化情况

单位：%

	生产总值	第一产业	第二产业	第三产业
2010 年	100	16.29	52.74	30.97
2011 年	100	15.89	54.11	29.99
2012 年	100	15.79	53.51	30.70
2013 年	100	15.64	52.69	31.67
2014 年	100	15.76	50.29	33.96
2015 年	100	15.65	47.68	36.66

（三）农民收入水平和消费水平大幅提高

随着经济快速增长，河北省县域人均生产总值不断提高。2015年全省县域人均生产总值 32469 元，是 2010 年的 1.38 倍，年均增长 6.6%。同期，全省人均生产总值 40142.9 元，是 2010 年的 1.42 倍，年均增长 7.2%。生产效率的提高和强农惠农政策的实施，促进了农民收入和消费水平的提高。全省县域社会消费品零售总额由 2010 年的 4381.6 亿元提高到 2015 年的 7475.19 亿元，增长了 0.71 倍，年均增速达到 11.3%。农村居民人均可支配收入由 2010 年的 5958.0 元提高到 2015 年的 11050.5 元（见表 3-6），增长了 0.85 倍，年均增速达到 13.2%，连续多年快于城镇居民增速。

表 3-6　2010~2015 年河北省农村居民人均可支配收入

单位：元

	2010 年	2011 年	2012 年	2013 年	2014 年	2015 年
人均可支配收入	5958.0	7119.7	8081.4	9187.7	10186.1	11050.5
工资性收入	2653.4	3424.0	4005.3	4453.0	5133.3	5811.9
经营净收入	2729.8	3006.2	3254.6	3165.5	3435.5	3684.9
第一产业净收入	2052.8	2227.6	2320.5	2074.8	2068.5	2144.2
第二产业净收入	213.6	224.0	256.8	234.6	264.4	276.2
第三产业净收入	463.4	554.6	677.2	856.1	1102.7	1264.5
财产净收入	574.8	689.5	218.3	166.4	204.0	233.8
转移净收入			603.2	1402.8	1413.4	1320.0

从收入增速变化来看，河北省农村居民人均可支配收入增速在 2011 年达到近年来的顶点，增速达到 19.6%。其中主要原因是自 2008 年国际金融危机爆发后，我国推进扩大内需、促进经济平稳较快增长的投资措施，到 2010 年共投资约 4 万亿元，在投资带动下，农民工资性收入增长较快，其对当年农民增收的贡献率达到 66.3%。

从收入构成看，近年来河北省农村居民的工资性收入增长较快，是河北农民收入增长的主要拉动因素。2011 年河北省农民工资性收入所占比重首次

超过人均经营净收入所占比重，2014 年河北省农民工资性收入所占比重首次
超过 50%，成为农民收入的最大来源，2015 年农民对工资性收入的依赖程度
进一步提高。转移性收入增速也较快，主要是农村养老标准、低保标准不断
提高所致。近年来，部分农产品市场波动明显，农业收益下滑，第一产业净
收入占人均可支配收入的比重下降明显，由 2010 年的 34.5% 下降到 2015 年
的 19.4%（见表 3-7），五年间下降了 15.1 个百分点。

表 3-7   2010~2015 年河北省农村居民各项收入占比

单位：%

	2010 年	2011 年	2012 年	2013 年	2014 年	2015 年
工资性收入占人均可支配收入比重	44.5	48.1	49.6	48.5	50.4	52.6
经营净收入占人均可支配收入比重	45.8	42.2	40.3	34.5	33.7	33.3
第一产业净收入占人均可支配收入比重	34.5	31.3	28.7	22.6	20.3	19.4
第二产业净收入占人均可支配收入比重	3.6	3.1	3.2	2.6	2.6	2.5
第三产业净收入占人均可支配收入比重	7.8	7.8	8.4	9.3	10.8	11.4
财产净收入占人均可支配收入比重	9.6	9.7	2.7	1.8	2.0	2.1
转移净收入占人均可支配收入比重			7.5	15.3	13.9	11.9

（四）农村社会事业全面加强

近年来，河北省加大统筹城乡发展，推进经济供给侧结构性改革，着力
加强生态环境建设，着力保障改善民生，农村社会事业得到全面发展。截止
到 2015 年底，全省县域农村公路通车总里程达到 17.0 万千米，固定电话用
户 564.7 万户、移动电话用户 3983.5 万户、互联网宽带用户 651.2 万户，基
本上实现了村村通公路、户户有电视、人人有电话。2015 年，农村医疗卫生
机构床位数 19.1 万个，比 2010 年增加 4.9 万个，增长了 34.8%；医疗卫生机
构技术人员增加了 21.4%；新型农村社会养老保险参保人数增加了 2006 万
人，增长了 2.2 倍。

三、河北省农业经济运行特征

在全省的不懈努力下，河北农业发展不断迈上新台阶，农业生产稳定发展，主要农产品供给数量充足；农业产业经营水平稳步推进，有效带动了农业发展；农业物质技术装备水平不断提高，农业生产可控能力进一步增强；农民收入稳定增长，继续高于城镇居民收入增幅。

（一）农业生产稳定发展

河北省是农业大省，是我国重要的粮、棉、油、菜、肉、蛋、奶和水果等农产品生产基地。近年来，河北省深入推进农业改革创新，大力转变农业发展方式，推动传统农业向现代农业转型发展，农业综合生产能力不断提高，农业生产保持稳定健康发展的良好势头。2015 年，河北省粮、棉、油、菜、肉、奶、蛋和水果产量分别占全国总产量的 5.4%、6.7%、4.3%、10.5%、5.4%、12.6%、12.5%、8.6%。其中，粮食产量 3363.8 万吨，较 2010 年增长387.9 万吨，平均每年增产约 77.6 万吨。蔬菜产业通过大力发展现代蔬菜产业园、蔬菜生产基地，设施菜、反季节菜比重明显上升，2015 年全省蔬菜播种面积 1356.67 千公顷，设施生产面积占 51.11%，较 2010 年提高 25.9 个百分点；蔬菜产量仅次于山东，高居全国第 2 位。畜牧业通过良繁体系建设和标准化、规模化设施养殖，肉类、奶类产量均大幅增长，近 10 年来，肉、奶产量年均增长 7.6 万吨、18.5 万吨。

（二）农业产业化经营稳步提高

河北省大力发展现代农业园区、培育农业龙头组织、推进三产融合，全省农业产业化经营水平稳步提升。2015 年，全省农业产业化经营总量达到6934 亿元，比 2010 年增长 70.7%；农业产业化经营率达到 65.6%，比 2010年提高 7 个百分点。农业产业化龙头经营组织总数达到 2181 个，比 2010 年增加 716 个，其中龙头企业带动型的产业化龙头经营组织数量达到 1899 个，龙头企业销售收入达到 3296.7 亿元，比 2010 年增长 67.9%。农产品加工转化能力快速提升，全省农产品加工比值超过 150%，比 2010 年提高 45.1 个百分点。为推动第一、第二、第三产业融合发展和农业生产要素聚集，河北省按照"生产要素集聚、科技装备先进、管理体制科学、经营机制完善、带动效应明显"的要求，谋划建设了一批现代农业园区和农产品加工基地。到2016年，共评审认定现代农业园区1251家，其中省级120家、市县级1131家，现代农业园区规划面积达到740万亩，建成面积近500万亩。河北省大力推进农业产业化示范基地建设，年产值超100亿元的农产品加工聚集区达到10个，有效带动了农业生产。

（三）农业物质技术装备水平不断提升

农业生产受自然灾害影响较大，河北省水利等基础设施尚不完备，农业发展基础不牢，用现代物质技术装备农业，具体来说就是用优良品种、高效低毒低残留农药、合成饲料、智能温室、现代农机具、喷滴灌水利设施等武装农业，以大幅度提升农业生产水平。河北省政府历来重视农业基础设施建设，以农田水利建设为重点，持续加大引水、蓄水、清淤、灌区改造、高效节水灌溉推广与地下水超采综合治理。同时，统筹使用各类涉农资金，集中力量开展土地平整、土地深松、土壤改良、机耕道路、配套电网林网等建设，并制定了农村土地制度改革、农村金融改革、农村股份合作经济发展等配套政策，现代农业装备水平快速提升。

2015年，河北省机耕面积5475.3千公顷、机械播种面积6624.6千公顷、机械收获面积5192.4千公顷，分别占农作物播种面积的62.6%、75.8%、59.4%（见表3-8），较2009年分别提高2.2个、4.6个和23.2个百分点。2015年河北省节水灌溉面积3140.0千公顷，比2005年增加734.8千公顷（见表3-9）。10年来，河北省节水灌溉面积占有效灌溉面积的比例由2005年的52.9%提高到70.6%。

表3-8　2010~2015年河北省农业机械化水平

单位：千公顷，%

年份	2010	2011	2012	2013	2014	2015
机械耕地面积	5317.1	5332.0	5402.0	5408.0	5432.6	5475.3
机械耕地面积比重	61.0	60.8	61.5	61.8	62.4	62.6

续表

年份	2010	2011	2012	2013	2014	2015
机械播种面积	6274.5	6451.9	6592.5	6571.9	6623.5	6624.6
机械播种面积比重	72.0	73.5	75.0	75.1	76.0	75.8
机械收获面积	3428.5	3715.3	4209.8	4680.2	4988.4	5192.4
机械收获面积比重	39.3	42.4	47.9	53.5	57.3	59.4

表 3-9　2005~2015 年河北省农业灌溉情况

单位：千公顷

年份	2005	2010	2012	2013	2014	2015
有效灌溉面积	4547.7	4520.9	4165.0	4349.0	4404.2	4448.0
节水灌溉面积	2405.2	2698.8	2971.8	2901.9	3024.0	3140.0
喷滴灌	366.6	241.9	201.8	136.3	161.8	193.4

第二节　河北省县域经济发展比较分析

一、县域经济类型划分

县域经济从不同角度可以划分为不同类型。根据区位、资源等优势条件可分为工业基础比较成熟的中心城市周边县，沿海、沿路和环京津等区位特殊县和自然资源丰富县；根据区域经济发展程度可分为经济强县、普通县、经济弱县和贫困县。通过对县域经济发展类型进行划分和分类指导，可使各县根据自己的县情科学定位、因地制宜地选择发展模式，促进生产要素的有序流动和产业集聚，提高资源利用效率，从而培育发展强势产业，提高县域经济发展的竞争力。河北省县域经济总体上可分为三个层次：第一层次为 30 个强县（市），第二层次为发展水平处于中间水平的 68 个县

（市），第三层次为 30 个弱县。

二、河北省县域经济发展比较分析

（一）不同设区市 30 个强县发展水平比较

按照 2015 年各县地区生产总值划分，30 个强县（市）分布于 9 个设区市，其中唐山、沧州两市最多，分别为 7 个和 6 个；石家庄、邯郸、廊坊紧随其后，分别为 4 个、4 个和 3 个；保定、邢台各有 2 个；秦皇岛、承德各有 1 个，而张家口和衡水两市尚无县（市）进入 30 强之列。而在前 10 强中，唐山有 5 个县，廊坊有 2 个县，石家庄、邯郸、沧州各 1 个县（见表 3-10）。

表 3-10　县域 GDP 30 个强县位次及按设区市分布表

单位：亿元

全省位次	市（县区）	地区生产总值	所属设区市	全省位次	市（县区）	地区生产总值	所属设区市
1	迁安市	891.1	唐山	16	河间市	265.1	沧州
2	武安市	600.1	邯郸	17	涿州市	261.6	保定
3	任丘市	565.0	沧州	18	永年县	250.9	邯郸
4	三河市	510.1	廊坊	19	黄骅市	246.3	沧州
5	遵化市	483.8	唐山	20	沧县	232.0	沧州
6	滦县	433.7	唐山	21	磁县	230.4	邯郸
7	迁西县	396.4	唐山	22	沙河市	227.0	邢台
8	辛集市	386.1	石家庄	23	涉县	220.3	邯郸
9	霸州市	364.5	廊坊	24	赵县	202.9	石家庄
10	玉田县	352.2	唐山	25	香河县	198.6	廊坊
11	乐亭县	315.9	唐山	26	宽城满族自治县	197.2	承德
12	滦南县	313.4	唐山	27	昌黎县	196.7	秦皇岛
13	定州市	300.2	保定	28	宁晋县	195.7	邢台
14	晋州市	276.8	石家庄	29	泊头市	195.5	沧州
15	正定县	276.4	石家庄	30	献县	191.5	沧州

从表 3-10 可以看出，30 个强县的地区分布不均衡，主要集中于传统重工业化城市地区；不同县域经济规模的差别较大，30 强之首的迁安市地区生产总值是 30 强之末献县的 4.65 倍。30 个强县平均县域规模达到 325.9 亿元，其中唐山市 7 个强县的平均经济规模达到 455.2 亿元，是 30 个强县平均规模的 1.4 倍；廊坊市 3 个强县的平均经济规模达到 357.7 亿元，是 30 个强县平均规模的 1.1 倍；邯郸市的强县规模与全省 30 个强县平均规模基本一致，石家庄、沧州、保定三市的强县，平均规模略低于全省平均水平；邢台、承德、秦皇岛三市不仅强县数量少，而且规模较小，仅相当于全省强县平均规模的 2/3。

从地方公共财政预算收入看，30 个经济强县多数位居财政强县之列。30 强县中地方公共财政预算收入位居第一的三河市，其地方公共财政预算收入达到 72.3 亿元，是赵县的 15.2 倍，而三河市的地区生产总值仅为赵县的 2.5 倍。30 个强县地方公共财政预算收入平均规模达到 15.8 亿元，其中廊坊市 3 个强县的平均地方公共财政预算收入为 42.2 亿元，是 30 个强县平均全部财政收入规模的 2.7 倍；保定市 2 个强县的平均全部财政收入为 17.4 亿元，是 30 强县平均地方公共财政预算收入规模的 1.1 倍；唐山、邯郸两市强县的平均地方公共财政预算收入规模与全省 30 个强县平均水平基本一致，其他市强县的平均地方公共财政预算收入规模明显低于 30 个强县的平均水平。

（二）不同设区市 30 个弱县发展水平比较

2015 年，30 个经济弱县分布于 5 个设区市，主要集中于太行山和坝上地区，其中邢台市 10 个、保定市 8 个、张家口市 7 个、衡水市 4 个、沧州市 1 个；唐山、石家庄、廊坊、邯郸、秦皇岛、承德 6 市均无经济弱县。而在最弱的 10 县中，张家口占据 5 个县，邢台市有 3 个县，沧州、保定两市各有 1 个县。

从表 3-11 可以看出，30 个弱县分布较为集中，邢台、保定、张家口三市的弱县数量占 30 个弱县的 80% 以上。不同弱县的经济规模差别也较大，30 个弱县中，经济规模最大的内丘县地区生产总值为 67.8 亿元，是最弱县新河县地区生产总值的 2.4 倍。30 个弱县平均县域规模达到 50.9 亿元，其中衡

表 3-11 县域 GDP 30 个弱县位次及按设区市分布表

单位：亿元

全省位次	市（县区）	地区生产总值	所属设区市	位次	市（县区）	地区生产总值	所属设区市
99	内丘县	67.8	邢台	114	武强县	53.5	衡水
100	唐县	66.3	保定	115	南和县	52.9	邢台
101	阜城县	63.2	衡水	116	顺平县	52.5	保定
102	怀安县	63.1	张家口	117	任县	44.6	邢台
103	万全县	62.4	张家口	118	博野县	44.4	保定
104	临西县	62.0	邢台	119	沽源县	43.8	张家口
105	武邑县	61.6	衡水	120	康保县	43.2	张家口
106	巨鹿县	60.2	邢台	121	阳原县	41.9	张家口
107	临城县	60.1	邢台	122	广宗县	40.9	邢台
108	涞水县	58.5	保定	123	海兴县	40.5	沧州
109	安新县	57.6	保定	124	崇礼县	34.3	张家口
110	容城县	57.1	保定	125	尚义县	34.0	张家口
111	饶阳县	55.6	衡水	126	柏乡县	33.9	邢台
112	平乡县	54.3	邢台	127	阜平县	33.5	保定
113	望都县	53.7	保定	128	新河县	28.4	邢台

水市的 4 个弱县平均经济规模较高，达到 58.5 亿元，是 30 个弱县平均规模的 1.15 倍；保定市的 8 个弱县和邢台市的 10 个弱县平均经济规模与全省 30 个弱县平均规模接近；张家口市的 7 个弱县平均经济规模仅相当于全省 30 个弱县平均规模的 90%。

从财政收入看，30 个经济弱县多数同属于财政弱县之列。全省 30 个弱县地方公共财政预算收入平均规模为 3 亿元，其中保定、张家口等市弱县的平均地方公共财政预算收入高于全省 30 个弱县的平均水平；沧州市弱县的地方公共财政预算收入与全省 30 个弱县的平均水平相当；衡水、邢台两市经济弱县的平均地方公共财政预算收入水平较低，分别相当于 30 个弱县平均全部财政收入的 0.97 倍和 0.88 倍。

（三）经济强县与经济弱县比较分析

近年来，河北省县域经济发展成效显著，但县域经济发展不平衡问题仍较为突出。从经济实力上看，2015 年，30 个强县（市）的 GDP 占全省县域 GDP 的 51.6%，地方公共财政预算收入占全省县域地方公共财政预算收入的 48.4%；30 个弱县的 GDP 仅占全省县域 GDP 的 8.1%，地方公共财政预算收入占全省县域地方公共财政预算收入的 9.4%；30 个强县（市）的 GDP 和地方公共财政预算收入分别为 30 个弱县的 6.4 倍和 5.1 倍。2015 年，30 个强县（市）GDP 占全省县域 GDP 的比重与 2010 年基本持平，地方公共财政预算收入占全省县域地方公共财政预算收入的比例较 2010 年下降了 4.6 个百分点；30 个弱县 GDP 占全省县域 GDP 的比重较 2010 年提高 1.2 百分点，地方公共财政预算收入占全省县域地方公共财政预算收入的比例上升 2.1 个百分点；30 个强县（市）与 30 个弱县的 GDP 和公共财政预算收入之比，分别缩小 1.2 倍和 2.1 倍。

从人均水平看，2015 年人均 GDP 最高的迁安市达到 11.69 万元，最低的曲阳县仅为 1.09 万元，前者为后者的 10.7 倍；人均地方公共财政预算收入最高的大厂回族自治县为 19295.5 元，最低的大名县仅为 332.4 元，大厂回族自治县是大名县的 58.0 倍；人均社会消费品零售总额最高的辛集市为 40124.5 元，最低的邢台县仅为 2909.8 元，两者相差 12.8 倍；人均储蓄存款最高的香河县为 63633.1 元，最低的广平县仅为 1103.9 元，仅相当于香河县平均水平的 1.7%；农村居民人均可支配收入最高的迁安市为 18478 元，是最低者赞皇县的 3.6 倍。

第三节　河北省县域经济发展制约因素分析

河北省县域经济发展滞后，既有自然原因，又有历史原因，但最主要的原因则是解放思想不深入、创新驱动力不强，县域经济发展的内在活力不足。

一、制度创新不足，县域经济发展内在活力不强

没有创新就没有突破，没有突破就没有领先。发达省份在创新行政管理
体制、区域发展机制等方面抢先一步，为县域发展创造了宽松条件，促进了
县域经济的腾飞。河北省县域经济管理体制改革相对滞后，市管县体制导致
了市县之间的利益博弈，多数设区市对县域经济发展带动不足，却增加了一
个管理层次，使得行政管理、行政审批层次过多，形成"权力向上集中，包
袱向下转移"的格局。县级政府特别是落后县市，行政职能和管理手段越来
越少，"小政府、大服务"的改革目标未能真正实现。同时，河北省干部群众
的思维方式和理念与发达地区相比存在很大差距，守土观念严重，市场经济
意识薄弱，开拓创新意识不足，严重制约着河北省县域经济的发展。在经济
发展战略选择上，求稳怕乱、面面俱到；在政策选择上，循规蹈矩、不敢突
破，无法抢抓先机；在社会管理上，竞争意识、危机意识不强，垄断、寻租
行为较为普遍，市场竞争机制难以充分发挥作用。县域之间、乡镇之间、部
门之间和各经营主体之间各自为政，无法形成整体竞争优势，发展内在活力
不足。

二、城镇建设步伐较慢，城乡一体化发展缓慢

受历史、文化、产业等诸多因素影响，河北省城镇化率一直较低，在沿
海 11 个省市区中是一块洼地，仅高于广西，位居全国第 20 位。河北省大城
市规模小，中等城市数量少，小城镇特色不突出，近 60% 的县城人口不足 10
万人。特别是多数中小城市基础设施、城市环境建设落后，对外缺乏吸引力，
难以聚集资本和高端生产要素；对内缺乏带动力，难以拉动农村经济发展，
使县域经济的自然资源与人力资源无法得到充分开发和有效利用。省委八届
六次全会提出河北要调整优化产业结构，走绿色崛起之路，需要淘汰压减的
大批落后过剩产能集中于县域，传统产业面临深度调整，县域实现产城融合

发展的难度加大。城乡分割的户籍管理、土地管理、社会保障等制度，也在很大程度上阻碍着城乡一体化发展。

三、第二、第三产业发展滞后，经济增长乏力

河北省县域经济结构与大中城市经济结构基本雷同。河北省大中城市的文化、信息、电子、金融等高端产业发展不足，矿业、石油、化工、医药、纺织、机械等制造业成为城市经济的主要产业，县域产业同样以这些产业为主导，并向资源型、重型化加速发展，城市与县域难以相互促进，反而存在明显的竞争关系。在产业结构调整过程中，县域之间甚至县域内部的产业发展均缺乏相互衔接，产业扩张多数是规模、数量的扩张，相关产业发展不足，未能形成产业链和区块经济。总体上看，河北省县域产业结构仍处于较低水平，多数县仍属于农业县，工业发展相对迟缓，导致缺乏大宗税源，县级财政困难，第三产业发育不足，直接影响到城乡居民的就业和收入。从产业内部看，以原材料加工、资源开发为主的传统工业所占比重偏高，产出低、效益低、污染大，发展环境日益受限，而新兴产业、战略产业比较薄弱，支柱产业集成度不高，强县立县的大企业、大项目不足，导致县域经济增长乏力。

四、农业供给结构矛盾较为突出，农村发展新动能不足

河北省农业生产在全国居重要地位，但农产品供求结构失衡、要素配置不合理、资源环境压力大等问题仍很突出，增加产量与提升品质、成本攀升与价格低迷、小生产与大市场等矛盾亟待破解。

一是农产品结构性过剩严重。在政策引导下，河北省粮棉油、肉蛋奶、瓜果菜产量快速增长。但受农民决策滞后、科技素质不高、生产组织方式不够先进等因素影响，全省主要农产品总量不低，但品质不高、结构不优，有效供给不足。从总量看粮棉油、肉蛋奶、瓜果菜等农产品产量均居全国前列，并呈增长态势。但从结构看，高端优质农产品供给仍显不足、农业产业链条

不健全。2015 年，河北省农副产品转化率仅为 42.9%，农产品加工业总值与农业总产值之比仅为 1.5：1，远低于全国平均水平的 2.2：1。从消费需求看，按照河北省城镇和农村居民人均消费水平看，2015 年全省粮、肉、蛋、奶和蔬菜总需求量分别为 966.8 万吨、173.9 万吨、93.8 万吨、107.9 万吨、658.7 万吨；省内农产品总供给分别为 3363.8 万吨、462.5 万吨、373.6 万吨、473.1 万吨、8243.7 万吨；供需结余率分别为 71.3%、62.4%、74.9%、77.2%、92.0%。在小麦、玉米供给充足的同时，河北每年还需进口大量大豆，2015 年共进口大豆 376 万吨，是本省当年大豆产量的 16.6 倍。因此，从整体上看，河北省农业仍然较为传统、粗放，结构调整尚未跟上市场需求，农业经济发展质量和发展水平依然较低。

二是资源环境压力加大。随着经济社会发展，河北省用水量快速增长，近年来年均超采地下水 50 亿立方米，平原超采区面积达 6.7 万平方千米，超采量和超采区面积均为全国的 1/3。农业是用水大户，河北省农业主要种植品种为小麦、玉米、蔬菜等高耗水作物，三种作物播种面积占全省的 77.9%。杂粮杂豆、薯类等雨养旱作作物等和首蓿、青燕麦、青贮玉米等饲草种植比例不高，高耗水农产品的大量生产对生态环境造成巨大压力。同时，河北省还是国家确定的"镰刀弯"非玉米优势产区，因此调粮、减菜压力较大。

三是农业经营规模偏小。据河北省农业厅的调查，全省平均每户农民承包耕地的地块数量在 5 块以上，且分布在不同区域。土地流转时，土地流入方需与众多农户协商谈判，花费时间、精力较多，并且往往由于少数农民不愿意流转，使土地连片经营难以实现。部分农民因担心土地流转后收不回来或改变用途等，而不愿意流转土地。因此，虽然河北省农村耕地流转面积不断增加，但平均经营规模仍然有限，难以实现规模经济。

五、经济发展外向度低，对外开放不够

抢抓国际产业和资本转移机遇，将自身的劳动力优势、市场优势、产业基础优势与跨国公司的技术优势、资金优势和管理优势结合起来，推动产业

结构优化升级，是发达省份发展县域经济的经验。河北省县域经济对外开放的广度和深度均不够，多数县是在"用一只脚走路"。从对外招商引资看，河北省各县的招商引资方式不新，招商引资领域不广，引进外资数量不多。2015 年，河北省实际利用外资 73.7 亿美元，仅比江苏省苏州市实际利用外资金额多 3.5 亿美元；河北省利用外资的 2/3 集中于制造业，而苏州市战略性新兴产业和高技术项目实际使用外资 33.86 亿美元，服务业实际使用外资 26.74 亿美元，分别占该市实际利用外资金额的 48.2%、38.1%，外资利用结构明显优于河北省。从进出口贸易看，河北省县域经济出口产品主要以农副产品和技术含量较低的粗加工产品以及资源性产品为主，价格低，市场占有份额少，缺乏竞争力，出口创汇能力较差。2015 年，全省进出口贸易额为 514.8 亿美元，同期苏州市实现进出口总值 3113.1 亿美元，已经连续五年进出口总值保持在 3000 亿美元以上，其中出口 1811.8 亿美元，建成了一大批出口基地、进口平台和创业园区，促进了市县同步发展。河北省除少数较发达县（市）招商引资效果较好外，绝大多数县（市）招商引资不理想，对经济推动作用不强。

六、发展环境不够优化，发展后劲不足

河北省县域经济发展环境近年来虽有所改善，但总体来说县（市）对发展环境的认识和投入仍然不足，难以适应县域经济发展的需要。从硬件环境看，大多数县的交通、水利、能源等基础设施条件不够完善，环境污染严重，城市化进程不快，承载经济发展的功能不强；电子网络发展滞后，信息化程度不高，阻碍了与国际信息交流，经济吸引力差。从软件环境看，政府职能尚未得到根本转变，缺位、越位、错位、不到位现象大量存在，政府效率不高；相关政策缺乏集成，配套性差、透明度低，没有形成合力；一些基层单位因循守旧，工作效率低，服务意识差。受环境影响和体制制约，劳动力、资金、土地等生产要素向城市集中，县域产业发展缺乏必要的要素资源支撑。同时，县域内的法制环境、信用环境、服务环境、市场环境、投资环境也不

理想，阻碍了国内外先进技术、资金和人才的流入，直接影响了县域经济发展的活力。河北省县域平均可用财力较低，多数县缺乏必要的建设、调控资金，人才培养和科技创新条件落后，导致人才技术严重短缺，科技力量薄弱，发展后劲不足。

第四节　河北省县域经济发展路径

为推动县域经济的健康快速发展，河北省要因地制宜地采取有选择、差别化的扶持政策，挖掘各县优势，突出各自特色，促进县域经济实力全面提升。

一、经济强县

推动产业转型升级，以增强县域产业竞争力为目标，依托资源禀赋和现有基础，注重发挥比较优势，强化分工协作，突出主导产业，构建各具特色的县域产业体系。坚持"有中生新"，积极利用高新技术改造提升传统产业，通过整合科技资源、打造创新平台、完善创新模式，打破区域、层级、界别等界限壁垒，尽快攻克制约行业转型升级的关键技术、核心技术和共性技术，推进创新成果向现实生产力转化。引导企业克服传统路径依赖，促进传统行业企业向专业化、规模化、集约化改造转变。健全并完善先进产能进入与落后过剩产能退出机制，以增量优化带动存量调整，有序化解过剩产能。坚持"无中生有"，大力发展新能源、新材料、电子信息、生物医药、高端装备、节能环保等战略性新兴产业，优先发展现代物流、电子商务、金融服务、科技服务、节能环保等生产性服务业，加快发展旅游、文化、健康养老、商贸流通、社区服务等生活性服务业，打造县域发展的局部强势。在项目、资金、土地等方面，优先支持工业总产值超千亿元的县（市），增强其经济发展的引领带动作用。

加快县城扩容提质，完善城乡规划体系，优化城镇布局结构，拉大县域发展框架。支持定州、辛集按照区域中心城市规划建设，纳入中心城市组团的县（市）按照卫星城市规划建设，推动县级市和部分基础条件好、区位特殊的县城率先发展成为中等城市，构建具有河北特点的县城建设新格局。加快县城基础设施、公共服务设施和便民生活设施建设，提升城镇综合承载能力。开展县城环境容貌整治提升行动，提升园林绿化水平，建设生态宜居城镇。完善城市管理体制，下移管理重心，构建精简高效的工作机制。推进智慧城市建设，构建综合性、开放性、服务性的城市管理创新平台。加强城乡规划实施管理，搞好县城设计，严格建筑质量监管，增强县城魅力特色。

推进统筹城乡发展，树立全域规划理念，统筹经济社会发展规划、土地利用规划和城乡规划，合理安排县域城镇建设、农田保护、产业聚集、村落分布、生态涵养等空间布局。加大统筹城乡发展力度，推动基础设施向农村延伸、公共服务向乡村覆盖。依托优势特色产业，优化整合产业园区，引导产业向园区聚集、园区向县城集中。支持符合条件的产业园区扩区升级，在空间布局、资源利用、配套设施等方面加大协调力度，增强综合服务功能，将产业园区建成新型城区，使其成为县城发展和产业转型升级的重要支撑。

二、经济弱县和贫困县

河北省经济弱县和贫困县多数位于交通不便、资源匮乏、生态脆弱地区，这些弱县发展既要注重保护现有生态环境，又要通过差别化政策扶持产业发展，增强自身实力。

产业政策方面，要充分考虑区域特殊性，在产业准入、土地供应、资金供给、科技研发、人才培养等方面给予扶持和优惠，引导发展循环经济和劳动密集型产业。健全完善残疾人、贫困女性等特殊困难群体的扶贫优惠政策和扶持措施，降低准入条件，实施差别化补助，增强特殊困难群体的就业发展能力。省市有关部门在安排战略性新兴产业发展专项资金、重大技术改造专项资金、中小企业发展资金、服务业振兴引导资金、科技专项资金等扶持资金时，积极向弱县倾斜，减少或免除弱县配套资金。在进出口贸易、企业上市等方面坚持同等优先原则，重点支持弱县产业发展。

财税政策方面，要建立健全财政专项扶弱资金投入稳定增长机制，加大对弱县财政专项资金扶持力度，并根据省市财力增长情况逐年增加。实施激励性财政政策，对弱县特别是全部财政收入不足3亿元的困难县实行省级分享增值税、营业税、企业所得税"核定基数、超收返还"的政策，超基数部分全额返还县级财政。健全县级基本财力保障机制，保障弱县政府运转基本支出需要和各项民生政策的有效落实。进一步完善矿产资源收益分配机制，根据各县实际情况，将矿业权价款向资源所在地倾斜。结合国家税收政策，符合条件的弱县企业依法享受企业所得税"三免三减半"政策、免征关税政策等。

金融投入政策方面，国家和省级大型项目、重点工程和新兴产业要优先向符合条件的弱县安排，加大村级公路建设、农业综合开发、土地整治、小流域与水土流失治理等支持力度。适当提高农村基础设施建设补助标准，对于国家在弱县安排的病险水库除险加固、生态建设、农村饮水安全、大中型灌区配套改造等公益性建设项目，取消县以下（含县）资金配套，省安排的农村公益性建设项目，适当减轻县级配套压力。鼓励社会投资，对省内外企业等社会资本投资弱县的特色优势产业项目，符合条件的在省级权限范围内优先审批核准，在土地、投资、信贷等方面给予倾斜。积极引导小额贷款公司、担保公司和民间借贷规范发展，鼓励符合条件的企业通过参股村镇银行发起设立小额贷款公司，大力扶持发展农村资金互助社等新型农村金融机构，多渠道拓宽弱县筹资渠道。

土地政策方面，进一步完善建设用地审批制度，合理安排小城镇和产业园区建设用地，促进产业向园区集聚，提高土地集约节约利用水平。加大土地综合整治力度，在项目安排上向有条件的弱县倾斜。支持弱县合理有序地开发利用矿产资源。研究制定城乡统一的土地市场监管体系和土地承包经营权流转制度，完善土地价格形成和收益分配机制，鼓励农户以土地入股等方式积极参与产业化经营。

生态与资源补偿政策方面，要完善生态环境资源价值核算体系，科学确定生态补偿标准，扩大补偿规模，加大重点生态功能区生态补偿力度，提高生态脆弱区弱县保护生态环境的积极性。完善森林草原生态效益补偿制度，依法加强对现有森林草原资源的保护，逐步扩大国家和省级重点公益林补助范围，提高补偿标准。优先将生态区位重要、生态状况脆弱，荒漠化、水土流失严重的区域，生物多样性保护作用重要的湿地和水库周围，地质遗迹、自然保护区、森林公园、河流源头林地等列入重点公益林补偿范围。建立和完善京津等生态和水源受益地区对生态保护区的补偿机制。

三、中心城市周边县

中心城市周边县（市）要围绕中心城市发展需要，比照城区规划建设县城，合理规划城区建设规模，科学安排开发时序，统筹生产、办公、生活、商业等功能区的规划建设，完善市政基础设施和公共服务设施，推进功能混合和产城融合，在聚集产业的同时加快人口的聚集。抓住新型城镇化发展战略机遇，按照中心城市功能分区进一步明确县域产业发展重点，有选择地承接中心城市产业转移，形成与中心城市功能、产业分工互补和资源环境相互适应的产业发展格局。以多样化、专业化和特色化为方向，培育一批经济发达、环境优美、功能完善、特色鲜明的小城镇。大城市周边的中心镇，要加强与城市发展的统筹规划，逐步发展成为卫星城。具有特色资源和区位优势的小城镇，要通过规划引导、市场运作，培育成为工业加工、商贸物流、文化旅游、特色农业、交通枢纽型等专业特色镇。充分考虑产业与城镇之间的互动关系，把各类园区纳入城镇统一规划，统筹产业发展、空间布局、基础设施和公共服务设施建设，促进产业向园区集聚、园区向城镇集中、人口向城镇集聚。

提升城乡结合部规划建设和管理服务水平，促进城乡结合部向社区化发展，增强服务城市、带动农村、承接人口转移的功能。加强水电路信等基础设施建设，稳定水电供应，改善道路状况，增加公交线路，为城乡结合部居民提供便捷的生活条件和出行条件。加强环境整治和社会管理综合治理，增加公共服务设施投入，改善城乡结合部面貌和社会治安环境。加强对生态用地和农用地的保护，推进环城绿带和田园风貌建设，形成有利于改善城市生态环境质量的生态缓冲地带。

四、特殊区位县

沿海各县（市）要借力沿海地区发展规划的实施，充分发挥比较优势，优化空间布局，构建现代产业体系，提升发展支撑能力，加快四化同步发展进程，率先实现小康。加强规划引导和政策支持，促进重大生产力布局向沿海县（市）集中，培育壮大特色优势产业和战略性新兴产业，形成沿海产业带。加强港口和集疏通道建设，形成全国重要的综合交通物流枢纽以及华北和西北地区对外开放的重要门户，不断拓宽沿海县（市）的发展空间，推动整体崛起。依托重要交通通道和交通节点，加快县城和中心镇发展，培育壮大特色产业，完善城镇服务功能，推动产业集中和人口聚集，集中力量打造一批区位优势明显、产业特色鲜明的新兴工业城镇、商贸城镇和旅游城镇，增强区域发展的综合支撑力。充分利用国家和河北省扶贫政策，借力沿海地区开发开放，改善投资环境，夯实产业基础，促进沿海贫困县在全省率先脱贫。

环京津各县（市）要抓住京津先进要素外溢机遇，推进与京津的产业对接、设施共享、管理服务同城化，实现跨越式发展。要集中有限的要素资源，加快临空经济区、高端产业经济区、生态文明示范区建设，建成一批宜居宜业的中小城市，使之成为京津冀协同发展示范区。着眼于三次产业的良性互动，以高效、和谐、可持续发展为目标，坚持高端引领、创新驱动、分工协作、统筹协调，培育发展特色明显、竞争力强的绿色产业体系。推进环京津地区与京津交通基础设施统一规划、同标准设计、同步建设，为要素转移和协同发展创造基础条件。

五、资源型县

传统农业大县要着力培育壮大农业优势产业，增强基础设施支撑能力，推进农业产业化经营，全面提升农业发展质量。以保障主要农产品供给为目标，稳步提高粮食生产能力，大力发展畜牧、蔬菜、果品业，积极培育农业新兴产业，全面提高农业综合生产能力。加快推进专业化、规模化、标准化生产基地建设，支持农产品加工企业到主产区建立专业化的原料生产基地，确保优质原料供给。强化龙头企业、农民专业合作组织和农民的利益连接机制，形成以加工企业为龙头、以合作组织为纽带、以产权关系为依托的利益共享、风险共担的利益共同体。支持龙头企业、合作组织申报无公害产品、绿色食品、有机食品，做好商标注册、质量认证、农产品地理标志登记等工作，加强品牌宣传和保护。支持企业发挥品牌优势，实施跨区域发展，开拓国际国内市场。

矿产资源县要科学开发利用现有资源，注重产业多元化和产业转型，走新型工业化道路。要尽快建立健全矿产资源法律法规体系，严格监督资源的开采、加工和利用，避免滥采滥挖、过度开发和无序利用。在省市级层面，统一编制矿产资源县的区域转型规划，对基础设施、产业空间布局等进行统一规划和部署，促进矿产资源县经济协同转型发展。充分利用现有资源积累的基础，积极改善投资环境，加快工业多元化步伐，避免资源依赖型单一化产业结构面临的市场风险和政策风险。加大生态建设和环境保护力度，尽量降低资源开采造成的环境污染和生态破坏。加大矿产资源县转型发展政策激励，在项目、资金、土地、人才等方面给予特殊优惠政策。

旅游资源比较丰富的县，应大力开发旅游资源，使资源优势转化为经济优势，促进旅游产业发展。要科学、合理地开发旅游资源，加强配套设施建设，提升旅游业服务水平。推进旅游业与其他产业融合，大力发展乡村旅游、森林生态旅游、民俗艺术旅游等新业态，构建富有地方特色的旅游产品体系。拓展旅游产业链，促进餐饮、住宿、购物、娱乐等相关产业发展。加强干线公路、景区连接线、旅游交通标识系统等基础服务设施建设，完善应急救援、公共医疗、卫生检疫防疫等安全、救助体系，全面提升旅游管理服务水平。加快组建一批跨地区、跨行业、跨所有制、竞争力强的大型旅游集团，做强旅游发展主体。

第五节　加快河北省县域经济发展的对策建议

一、加快行政管理体制改革

扩大省直管县（市）改革试点，培育区域性中心城市。适时调整部分县城城区区划设置，推动综合经济实力强、县城人口规模大、具备行政区划调整条件的县有序撤县设市。在设市城市城区范围内具备行政区划调整条件的镇撤镇设街和村改居，理顺行政管理关系，强化政府管理职能。选择若干吸纳人口多、经济实力强的镇开展经济发达镇行政管理体制改革试点工作。审慎稳妥推进具备行政区划调整条件的乡撤乡设镇。优化政府管理层次，按照"能放都放"的原则，扩大县级政府在项目审批、税收减免、信贷投资、物质调配等方面的管理权限，除国家明确规定必须由设区市级以上审批的事项外，其余下放到县（市）和省级以上园区，构建责任型政府和服务型政府。探索建立跨区耕地占补平衡指标统一交易平台和城乡统一建设用地市场，逐步实现集体建设用地与国有土地同地同价。支持有条件的县（市）先行先试与探索创新，鼓励申报争取"全国钢铁产业结构调整试点"、"国家资源型城市转型试点"、"创业型城市试点"、"新型农村和城镇居民社会养老保险制度试点"等政策。积极推进户籍管理制度改革，把具有稳定劳动关系并在城镇居住一定年限的农民工逐步转为城市居民，按照属地管理原则，在就业服务、子女教育、住房、社会保险、文化生活等方面享受公共服务均等化。加快向企业放权，让企业真正具有自主经营、自负盈亏、自我发展的权利，发挥企业自主运行活力。

二、培育壮大特色经济

把培育特色、发展特色作为促进县域经济发展的关键举措，立足本地区的资源优势、区位优势、产业优势、环境优势等，准确定位、找准与市场对接的着力点，围绕特色产品培育特色产业，围绕龙头企业培植特色经济。加大政策扶持力度，集中抓好一批经营规模大、科技含量高、带动能力强的龙头企业，支持龙头企业以技术、品牌为纽带，通过收购、兼并、重组等多种形式，盘活资本存量，整合资源要素，实现规模扩张。推进相互关联的生产企业和专业供应商，在同一区域形成上下游产业有机链接和聚集发展，巩固壮大产业发展的主骨架，引领带动全省产业上规模、上档次、上水平。加强重点园区的规划、建设和引导，整合提升各类产业园区、产业集聚区，加强园区公共服务平台网络建设，使园区成为招商引资、项目建设和产业发展的聚集地、县域经济发展的增长极。大力推进品牌建设，重点支持龙头企业依托特色资源优势，采用新技术、新装备，提高产品精深加工水平和产品档次，尽快培育出一批有市场竞争力和影响力的行业"领头羊"和知名品牌企业。

三、加强资金、土地等政策扶持引导

发展县域经济离不开政策支持。财税政策上，省市财政预算安排配套专项资金，支持县域省级以上重点园区基础设施和重大产业项目建设。鼓励各级政府制定针对企业（项目）的财政激励政策，支持有条件的县（市）免收各种行政事业性费用。支持沿海、环京津周边县（市）实行企业固定资产和无形资产加速折旧和摊销政策。投融资政策上，鼓励各类金融机构在县域设立分支机构，按规定给予高级人才和高管人员个人所得税减免奖励。支持地方政府性投融资机构通过整合或注入优质资产增强融资能力。支持企业扩大直接融资规模，通过发行股票、企业债券、中期票据等多种方式在资本市场直接融资，对在多层次资本市场上市挂牌企业按规定给予税收优惠和资金奖励。用地政策上，开展城乡建设用地增减挂钩试点工作，规范利用城乡建设用地增减挂钩政策，有序合理开发利用后备土地资源。支持开展土地利用总体规划定期评估和适时修订试点工作。人才与科技政策上，要创新人才管理体制，实行灵活的薪酬制度和管理制度，鼓励探索年薪制、协议工资、项目工资等多种分配方式，引进的外省市高层次人才和紧缺人才其聘用专业技术职务不受岗位限制。设立人才引进和自主创新专项资金，加大对优秀科技人员、有突出贡献人员和关键岗位工作人员的支持。鼓励支持各县与国内外知名科研院所、高等院校开展战略合作，共建实验基地、成果转化基地和设立分校，提高企业自主创新能力。支持企业申报、建设研发基地和博士后工作站，加快建设一批国家级和省级企业技术中心、工程技术研究中心、重点实验室、产业技术研究院，省、市财政给予专项资金奖励。

四、完善农业农村基础设施，夯实发展基础

要加快用现代设施、装备和技术手段来装备农业农村，提高农业生产的自动化、智能化和生活的便利化。一是加强农田水利基本建设。推进大型灌区续建配套和节水改造、病险水库除险加固等工程，推广节水节肥灌溉和水肥一体化技术，建设一批高标准节水农业示范区。加强中低产田改造和农田综合整治，推广测土配方施肥和保护性耕作，提升耕地质量。加强调水、引水、蓄水工程建设，推进井灌改渠灌、农业水价综合改革、农田水利工程产权制度改革，做好地下水超采区综合治理试点工作。二是农业生产设施建设。加大良种繁育和生产基地建设，加快农业高新技术普及应用，促进"藏粮于地"、"藏粮于技"。加强农产品产地预冷等冷链物流基础设施网络建设，完善鲜活农产品直供直销体系，推动农产品向城市直销，城市物流向农村物流覆盖。三是完善农村生活设施。要加大农村饮水保障体系、村庄道路体系、电力电网设施、通信网络设施建设，为传统农业向现代农业、休闲农业、特色

农业发展提供基础。加快提升农村教育、医疗、养老、环卫等基本公共服务
设施建设，打造美丽宜居乡村。

五、加大对内对外开放步伐

整合招商资源，创新招商方式，拓宽招商引资渠道，积极引进域外资金、
先进技术和现代经营管理方法，全面提升河北省县域产业发展水平。加强与
国内外知名企业（集团）的战略合作，吸引一大批技术水平高、发展规模大、
竞争能力强的大企业、大集团在河北省县域建立生产加工基地。鼓励和支持
河北省龙头企业开展跨国经营，参与国际市场竞争，拓展河北省县域经济发
展空间。加大开放平台建设，完善各类园区基础设施和配套功能，全面提高
园区的项目吸纳、产业聚集和承载能力。加强国内区域合作，有选择地承接
京津产业转移，加强与其他沿海地区和内陆腹地的重大基础设施互联互通，
积极开展产业合作，促进生产要素合理布局和优化配置，实现合理分工和优
势互补。鼓励有条件的县（市）发展飞地经济区，通过规划、建设、管理和
税收分配等合作机制，实现两地资源互补、经济协调发展。

六、优化发展环境

解放思想，转变观念，是县域经济加快发展的关键。要不断创新思维方
式、工作方法和体制机制，树立敢为人先、攻坚克难、奋发有为的干事创业
理念。要大胆创新、勇于探索、锐意进取，充分发挥县域干部群众的主观能
动性，努力开创县域经济发展的新局面。抓住影响发展的突出问题和关键环
节，改善政务环境、政策环境、市场环境、法治环境、生态环境、设施环境
和社会环境，增强区域发展内生动力和活力。进一步转变工作作风，合理划
分事权，明确责任分工，实行政务公开，从体制上解决办事环节多、效率低
等问题。加强法制建设，规范行政执法行为，健全评议考核制、错案责任追
究制，完善行政执法责任制。增强领导干部的法律意识、法制观念，提高依

法办事能力，维护司法公正，提高执法的透明度和公平度。整顿和规范市场秩序，强化市场监管，严厉打击制假售假、商业欺诈等违法行为，营造良好的商务环境。加大宣传力度，不断增强干部群众的改革意识、开放意识、诚信意识，营造促进县域经济发展的舆论环境。

第四章
河北省农村现代化实现模式与
路径研究

农村现代化不仅是世界各国农业和农村发展的必然趋势，也是当前我国解决"三农"问题、实现全面现代化的关键。中共十八大报告明确指出，"解决好农业农村农民问题是全党工作重中之重，城乡发展一体化是解决'三农'问题的根本途径"。加快农村现代化建设是城乡发展一体化的重要载体和主要抓手，也是全面建成小康社会的基本保障。

第一节　农村现代化的内涵、发展方向与目标

一、我国农村现代化的历史演进

按照经典现代化理论观点，现代化是一个历史过程，它包括从传统经济向现代经济、传统社会向现代社会、传统政治向现代政治、传统文明向现代文明的转变过程。

新中国成立以来，党的几代领导人对我国现代化建设均有不同的表述。新中国成立初期，毛泽东在第一届全国人民代表大会的开幕词中提出"将我们现在这样一个经济上文化上落后的国家，建设成为一个工业化的具有高度现代文化程度的伟大的国家"。1963 年，在政府工作报告的批示中，毛泽东指出："我们不能走世界各国技术发展的老路，跟在别人后面一步一步地爬行。我们必须打破常规，尽量采用先进技术，在一个不太长的历史时期内，把我国建设成为一个社会主义的现代化的强国。"1964 年第三届全国人民代

表大会上，周恩来提出，"要在不太长的历史时期内，把我国建设成为一个具有现代农业、现代工业、现代国防和现代科学技术的社会主义强国，赶上和超过世界先进水平"。"四个现代化"初步成为现代化的基本内涵。

20世纪70年代后期，邓小平对现代化的认识有一个飞跃和转变，主要表现在两个方面：一是从国民生产总值上看到了我国实现现代化的差距。70年代后期，美国等发达国家年人均国民生产总值已达8000~10000美元，我国却不到300美元。所以，为降低20世纪末"四个现代化"的标准，提出"中国式现代化"的概念，并将其称为"小康"。1982年确定20世纪末争取国民生产总值翻两番，使人均国民生产总值达到1000美元（后又调整到800美元），实现"小康"。1984年10月，邓小平在一次谈话中初步表述了"三步走"的发展战略，1987年系统形成了我国现代化建设的"三步走"发展战略。第一步战略目标是到1990年国民生产总值比1980年翻一番，解决温饱问题；第二步战略目标是到20世纪末使国民生产总值再翻一番达到"小康"水平；第三步战略目标是再经过30~50年的努力，到2050年达到世界中等发达国家的水平。

2005年10月，中共十六届五中全会通过的《中共中央关于制定国民经济和社会发展第十一个五年规划的建议》中指出，"建设社会主义新农村是我国现代化进程中的重大历史任务"。要按照"生产发展、生活宽裕、乡风文明、村容整洁、管理民主"的要求，坚持从各地实际出发，尊重农民意愿，扎实稳步推进新农村建设。随后以新农村建设为载体的农村现代化如火如荼地展开。之后，中共十七届五中全会提出，要在工业化、城镇化深入发展中同步推进农业现代化，强调以工促农和以城带乡的反哺作用。农村现代化建设更多体现在农业生产的现代化。

2012年11月，中共十八大提出要"坚持走中国特色新型工业化、信息化、城镇化、农业现代化道路，推动信息化和工业化深度融合、工业化和城镇化良性互动、城镇化和农业现代化相互协调，促进工业化、信息化、城镇化、农业现代化同步发展"。"城乡发展一体化是解决'三农'问题的根本途径"。不仅强调了在"四化"中同步推进农业现代化，还要从城乡发展一体化角度加快新农村建设，实现农村的现代化。

随着经济社会的不断发展改变，农村现代化具有特定的时代色彩和目标指向。当前，在城乡发展一体化背景下，农村现代化被赋予了更深刻的内涵。农村现代化不仅要建设新农村，更强调从"四化同步"和"城乡一体"的角度建设农村现代化；不是就农业、农村某一层面、某一领域建设现代化，而是从社会、经济、文化、环境发展等各个方面建设农村现代化。中国农村正处于现代化进程的深刻变革中，立足国际形势，立足于中国特色社会主义制度本质，立足于改革开放 30 多年的现状和发展前景，立足于中国农村实际，结合我国发展特定阶段特征，积极探索我国农村现代化的发展方向和目标，科学设计实现路径，总结运行模式，提出相关建议，对提高新农村建设水平，加快推进农村现代化进程具有重要的现实意义。

二、农村现代化的内涵与形式

（一）农村现代化的内涵与特征分析

1. 农村现代化的内涵

从现有研究成果看，学术界对农村现代化内涵的界定并没有统一标准。有学者从农民、农业、经济、社会、制度五个方面阐释了农村现代化的基本内涵：①农民现代化。在农村现代化进程中，传统意义上的个体农民应当逐步转变为用现代科学技术武装起来的以市场为导向的日趋文明化的现代职业群体。②农业现代化。在农村现代化进程中，应当把传统种植农业逐步改造为商品化、产业化、技术化、社会化、生态化、国际化的现代大农业。③经济现代化。在农村现代化进程中，应当把传统的农村经济逐步转变为市场化、工业化、城市化、持续化的现代市场经济。④社会现代化。在农村现代化进程中，应当逐步实现农村社会民主化、法制化、文明化、稳定化。⑤制度现代化。在农村现代化的过程中，应当逐步实现制度创新，规范政府行为，强化政策导向。也有学者认为，农村现代化是人民利用现代科学技术和先进的思想，全面提高农村居民的物质生活条件和精神条件，并最终实现农村社会从政治到经济、从文化到思想等的全面发展过程，并将农村现代化概括为农村经济、政治、文化教育和农民的现代化四个方面。可以说，学术界从多个层面对农村现代化内涵进行了界定。在城乡发展一体化的新形势下，农村现代化被赋予了更广泛、更深刻的内涵，不仅体现在农村经济、社会、文化、制度、农民的现代化上，更彰显了城乡各种关系良性互动和融合发展的农村全面现代化。

本书认为，从农村社会经济综合发展的角度出发，农村现代化是包含政治、经济、文化、社会、环境协调发展的复合社会经济系统。从"四化同步"和"城乡发展一体化"的角度出发，农村现代化应当包括七个层面的含义：

一是现代农业的生态高效。在农村现代化进程中，传统农业逐步实现生态农业与农业产业化相结合，辅之"设施农业"和"特色农业"，形成生产品种更多、数量更大、质量更优的植物、动物、微生物符合标准的多系列质量安全农产品、食品的农业。

二是农村经济业态的多元融合。在农村现代化进程中，逐渐把以农业为主的经济业态转变为以现代化农业、新型工业和商贸服务业共同发展的多元化业态。

三是农村社会的和谐开放。在农村现代化进程中，逐步把半封闭的农村社会转变为城乡社会事业发展同步、城乡社会福利等值、城乡空间布局一体、农村社会福利水平较高、农民安居乐业的开放式农村。

四是农民的知识化和专业化。在农村现代化进程中，随着农村经济和社会事业的快速发展，教育基础设施和教育质量有很大改善，农民整体素质有很大提高。随着工业化和城镇化的快速推进，为适应不同产业的就业需求，农民职业分化程度加剧，现代化的农民是熟练掌握先进农业生产技能，使用现代化农业机械设备，懂管理、会经营的新型农民。

五是农村社会管理的民主化。在农村现代化进程中，随着村庄建设形式和空间布局的改变，通过完善农村社会管理体制机制，借鉴城市社区管理的理念管理村庄聚落，逐步把农村社会管理转变成更加民主、法制、文明、高效的管理，形成服务现代农村经济社会的组织保障。

　　六是农村文化的繁荣发展。在农村现代化进程中，农村接受工业文明和城市文明的辐射熏陶，农村本土文化与现代城市文明交织相融，会生成新型农村文化，同时，原有的农村传统特色文化被不断延续、传承，与新生文化共存，形成多元文化共同发展的格局。

　　七是农村环境的生态化。在农村现代化进程中，随着经济社会文化的繁荣发展，农村经济行为更加低碳环保，饮食绿色健康、居住安全舒适，环境优美、干净、整洁，展现出乡村的自然神韵。

　　简而言之，农村现代化就是使农村全面实现农业高效化、产业融合化、农村社区化、农民知识化、生活舒适化、管理民主化、环境生态化。

　　2. 农村现代化的特征

　　农村现代化是一个动态过程，描述的是在特定生产力水平下的农村经济社会形态。依据农村现代化内涵，可以看出，农村现代化具有相对性和系统性两个主要特征。

　　相对性特征。如果以不同的标准衡量，农村现代化的内涵也是不同的。以当前国际平均水平为标准，或以发达国家的农村经济、文化、社会等主要方面所达到的先进水平为参照，从本国实际情况以及预期可能达到的水平出发所确定的便是本国农村现代化的战略目标。由此来看，农村现代化具有相对性特征。

　　系统性特征。农村现代化并不只是农业的现代化，也不仅是农村经济的现代化，而是整个农村的现代化。因此，真正意义上的农村现代化应强调政治、经济、文化、社会、环境等各方面的协调发展，即它是一个开放式的城乡融合和复合的现代社会经济系统模式。若将其融入产业中，现代化农村经济是一个农工商一体化的复合经济系统。

　　（二）农村现代化的形式

　　随着工业化和城镇化的快速推进以及农村人口的大量转移，农村人口会不断减少，村庄的数量和布局也会随之发生改变。在城乡一体化发展趋势下，现有布局分散的自然村落，将会随着人口转移而自然消亡，也会随着产业的聚集而趋向集中。立足农村发展现状，结合当前国内一些地区对新农村建设的经验探索，本书对农村现代化形式进行勾勒。即，在村庄转型过程中，部分村庄将会提档升级，成为吸纳农村要素聚集的空间载体，呈现以民居、园区和公共资源集约配置的、具有多种复合功能的美丽乡村，并会以美丽乡村为节点单元，生成联结城镇，辐射普通农村的"发散点"式的农村空间布局。

所谓美丽乡村，就是以一定的空间聚落为载体，以中心村落（新型农村社区、中心村）为居住生活区，以现代农业区或新型工业区为生产活动区，通过基础设施和公共服务资源的集约集中配置，形成居民生活区与现代农业园区、工业园区互动发展，具有功能完善、环境优美、管理民主、社会和谐的乡村综合单元。

美丽乡村具有人口的聚居性、设施的配套性、功能的复合性、产业的规模性、城乡的融合性特征，是既不同于普通农村，又区别于城市综合体的一种乡村社区形态。

构成要素：美丽乡村必须具备一定的聚落空间，聚落空间中包括村落民居、主导产业、基础设施与公共服务、社会建设等，把这些生产生活要素集约配置在一起，由于对区域资源的充分利用和历史文化的传承，使各组成元素之间形成共生互补的能动关系。具体包括产业发展、民居建设、基础设施和公共服务配套、村级组织建设与各类经济组织发展四大要素。

基本形式：美丽乡村建设的空间载体选择要依托现有的居民点，依据居民点的人口规模和空间布局，美丽乡村建设具有两种基本形式："单中心"建设模式和"多中心组团"建设模式。"单中心"式，即以现有的中心村或新型农村社区为中心，通过集中配置各项基础设施和公共服务，使居住区与周边现代农业园区或是新型工业园区有机统一，形成一个较为完整的单元。"多中心组团"式，即以若干个地域空间上比邻且有一定产业支撑的自然村为成员，折中选择条件好的村落为中心，通过集中配置各项基础设施和公共服务，集中打造成自然村落抱团发展的美丽乡村，形成有机联系整体。

发展类型：美丽乡村必须有相关产业做支撑，因此，按照主导产业园区类型，可将其分为现代农业园区型、工业园区型、商贸业带动型和旅游业发展型等几种模式。

三、农村现代化的发展方向与目标

(一) 农村现代化发展方向

根据农村现代化的内涵，本书认为，未来的农村现代化应实现七方面转型：传统农业向生态高效现代农业转型；传统农村经济向多元化业态转型；传统社会形态向现代社会转型；传统农民向新型职业农民转型；传统社会管理向民主、法制化转型；传统文明向现代文明转型；农村环境向生态田园化转型。

从"四化互动"角度看，就是加快农业现代化与新型工业化的互动、农业现代化与信息化的互动，形成高效生态农业、新型农村工业、生态型农村社区、新型农民"四位一体"的现代化农村。从城乡发展一体化的角度看，农村现代化就是城乡社会经济交互融合、空间要素聚集流动、人与自然和谐共处的现代化农村。

总体思路是，以城乡发展一体化为指引，以"四化同步"为驱动，以实现全面小康社会为总目标，以构筑新型农业经营体系为基本支撑，以特色化生态型村庄建设为主要载体，以壮大优势产业为动力引擎，以繁荣农村文化为重要内容，以构建网络化农村治理模式为组织保障，以提高农民幸福指数为基本落脚点，整合城乡要素资源，使现代农业生态高效化、农村三次产业深度融合化、村容村貌整洁化、农民知识化和职业化、多主体全方位社会管理民主化、风情浓郁农村文化多元化、田园型农村环境生态化，形成现代农业园区、新型工业园区、生态农村社区"三区"互动，构建"七化"内涵和"四化互动"特征的现代化农村形式。通过城乡要素双向流动、产业集聚互动、人口适度集中，以城镇的快速发展带动乡村发展，城、乡通过建立起互补、互动、共赢、共融发展的关系，最终形成错落有序、互补互助、共生共进的一体化空间布局。

(二) 农村现代化发展目标

农村现代化的根本目的是通过政治、经济、社会、文化等方面的现代化建设，改善农村环境，提高农民收入水平，缩小城乡差距，增强农民幸福感，实现城乡发展一体化，最终实现我国经济社会发展的全面现代化。根据现代化农村发展方向，本书结合 2020 年全面建成小康社会的宏伟目标，立足现阶段我国农村发展的实际，设定中长期（2020 年）农村现代化目标，并对未来发展进行展望。

1. 农业现代化目标

按照现代农业生态高效的发展路径，农业现代化目标主要体现在四个方面：一是农业生产效率大幅度提高，农业人均 GDP 显著上升，达到同期世界发展中国家水平；二是农产品科技含量显著提升，具备完善的现代农业产业技术体系，农产品质量明显改善，主要产出为绿色、有机、健康、环保的农产品；三是农业生产基本实现机械化、专业化、产业化，设施农业广泛推广，农业生产摆脱自然条件约束；四是农业综合服务体系完善发达，覆盖农业生产的产前、产中和产后，将各个环节有机地联为一体，为农民提供各类服务，在更大范围内和更高层次上实现农业资源的优化配置和生产要素的重新组合。

2. 农村经济现代化目标

农村经济现代化目标主要体现在两个方面：一是农村经济快速发展，农村经济总量占整个国民经济的比值逐年提高，农民收入实现倍增，到 2020 年农民人均收入基本达到中等发达国家农民收入水平，与市民收入差距显著缩小；二是农村第二、第三产业产值和非农劳动力比重明显上升，农村商品化、市场化程度发达，电子商务、金融服务更加繁荣，三次产业互动性增强，结构更趋优化。

3. 农村社会形态现代化目标

农村社会形态现代化目标主要体现在四个方面：一是农村整体福利大幅度提高，农村基础设施、公共服务和社会事业发展基本与城市同步，城乡发展差距较小、社会保障水平和层次基本同步；二是农村社会分工更加细化，职业农民、兼业农民等成为农民主体，非农就业者成为农村人口重要构成；三是城乡空间布局更趋一体化，田园特色生态型村庄成为农村地域独特景观；四是农村新型组织不断兴起，各种类型的合作组织服务农民生产生活，农村社会组织化程度极大提高。

4. 农民的现代化目标

农民的现代化目标主要体现在四个方面：一是农民整体素质显著提升，平均受教育水平与城镇居民基本持平；二是农民收入水平大幅提升，与城镇居民收入差距逐渐缩小，二者比例达到发达国家 1.5 的水平，甚至更低；三是农民生活居住方式市民化，享有功能完善的、高水平的基础设施和公共服务。

5. 农村社会管理现代化目标

农村社会管理现代化目标主要体现在三个方面：一是完善的村民自治体制，极大地提高了村民自主参与率；二是丰富多样的农村社会管理方式，形成了以基层党组织为核心，包含农村各类组织的新型管理模式；三是民主、高效、透明的运行机制，为村民提供生产和生活所需各类服务。

6. 农村文化现代化目标

农村文化现代化目标主要体现在三个方面：一是农村各类文化娱乐机构和设施完善齐全，农民精神文化生活极大丰富；二是农村传统文化以现代化信息方式被不断传承、形式多样、丰富内容，彰显农村传统文化的深厚底蕴和独特魅力；三是各种新型文化不断产生，与传统文化交相呼应，为农村文化发展增光添色；四是农村文化产业化步伐加快，并与农村休闲、娱乐、旅游业相融合，成为农村一道独特的风景。

7. 农村环境生态化目标

现代化农村的环境目标主要体现在五个方面：一是农民居住环境的清洁、舒适、安全，包括民居建筑材料的环保和节能；二是农民食用食品的绿色健康，农民日常食品供应最基本的是绿色农产品，甚至是绿色有机农产品；三是农民经济活动的低碳化意识明显增强，居民日常出行，企业生产行为等都注重节能减排，低碳环保；四是农村绿化面积大幅提高，山青、水绿、天蓝的农村自然景观随处可见，展现中国"美丽乡村"的自然之美和人文之美；五是生态文明理念深入人心，贯穿农村社会发展的各个方面，整个农村社会形成绿色生态环保的文化氛围。

第二节　当前农村现代化建设面临的形势和阶段性特征

农村现代化内涵随着经济社会发展阶段性演进而不断深化。我国人均
GDP 已超过 5000 美元，城镇化率达到 52.6%，农村经济社会进入深化改革、
突破发展的新阶段，加快农村现代化面临新的历史使命。

一、农民收入水平低，城乡发展差距依然较大

解决"三农"问题的重点是促进农民增收。尽管我国农民人均纯收入不
断上升，甚至超过城镇居民可支配性收入增速，但总体水平仍然较低。以河
北为例，据统计，2015 年河北农村居民人均可支配收入为 11051 元，远低于
北京的 20569 元和天津的 18482 元，较相邻省份山东低 1800 多元。从城乡居
民收入比较看，河北省城乡居民收入比为 2.37∶1，远高于发达国家 1.5 的水
平。韩国 2000 年城乡居民收入比仅为 1∶0.84，美国 2001 年城乡居民收入比
为 1.31∶1，日本早在 1967~1977 年农村居民收入年均增长率（25.4%）就已
超过城镇居民（18.9%）。目前美、日、欧盟各国的城市工人与农村农民收入
比仅为 1∶0.9。尽管河北省城乡居民收入差距低于全国平均水平，但这并不
说明河北省城乡发展更趋平衡，而是因为河北省城镇化发展落后导致城镇居
民收入水平较低形成的。

二、村庄建设缺乏规划引导，造成村庄整体形象差

随着新农村建设的有效推进，我国农村地区有了很大变化，村庄面貌有
了很大改观。但从实践看，部分地区在村庄建设上存在认识偏误，导致实践
行为有偏差，致使出现了村庄无序发展状况。近年来，随着农村青壮年人口

的外出以及村庄建设缺少规划，农民建房行为表现出很大的随意性，以至于部分农村地区出现了很多"空心村"和"空心户"，造成了农村宅基地的闲置和浪费，既增加了新农村建设成本，也不利于改善村容村貌。因此，必须加强对"空心村"的治理力度，集中集约配置公共资源，改善农民生产和生活条件，改变农村落后面貌。

三、农村基础设施薄弱，社会服务水平仍很滞后

发达国家路、信、气、暖、水等基础设施建设水平较高，农村社区基本拥有与城市相同的基础设施和公共服务功能，城乡基础设施建设水平和服务功能差别较小。从河北省的情况看，随着通水、通路、通有线等建设力度的加大，农村路、水、电基本实现了全覆盖，但农村网络和公共交通体系覆盖率仍然偏低，尤其是广大农村地区生活用污水处理设施几乎是空白，与其他基础设施建设相比较为落后。

四、社会公共资源缺乏，农村社会事业发展落后

从农村医疗、教育、卫生、文化等社会事业发展水平看，我国农村与城市发展差距较大。从河北省的情况看，当前，河北每千农业人口村卫生室人员 2.04 人，低于上海的 3.16 人和山东的 2.56 人；河北乡镇文化站 1938 个，较四川、湖南分别少 2326 个和 251 个；河北农村养老机构 1162 个，较四川、河南分别少 1707 个和 1283 个。增加农村公共服务资源配置，提高农民社会福利水平，已成为当前迫切需要解决的现实问题。

第三节　未来现代化的农村布局

农村现代化是我国全面现代化的重要内容。随着统筹城乡力度的加大，我国城乡经济联系日益密切，城乡空间布局更趋优化，农村基础设施和公共服务能力逐渐提高，农村三次产业繁荣发展，农民生产生活条件日益改善。在城乡动态关系演进中，未来农村现代化将会呈现什么样的布局，既关乎"三农"问题的解决，也关乎城镇化的进程。

一、农村现代化布局的总体思路

未来农村现代化布局应是以城乡发展一体化理念为指导，以农村生产力布局为基础，以各类产业园区为支撑，以城乡等值化公共服务为保障，以改善农村发展环境为抓手，以提高农民幸福指数为落脚点的城乡关系良性互动、空间结构融为一体、经济联系更趋紧密的农村聚落综合单元。

其基本模式是"城乡一体化框架下的美丽乡村"，即以城乡一体化和农村现代化为目标，以改革创新为动力，着力发展现代高效生态农业，着力壮大和提升农村第二、第三产业，着力改善农村生产生活条件，着力优化农村社会管理模式，促进城乡要素双向流动、产业集聚互动、人口适度集中，加快形成以现代农业区、新型工业区、现代农村社区"三区联动"为依托的美丽乡村，构筑错落有序、互补互助、共生共进的城乡发展一体化全域新格局。

具体来讲，这一模式有两个基本内涵：一是城乡公共服务等值化。城乡要素实现双向流动，城市和农村只是居住空间上的不同，所有居住在农村的居民都能享受到与城镇居民等值的教、科、文、卫、保、水、路、电、气、信等公共服务和公共基础设施，还能享受到农村特有的生态田园风光。二是"美丽乡村"成为农村基本单元。美丽乡村是以居民居住区为居住生活核心，以现代农业区和新型工业区为生产和收入来源支撑，生态环境优美整洁，居住环境舒适方便，基础设施功能完善，公共服务水平高，具有田园特色风格的现代化村庄。

二、现代化农村的表现形式

按照现代化农村空间布局构思，本书认为，现代化农村的空间形态、经济形态、社会形态、发展环境主要表现在以下几方面。

（一）现代化农村空间形态——"特色分明、错落有致"

现代化农村空间形态是指通过村镇一体化规划、产业集聚、人口集中，以城镇的快速发展带动乡村发展，城、乡通过建立起互补、互动、共赢、共融发展的关系，最终形成一种错落有序、互补互助、共生共进的一体化空间布局。主要包括：村镇体系和区域布局更加完善和优化。在县域范围内，需要形成数量适当、规模合理、层级清晰、功能完善的村镇体系，并且形成协调均衡的空间分布，优化村镇聚落的区域分布，促进城乡的空间融合。城乡地域空间功能趋于同步并高水平发展。让农村在保持空间开敞、生态良好、环境优美的同时又具备城市的现代物质条件和功能。农村区域特色、地域景观与自然、历史、文化的交融。需要形成具有本土特色的田园型乡村地域景观，展现乡村自然之美，体现乡村神韵。

（二）现代化农村经济业态——农村三次产业的深度融合

通过城乡要素协调流动和经济联动，促使农村三次产业壮大并融合发展。主要包括：以现代农业示范区为载体，生成农业生产的"特、精、高"；以农业产业化为核心纽带，促成第一、第二、第三产业连接互动；以县域产业园区为载体，形成特色优势产业聚集化发展。

（三）现代化农村治理模式——以村民自治为核心的民主化管理

为适应当前农业产业化、组织化程度不断提升，城乡人口流动性加强，农村各类组织蓬勃发展的新形势，应以村民自治为基础，不断创新农村社会管理模式，形成包含各类经合组织在内的政府、基层党组织、村民自治组织和村民的共同治理模式。

（四）农村现代化的生态环境——田园特色的可持续发展

现代农村生态环境不仅是指村庄建设要展现田园风光和乡村神韵，同时农村产业也是生态循环的低污染、低耗能产业，农村是绿色有机产品的供给地，农民的生产生活方式低碳环保，农村环境整洁、干净，充满现代气息并具有田园风格。

第四节　河北省农村现代化建设的典型经验

多年来，随着经济社会发展水平的不断提高，河北广大农村基层地区积极开展建设实践，探索农业农村现代化的实现模式与可行路径，部分地区形成了一些较为成熟的发展经验，对全省农村现代化建设提供了有益参考。

一、以农村工业化为动力，推动农村现代化建设

（一）沙河市栾卸村概况

栾卸村又名恒利庄园，位于河北省沙河市以西，地处太行山东麓，全村共有832户，3000余人。该村现在已经形成了以三个功能区为主体的科学布局，即以恒利集团制药股份有限公司为龙头的工业区，以恒利庄园为中心的生活区，以万亩银杏园为中心的生态区。

（二）建设经验

1.发展壮大村办企业

栾卸村缺少自然矿产资源，农业基础薄弱，生产力水平低，经济落后。为了改变贫穷落后的现状，20世纪90年代，该村充分利用山里的药材，在村书记的组织动员下，以村民入股的方式，全村村民集资兴建厂房，创办第一个村集体企业，也是恒利制药公司的雏形。经过十几年的发展，恒利集团

日渐壮大，村民作为股东，每年都可以领取公司的分红，生活水平和生活环境有了很大改善，农民过上了市民一样的生活。

2. 科学规划建设农民新居

进入 20 世纪 90 年代中后期，随着农村经济的不断发展，栾卸村的经济增长方式开始由外延扩张型向内涵提高型转变。生活水平日益提高的栾卸村农民已不再满足于"居者有其屋"的简单人居环境，进而开始了"居者优其屋"的追求，并适时提出了"追求居住环境、追求居住品位、追求生活质量"的构思。为此，村委会与村办企业——恒利集团公司共同确立了一个以"改善生态环境，提高生活质量，实现可持续增长"为目标的发展战略。按照"统筹规划、分步实施、科学配置、综合治理"的原则，他们对栾卸村实施了大幅度、大规模、大投入的"人居工程"改造。由中国建筑技术研究院规划设计，由河北恒利集团公司投资兴建的现代化的新型农村——恒利庄园，工程总投资 2.3 亿元。在这个占地 26.88 公顷、建筑总面积 22.58 万平方米的都市化新农村里，经统一规划、统一设计，居民住宅、街道、绿地各占 1/3。全村 3000 余人分期分批地设计建造了风格各异、布局合理、经济实用、功能齐全、生活方便、居住舒适、环境优美的 8 种户型可供村民选购。村民居住在面积 90~300 平方米的楼房里，置身于"四季有绿，季季有花，雨不见泥，风不见尘"的清洁环境，不仅保留了地方乡村住宅应有的特色，提高了全体村民的生活质量和健康水平，而且还带动了周边生态环境的保护，促进了当地经济的发展，生态环境、地方经济、科技内涵、持续增长和社会综合五大效应正在发挥着无穷的潜力。庄园的整体生态环境得到大幅度改善，村民的生活质量得到飞跃式的提高，初步展现出社会主义现代化的、环境优美、适宜居住的农村新形象。

3. 加强基础设施配套

恒利庄园由中国建筑技术研究院规划设计，占地面积 26.88 公顷，工程总投资 2.3 亿元。建设过程中处处体现"以人为本，以科技为先导，传统与现代并轨，建设与管理并重，治理与保护并行，除害与兴利并举，生态、生产、生活三者协调发展"的原则，坚持按照"统一规划，统一设计，统一管理；环境、能源、水电、通信、交通、住宅、公建、教育、卫生、安全十大系统科学配置，分步实施，综合治理"的开发模式进行规划建设，建设了 8 种经济实用、优美舒适、风格各异的户型。与此同时，在庄园中还兴建了设施齐全的幼儿园、国际中学、文化中心、节能环保变电站、热力供应站、污水处理站等公建项目。庄园的规划建设，最大限度上保护了原有的树木。庄园内新栽植各种观赏树木 1 万余株，新建草坪 3 万平方米，高标准开发治理荒山荒坡 346.7 公顷（5200 亩），退耕还林 333.3 公顷（5000 亩），栽植银杏树 62 万株，建成了华北最大的银杏基地，并根据春夏秋冬不同季节分别栽种了柿树、柏树、栗树、红枫、黄栌、花椒、松树、枣树等 10 余种树种，三季有花，四季有绿。庄园采取集中供暖方式，安装了太阳能，建设了液化气站，用电、燃气、上下水等条件都与城里人没什么两样，并实现了一般疾病和小手术不出村。居住条件好了，生活质量高了，村民的生活方式也为之一变。

二、以商贸业为动力支撑，助推农村现代化建设

（一）玉田县鸦鸿桥镇概况

鸦鸿桥镇位于玉田县城东南 17 千米，唐（山）玉（田）宝（坻）公路与玉（田）宁（河）公路在此交会，京沈高速公路纵横东西，并设有出口。客货运汽车直达京、津、唐、秦和石家庄、张家口、承德及东北地区 20 多个大中城市。全镇辖 52 个行政村，镇域总面积 59 平方千米，6.2 万人口，其中镇区规划面积 6 平方千米，建成区面积 2 平方千米，镇区常住人口达 2 万余人。

（二）建设经验

近年来，鸦鸿桥镇在县委、县政府及各级职能部门的正确领导下，围绕建设经济强镇的目标，实施商贸立镇、工业强镇、城建兴镇三大战略，努力谋求市场发展与城镇建设的新突破，目前市场运行良好，城镇建设与管理又上了一个新台阶。

以"市"兴"城"，加快城镇建设步伐。一是不断扩大市场规模，规范市场秩序。经过多年的努力，鸦鸿桥市场已形成以小商品城、河西南市场、五

洲商城、兴旺商城、物流中心、金鑫废旧物资回收公司及"三路两街"门店为主的市场体系，市场占地面积达 980 亩，棚台面积 12 万平方米，摊位 1.3 万个，年交易额位居全国小商品市场第五位。在县级有关部门的鼎力配合下，该镇深入开展了诚信鸦鸿桥活动，引导商户进行合法经营、有序竞争，交易秩序有了明显改观。二是城镇建设得到同步发展。该镇采取"政府拿一点、大户捐一点、社会出一点"的方法，硬化镇区路面，铺设给排水管道及排水边沟，铺设消防管线，改建门市楼，提升了城镇形象。

完善建设规划，创新市场和城镇发展新思路。为增强城镇辐射带动能力，提高城镇品位，按照省、市、县建设部门的部署，该镇委托唐山市规划设计院编制了《鸦鸿桥镇 2003 年—2020 年总体建设规划》，明确了以鸦板路为依托，立足当前，谋划长远，向南纵深发展，逐步形成五纵三横网络发展格局的指导思想。在战略定位上，镇党委和镇政府把鸦鸿桥镇定位为河北省重点工贸型城镇、玉田县东南部经济发展中心。在镇域经济发展思路上，坚持城镇与市场和项目共繁荣，大力实施"商贸立镇、工业强镇、城建兴镇"三大战略。在建设资金筹措上，坚持"眼睛既要向外，又要向内"，把投资主攻点转向社会投入上来。

狠抓重点工程，强力提升城镇功能。根据镇发展建设总体规划，围绕打造第三条商业大街，2004 年以来，镇、村、户三级投资 1.71 亿元，启动实施了 6 项重点工程。极大地改善了市场的交易环境，为市场发展奠定了良好的基础，具体见表 4-1。

表 4-1　玉田县鸦鸿桥镇重点工程建设

项目	建设内容	投资额
市场改造工程	由市场主办单位投资建设，工程建筑面积 5 万平方米。目前已完成河西鞋类批发市场改造、苗李铁市扩建，河西日杂批发市场改造已完成招投标工作	工程总投资 4800 万元
蓝天住宅小区工程	由蓝天房地产开发公司投资建设，建筑面积 11 万平方米。已完成一期工程、二期工程，三期工程已开工。完成投资 5500 万元	工程总投资 1 亿元

项目	建设内容	投资额
镇区道路及排水改造工程	工程改造镇区道路及排水管道 5 条 10 万平方米，现已完成鸦丰路（镇区段）、鸦板路（复兴西大街）改造和苗李铁市路、文明路、工业园区道路的建设	总投资 1500 万元
镇区村道路及环境改造工程	包括河西、车庄子、运河头、王北街、王中街、河东、苗李庄 7 个村，共浇筑水泥砼路面 10 万平方米，砌排水边沟 3 万米，修建街心广场 3 个	总投资 1500 万元
镇区电网改造工程	改造高低压线路 3.6 千米，增设变压器 5 台 800 千瓦	工程总投资 100 万元

坚持工业强镇，夯实市场及城镇建设的基础。城镇的发展、市场的繁荣最终要靠工业支撑、项目拉动。为此，镇党委、镇政府确立了"围绕市场抓项目、抓好项目促发展"的工作思路，重点抓了两个方面：一是培育立镇企业，努力建设支撑全镇经济的骨干企业群。主要是通过谋求星烁锯业、兴源炼钢、华联农机、奥斯达袜业等一批重点企业的新建、扩建，增强生产能力，壮大财政实力。二是以"六引进"活动为载体，全面增加工业经济的总量。按照县委关于"六引进"活动的总体安排部署，通过制定鼓励政策，搞好项目谋划，强化项目引进等措施，新上 50 万元以上项目 38 个，总投资 2.36 亿元，其中千万元项目 4 个，300 万元以上项目 11 个，百万元以上项目 15 个。这些新上项目大多数市场前景广，科技含量高，经济效益好，为该镇工业经济的发展注入了新的活力，也为"商贸立镇、工业强镇、城建兴镇"战略的实施奠定了坚实的基础。

(三) 经验启示

工商贸联合促进模式主要是依托镇经济的聚集和扩散效应，逐渐将周边村纳入镇区规划，带动周边村的建设发展。

一是突出规划引领、特色形态，形成区域主导产业。玉田县鸦鸿桥镇利用"商贸镇"优势，注意特色建设。在规划上，该镇立足镇情，放眼长远，彰显特色，体现差别化竞争，规划产业园区，形成布局合理、产业互补、竞争有序的共生发展格局。同时，将中心镇建设规划与土地利用、产业发展、交通路网等专项规划衔接，注重规划的全覆盖。

二是突出集约发展、功能完善，引导人口向中心镇集中。在大力发展商贸业的基础上，鸦鸿桥镇不断增加对各类配套设施的投入力度，完善各项服务功能，形成集聚产业、集聚人口、集聚人气的良好氛围，为发展本地现代商贸业、服务业，引导企业和工业集中区建设集聚集约发展创造了良好环境。在商贸业快速发展的同时，一方面为周边村民提供了就业创业环境，另一方面通过经济聚集带动周边村民向中心镇集中，形成了以商贸业为特色和主导，带动周边人口向中心镇集中的凝聚力。

三是突出平台建设、政策支持，发挥政府的主导作用。该镇注重产业发展的投融资建设，通过出台优惠政策，搭建投融资平台，广泛吸纳社会资本投资镇商贸业发展。同时，通过强镇扩权，在土地资源、行政审批等方面给予一定的政策支持。

三、以新型农村社区为载体，加快农村现代化建设

(一) 滦县响堂镇岩山新村概况

滦县岩山新村，又称研山新村，是河北省滦县响堂镇的一个农村搬迁安置小区新村。位于滦县新城东南 4 千米处，岩山西麓，马鞍山北面，平清大公路路南、路西侧，西邻滦州镇八里桥村，东南是响堂镇政府，东面、北面分别与本镇的杜峪村、刘官营村相邻。岩山新村是一个占地 537.7 亩、有 92 栋楼房的新居民小区，是滦县首个农村搬迁安置小区新村，现有 8 个行政村的 5532 名农民入住。

因唐钢滦县司家营铁矿开发需要，滦县决定对铁矿作业区的 6 个村实施整体搬迁，2 个村实施部分搬迁。经多方考察论证，征求群众意见，决定在马鞍山旁选址兴建岩山新村。新村建设随着司家营铁矿开发进度分为两期同步推进。一期 15 栋楼房，二期 77 栋楼房。全部完工后小区建筑面积达 38.6 万平方米。

响堂镇按照县委、县政府的统一安排，将岩山新村农村股份制和大司营村新农居建设"六个一"模式列为全镇科学发展模式试点。目前，岩山新村

现已完成 8 个搬迁村 2676.68 亩村民剩余土地的调查摸底，结合新村土地规划，制作了农村股份制改革示意图，利用土地流转的形式，将 8 个村庄的剩余土地集约经营，实现经济效益最大化。在股份制改革方面，已制定、完善了《关于推进农村股份制发展的实施方案》，定制了宣传推介资料，完成了落实"六个一"情况展牌草图制作工作。岩山新村的建设工作正在稳步推进中。

（二）建设经验

1. 合理布局，科学规划新型社区

为让农民告别传统的乡村生活，过上和城里人一样的现代生活，县、镇两级本着"布局合理、科学发展、以人为本"的基本思路进行建设。小区建设分为生活居住区、休闲娱乐区、生活保障区等多个功能区域。配套建设了自来水厂、污水处理厂、村委会办公楼、学校和幼儿园、超市、锅炉房、停车场等。新村建成后是一个集办公、居住、学习、娱乐、休闲、购物等多功能为一体，配套齐全的生活居住区。从 2007 年开始到 2009 年 7 月底，以上 6 个村的村民实现了整体搬迁入住，2 个村的农民部分搬迁入住。

2. 创新体制，提高政府行政管理水平

岩山新村既不是城镇的居委会，又有别于农村，需要全新的管理体制。为此，岩山新村确立了"人本、和谐、文明"的管理思想，根据建设社会主义新农村的要求，扩大政府服务范围。政府相关职能部门根据农民需求的新变化，不断丰富服务内容，创新服务手段，对居民实行"一个窗口"对外、"一站式"服务，派出所、司法所、土地所、城管执法中队、交管所、工商所、法庭、社保、计生等相关部门定期集中进驻社区，组成社区服务中心，开展了教育、科技、生产、就业、文体、卫生、法律和保障 8 项服务。

3. 组织引导，加强居民自治管理

把原来 8 个村的村民委员会转变成 8 个居民委员会，接受镇政府指导。居民委员会下设居民小组，小组联系居民，居民委员会设置人民调解、治安保卫、公共卫生、民主理财、村务公开、村务监督等若干小组。通过建立"社务公开"、"居民恳谈会"和"居民听证会"等形式，建立完善了民主管理机制。以居委会为基础，每栋楼设立主管楼栋长，每个门设立门栋长，另外

还选取青少年志愿者担任小小楼栋长，形成了全覆盖的居民自治网络，做到小事不出楼栋、矛盾不出社区。

4. 市场运作，规范社区社会服务管理

按照以企业为主导的市场运作方式经营服务社区。将满足社区物质和精神生活需求的硬件及配套设施建设、社区基层政权的管理交给政府职能部门和居民自治组织去承担，将居民生活服务重任交给经营社区的物业公司去承担，既实现了政府职能转移，拓宽了企业经营领域，又为居民提供了舒适的生存环境。滦县岩山新村的建成使用，正逐步实现农村城市化的过程，开创了社会主义新农村建设的新模式。

四、以创新农村社会管理为依托，加强农村现代化建设

（一）河北省肃宁县的"四个覆盖"

河北省肃宁县是传统农业县，全县共有 33 万人口，其中 88%的人口分布在农村。家庭联产承包责任制的实行，极大地解放了农村生产力，扩大了生产规模，农村地区发生了翻天覆地的变化，但同时也出现了一些新情况和新问题。一些地方出现了村党组织作用弱化、村民自治虚化、农民致富无路、农村治安不佳等问题。肃宁县委、政府针对农村的这一现实问题，通过创新农村社会管理机制和模式，把农民重新组织起来，增强农民的集体感和归属感，真正发挥农民新农村建设主导力。因此，肃宁县积极探索与实践，通过发展维稳、民主、经济等群众"自组织"，并把党建工作贯穿其中，形成"四个覆盖"工作模式，即基层民主组织、农村经合组织、农村维稳组织、基层党的组织全覆盖，以基层党组织为核心，以村民代表会议为平台，以农村经济合作组织和维稳组织为骨架，以服务群众和协调整合各方利益为目标，打造覆盖整个农村和广大农民的管理服务网络。目前，全县已有 20 多万农民自愿加入到了这些组织之中。

（二）"四个覆盖"的主要内容

基层民主组织全覆盖。立足于农村和农民实际，着眼于调动农民积极性，

维护村民民主权利和合法权益，在选好、建强村委会的同时，设立村民代表大会和村民监督委员会。村民代表大会、村民监督委员会和村委会一样，由村民直接选举产生。村民代表大会为常设议事、决策机构，由村民代表组成，每5~15户推选一名村民代表，是村民参政、议政的主要平台。整合村务公开监督小组、村民理财小组职能，成立村民监督委员会，负责对村务管理进行监督。形成了支部领导、村代会决策、村委会执行、村民监督委员会监督的组织新构架，极大地激发了村民的主人翁精神。

农村经合组织全覆盖。立足于发展本地优势企业、特色产业，着眼于加快农民致富步伐，加快农业产业化、现代化，大力发展经济合作组织。按照"民办、民管、民受益"原则，通过推动能人大户领办、村组农户联合、院校基地合作、龙头企业带动、流通市场连接等方式，培育各种农村经济合作组织，把农民吸纳到相应的经济合作组织中，形成一头牵农户、一头连市场的产业化"链条"，推动生产经营方式由单打独斗向抱团发展转变。目前，全县共建立各种协会、专业社等234个，涉及196村，带动农户近4.8万户，农民年增收近1.5亿元。

农村维稳组织全覆盖。立足于让农民自己帮自己、自己管自己，着眼于实现农村长治久安、农民安居乐业，全面推行"3+1"维稳模式。"3"即三级维稳组织网络：村建综治站，设站长一名和"一干两员"（综治专干、治安隐患信息员和矛盾纠纷调解员），站长由村支部书记担任；工作站下，每40~60户邻近农户为1个综治工作小区，小区长由小区内农户推选产生；综治小区下，每10户邻近农户为1个综治工作小组，小组长由小区长组织小组内农户推选产生。"1"即每村组建一支治安巡防队，业务上受村综治工作站领导，采取专业巡防队和义务巡防相结合的方式，开展村民互保和治安巡防防范。

基层党的组织全覆盖。立足于在各类组织中发挥党的领导核心作用，发挥各类组织在农村经济发展、社会管理中的积极作用，着眼于加强党群干群联系，巩固党的执政基础，全面加强党的组织建设。按照"群众走到哪里，党的组织就跟到哪里"的原则，把党的组织建到各类组织中去，把分散到各个地方、各个行业的农村党员纳入组织体系，发挥各类组织在农村经济发展、社会管理中的积极作用。

第五节　河北省农村现代化基本形式

在现代化农村的布局下，我国现代化农村的形式到底该如何目前学术界仍未形成统一的认识。笔者基于河北省农业农村发展阶段特征及农村现代化探索的典型经验认为，未来现代化的农村形式应是以美丽乡村为节点单元，辐射自然村、连接小城镇的新型村庄形态。

一、美丽乡村——未来现代化农村的基本形式

美丽乡村是以中心村落（新型农村社区）为居住生活核心，以现代农业区和新型工业区为生产和收入来源支撑，具有功能完善、环境优美、管理民主、社会和谐的乡村社区形态。它更加注重对原有村落基础设施功能的配套和公共服务水平的提升，是升级版的现代农村。

构成要素：美丽乡村必须具备一定的聚落空间，包括村落民居、主导产业、基础设施、公共服务、社会建设等，把这些生产生活要素集约配置在一起，通过对区域资源的充分利用和历史文化的传承，使各组成元素之间形成共生互补的能动关系。具体包括产业发展、民居建设、基础设施和公共服务配套、村级组织建设及农村新经济组织发展四大要素。

主要特征：美丽乡村具有人口的聚居性、设施的配套性、功能的复合性、产业的规模性、城乡的融合性特征，是既不同于普通农村又区别于城市综合体的一种乡村社区形态。

基本形式：美丽乡村建设的空间载体选择要依托现有的居民点。依据居民点的人口规模和空间布局，美丽乡村建设具有两种基本形式："单中心"建

设模式和"多中心组团"建设模式。"单中心"式，即以现有的中心村或新型农村社区为中心，通过集中配置各项基础设施和公共服务，使居住区与周边现代农业园区、新型工业园区或是商贸旅游区有机统一，形成一个较为完整的单元。"多中心组团"式，即以若干个地域空间比邻且有一定产业支撑的自然村为成员，折中选择条件好的村落为中心，通过集中配置各项基础设施和公共服务，集中打造成自然村落抱团发展的美丽乡村，形成有机联系整体。美丽乡村必须有相关产业做支撑，因此按照主导产业园区类型，可分为现代农业园区型、工业园区型、商贸业带动型和旅游业发展型等几种模式。

二、河北省美丽乡村建设的路径

借鉴相关经验，结合河北实际，加快推进美丽乡村建设应着力于以下五个方面。

（一）以中心村为核心，加强美丽乡村功能配套

美丽乡村以中心村落为载体，通过优化配置基础设施、公共服务等资源，引导各种要素向农村聚集，形成功能配套、服务周全、快捷方便、民主和谐的聚落空间综合单元。

一是确定中心村落。按照美丽乡村的两种基本形式，"单中心"式中心村落选择要以现有中心村、新型农村社区为主，"组团式"中心村落应选择位于场镇周边、沿路、沿景的自然村。在选择标准上，中心村落要有适度规模的人口和一定产业基础，其辐射半径一般为 2 千米，辐射人口为 5000~7000 人为宜，按照宜居、宜业、宜商的要求，形成规模适度的单中心式或组团式的美丽乡村空间布局。

二是完善基础设施。按照城乡一体化发展思路和"生产、生活、生态"的基本原则，加快路、水、电、信、网等基础设施和银行网点等商贸服务设施建设，社区内垃圾、污水集中要实现集中处理，社区绿化面积达到 50% 左右，满足以农民为主体的多种组织的生产和生活需要。

三是集中配置公共资源。以城乡等值化为指导原则，以村民活动中心为

建设重点，加快公共资源配置。美丽乡村内公共服务中心设施建筑面积应在300平方米以上，养老保险投保率、新农合参合率达100%，农民在1千米半径内能享受基本公共服务。

四是提升社区管理服务水平。美丽乡村内的居民社区要有健全的社区组织，支持鼓励建立社区物业管理组织，推进社区服务市场化。同时，应积极吸纳各类社会组织参与社区管理，提高社区服务和管理水平。

（二）以产村融合为理念，夯实美丽乡村产业基础

产业发展是美丽乡村的重要支撑，要加快产业与美丽乡村的互动融合，提高新农村建设水平。

一是加快现代农业园区建设。围绕提升区域特色农业竞争力，依据区域资源禀赋优势和主导产业，规划特色农业园区，优化农业空间布局，高标准建设现代农业示范区，培育区域农业"增长极"，拉动区域特色农业经济快速崛起。

二是提高新型产业园区质量和水平。依托产业基础和资源条件，培育壮大特色主导产业和龙头企业，形成特色产业集群，提升产业园区的整体实力和综合竞争力。不断延伸和拓展产业链条，加快衍生产业的培育发展，形成行业之间关联配套、上下游之间有机链接、吸纳就业充分、聚集效应强劲、产村融合的特色产业园区。

三是加快优势要素向美丽乡村聚集。在美丽乡村资源整合方面，要注重与重大建设项目结合，助推优势资源向美丽乡村流动，提高要素聚集力和经济吸引力。

（三）以幸福乡村为载体，打造具有"燕赵特色、田园风光"的美丽乡村

依托幸福乡村建设，加快美丽乡村的"大田园"和"微田园"建设，改善农民居住环境。

一是以"特"兴"村"，打造美丽乡村"大田园"。中心村建设要注重生态资源保护，依据村庄原始形态、自然地貌、农民民宅、乡村文化，形成与自然和谐共融的村庄空间形态，还要具备城镇的现代化功能，方便居民生产生活，较好地延续村庄文脉，展现乡村神韵和自然之美，形成具有本土特色的田园化乡村地域景观。

二是以"绿"兴"居",打造农民居所"微田园"。引导农民在房前屋后、前庭后院植树种花,栽培瓜果蔬菜,建设"微田园",既能改善民居环境,又能发展庭院经济,提高农民幸福指数。

(四) 创新社会管理模式,构建"4+X"型社会管理体系

充分借鉴沧州肃宁"四个覆盖"模式,积极探索,大胆创新,构建美丽乡村社会管理体系。

一是广纳管理主体。广泛吸纳农村新型组织进入,针对当地农村实际和特点,在"四个覆盖"模式基础上补充完善,建立"4+X"管理模式,加强党的建设,引导美丽乡村建立规范化、标准化新型社区,支持鼓励建立社区物业管理组织,推进社区服务市场化。

二是拓展管理服务功能。采取好事联办、困难共扶、生产互帮、治安联防等形式,延伸基层党组织服务群众的功能,加强基层组织与群众的联系,保护弱势群体,增强安全感,全力维护社会治安。

三是搭建社会管理大网络。通过"基层党组织全覆盖各类社会组织"、"各类社会组织全覆盖广大农民"的"两个全覆盖",搭建起涵盖整个美丽乡村、服务村民、渠道畅通的社会管理网络,切实增强党对农村工作的指引和领导。

(五) 以试点为先导,加快美丽乡村的连片建设

在全省范围内,选择基础条件好、经济实力强、发展前景优的县作为美丽乡村建设试点县。在试点县内,按照村庄区位、人口规模、产业基础、辐射半径,选择确定中心村落,加强基础设施、商贸设施、公共服务等配套建设,积极尝试探索以中心村和新型农村社区为核心的"单中心"式建设模式和网罗若干自然村落的"组团式"建设模式,吸引要素向农村聚集,形成农村地域经济发展极核。通过总结试点建设经验,不断扩大试点范围,形成以点带面,共同发展的新农村建设大好格局。

第六节　加快推进河北省农村现代化建设的重点举措

农村现代化建设是一项光荣而艰巨的历史任务，全国上下要在深入贯彻落实中央各项支农、惠农、强农、富农政策的基础上，脚踏实地、大胆开拓、勇于探索，以改革创新的举措，努力开创农村现代化建设的新局面。基于农村现代化布局和基本形式，加快推进农村现代化的现实路径与基本着力点主要有以下七个方面。

一、加大农业投入力度，提高农业综合竞争力

一是推进农业区域战略性布局。按照发挥比较优势的原则，突出主导产业和主要区域，在全省范围内进行产业选择和空间定位，构筑产业竞争力与区域竞争力相统一的区域特色农业经济板块。重点打造京山、京广铁路沿线优质专用小麦、优质专用玉米、生猪、禽蛋，环京津、环省会奶牛，黑龙港地区棉花，黑龙港、太行山浅山丘陵和张承地区优质杂粮，燕山、太行山浅山丘陵优质果品，沿海特色水产养殖，坝上地区错季蔬菜和环首都优质蔬菜等区域特色主导产业经济板块。二是加大政府财政对农业科技的投入力度。当前，各级政府财政资金仍然是农业科技投入的主渠道，政府应制定农业科技投入发展规划，每年拿出一定的财政资金支持农业科技和农业产业项目的研究，对农业高新企业发展当中存在的技术问题进行专门立项，保证财政对农业科技投入的稳步提高。三是制定优惠的科技政策，引导和鼓励企业及民间资金投入农业科技领域，提高农业企业向农业科技投入的积极性，促进农业科技创新与发展，提高农业生产的科技含量。

二、实施"农业组织化提升工程",加快现代农业步伐

一是加快发展农民专业合作组织。引导农民在自愿、平等、互利基础上以土地承包经营权、资金、技术等生产要素入股,组建多种形式的专业合作组织,充分发挥种粮大户、龙头企业和村两委会的带动作用,引导组建一批特色专业合作组织。二是进一步加大对农民专业合作组织的扶持力度。按照分类指导、稳步推进的指导方针,对产业基础好、带动能力强的示范社,加大政策引导和项目支持力度;对有一定产业基础的合作组织,积极鼓励其发展合作加工、合作购销,提高经营能力;对产业特色明显但合作组织发展滞后的地区,加强指导培育,促进合作组织加快发展。三是积极发展法人农业。引导和支持合作社建立健全生产记录制度,统一质量安全标准和生产技术规程,统一农业投入品采购供应,统一产品和基地认证认定,普遍实现标准化生产、品牌化经营,推动自然人农业向法人农业转变,大力推广"政府 + 银行 + 龙头企业 + 合作组织"和"现代农业示范园区 + 龙头企业 + 农民合作组织+农户"两个"四位一体"的农业生产经营新模式。四是组建省、市、县、乡(镇)四级联合社。依托各级供销合作社,通过区域(乡镇)内部联合、跨区域(县、市)联合,将同行业、同地区的合作社联合起来,组建合作社联合体,形成同行业、跨地区四级农村经济合作体系,壮大合作社整体实力,成为新型农业经营体系的重要载体。

三、健全农业社会化服务体系,提高农业社会化服务水平

一是构建"1+5"农业综合服务体系。重点完善和推广以农民专业合作社为核心,以农业产业化品牌服务、新型农业科技服务、农村金融服务、农产品物流服务、农业政策服务为支撑的"1+5"现代农业服务体系,夯实农业综合服务基础。扶持农民专业合作社、供销合作社、专业技术协会、农民用水

合作组织、涉农企业等社会力量广泛参与农业产前、产中、产后服务。二是成立"区域性综合服务中心"。改革政府农业服务机构，进一步强化县、乡两级农业服务机构的公益性服务职能。以乡镇为单位，联合农业、林业、渔业、科技、财政、发改、商务、交通、信用社、银行、通信等单位和部门，组建包括农业技术推广、动植物疫病防控、农产品质量检测与监管、生态环境建设、信息发布、农民培训等职能作用在内的"区域性综合服务中心"，为区域内农业生产专业化、品牌化、科技化、信息化助力，推动农业公共服务走上规范化、制度化轨道。三是加快市场信息化建设。依托现有的农业信息体系，逐步建立权威的农产品批发市场信息网络，及时、准确地向农民、经销商和政府提供市场预测、价格信息、供求信息、农业生产布局、资金投向、产业政策以及气象服务等。支持大型农产品批发市场建立网站，发展电子商务，逐步实现市场交易、结算、仓储、运输、配送的智能网络化管理。

四、规范农村耕地和宅基地流转，构筑土地流转服务管理平台

一是全力推进确权颁证。按照"应确尽确、严格规范"的要求，对农村集体土地所有权、土地承包经营权、集体建设用地使用权、农村宅基地使用权等进行确权和登记颁证。探索开展集体土地股份制改革试点，通过成立股份合作社或股份公司，使农民享有充分的集体土地财产权和收益权。二是积极探索规范有序的土地流转形式。稳妥开展农户宅基地流转试点，探索农村宅基地有偿退出和跨村组置换的方式。按照"公开、公平、公正"的原则，在国有土地交易市场的基础上，增加农村集体建设用地入市交易的服务、管理功能，建立城乡统一的区域内土地交易中心，实行"两种产权、同一市场、统一管理"。规范城乡建设用地增减挂钩试点和农村土地综合整治，腾出的农村建设用地优先用于农村，经批准调剂给城镇使用的，增值收益全部返还农村。三是完善土地流转服务组织体系。成立农村土地流转领导小组办公室，负责农村土地流转的总体协调和业务指导，确保农村土地流转工作有序推进。

建立以县、乡两级农村土地流转信息管理平台为基础的省级土地流转服务互
联网平台，及时登记汇总可流转土地的数量、区位、价格等信息资料，公开
对外发布可开发土地资源的信息，接受土地供求双方的咨询问价，提高土地
流转交易的透明度和成功率。

五、以产业园区为载体，加速推进县域经济跨越发展

以县域经济为重点，加快产业园区建设。一是培育壮大特色产业集群。
加快重点行业龙头企业培育，实现规模扩张，形成拥有自主知识产权、主业
突出、核心竞争力强的大公司和企业集团。引导县域中小企业与大企业对接，
延伸产业链条，提升产业发展水平，集中培育发展一批规划科学、主业突出、
特色明显、规模大、链条长、竞争力强的特色产业集群。二是加强特色产业
园区建设。按照"园区向城镇集中，企业向园区集中、人口向城镇聚集"的
发展思路，加大政策扶持力度，推动县域企业向园区集中，重点项目向园区
投放，创新要素向园区汇集。每个县都要建成一个以上行业之间关联配套、
上下游之间有机链接、吸纳就业充分、聚集效应明显、产业和城镇融合发展
的特色产业园区，促进产业集聚、人口集中、基础设施共建共享，加快构筑
产业发展与城市发展互促双赢的新格局。三是实施"大县城"战略。推进县
城扩容升级，突出地方文化特色，完善基础设施和公共服务，切实提高综合
承载和吸纳带动能力，建成一批高品质中小城市，真正把县城打造成县域产
业集聚中心、商贸物流中心、人口转移居住中心。

六、积极探索农村社会管理模式，构建"网络化、民主化"管理体系

一是广纳管理主体。充分借鉴沧州肃宁"四个覆盖"模式，积极探索，
大胆创新，广泛吸纳农村新型组织进入，针对当地农村实际和特点，在"四
个覆盖"模式基础上补充完善，建立"4+X"管理模式。扩大基层党组织对

农村新型组织的覆盖面，推广在农民合作社、专业协会、外出务工经商人员相对集中点建立党组织的做法。积极发挥农民合作组织在乡村治理、建设和谐社会中的作用，鼓励和支持其参与公共卫生、养老、社会治安及道德教育等农村公共服务活动。二是拓展管理服务功能。采取好事联办、困难共扶、生产互帮、治安联防等形式，延伸基层党组织服务群众的功能，加强基层组织与群众的联系。针对当前农村"三留守"和治安问题，重点对留守儿童、留守老人、留守妇女等家庭进行关心和扶助，同时加强对"高危人员"的动态监测，减少农村犯罪案件发生，保护弱势群体，增强安全感，全力维护农村社会治安。三是搭建农村社会管理大网络。通过"基层党组织全覆盖各类社会组织"、"各类社会组织全覆盖广大农民"的"两个全覆盖"，搭建起涵盖整个村域、服务全体村民、渠道畅通的社会管理网络，切实增强党对农村工作的指引和领导。

七、完善城乡一体化体制机制，加快农村现代化步伐

完善城乡一体化发展的公共财政、公共服务、公共管理、公共政策等保障机制，以工业化、城镇化、产业化、市场化和信息化拉动城乡等值化，力争实现城乡居民人均购买力水平、公共服务水平、社会保障水平、生活便利程度、综合素质五个大体相等。一是打造升级版的现代农村。实施美丽乡村示范工程，遵循少花钱、办好事的原则，注重引进适用技术，统筹解决好饮水安全、民居改造、厕所改建、厨房改造、垃圾处理、污水排放、美化绿化等问题，全面改善农村的生活环境，让农民逐步享受现代文明生活。升级版的现代农村建设重在整理改造提升，要保持田园风光、增加现代设施、绿化村落庭院、传承优秀文化。二是完善农村社会保障体系。建立与农民收入倍增要求相适应的保障标准增长机制，积极推进城乡居民社会保障逐步接轨，首先在县（市）范围内实行城乡最低生活保障同一标准，加快新型农村合作医疗与城镇居民医疗保险衔接，逐步缩小城乡保障水平差距。三是有序推进农民市民化。加快改革户籍制度，有序推进农业转移

人口市民化。放宽城市落户条件，逐步实行居住证制度，凡在县城以上城市稳定居住规定时间以上或购置住房的可登记为城镇户口。农民户口转到城镇后，一定时期内在计划生育、土地承包等方面仍可享受农村户口相关政策。

第五章
河北省加快培育新型农业经营主体
问题研究

在坚持家庭承包经营的基础上，培育从事农业生产和服务的新型农业经营主体是关系我国农业现代化的重大战略，也是农业供给侧结构性改革的重要内容。中共中央办公厅、国务院办公厅《关于加快构建政策体系培育新型农业经营主体的意见》明确提出加快培育新型农业经营主体，加快形成以农户家庭经营为基础、合作与联合为纽带、社会化服务为支撑的立体式复合型现代农业经营体系。本书在回顾我国传统农业经营管理制度的基础上，分析了传统农业经营管理制度存在的问题，提出了河北省加快培育新型农业经营主体的总体思路和具体建议。

第一节　培育新型农业经营主体的理论基础

农业经营体系创新是一个长期的制度和组织创新的过程。规模经济理论、产权理论、分工协作理论、制度变迁理论为分析农业经营管理制度创新，加快培育新型农业经营主体提供了理论依据。

规模经济理论。规模经济，是指因厂商生产或经营规模的扩大、产量的增加，厂商有能力投入先进的设备，进行专业化分工，从而使生产效率提高，产品平均成本下降、收益增加。规模经济变化，是指在其他条件不变的前提下，企业内部各种生产要素按等比例变化所带来的产量变化。我国农业经营规模普遍较小，制约了农业机械和农业科技的推广使用。提高农户的平均生产经营规模，促进农业生产的专业化、集约化、现代化，是今后我国农业发展的方向和目标。规模经济主要有两种类型：一种是规模内部经济，另一种是规模外部经济。因此，我国农业要达到规模经济也有相对应的两条途径：一条是农业产业群体内各种经济主体的联合，这一联合性质是灵活的，可采取由许多农户联合起来，再由龙头企业带动的形式，促使经营主体形成生产资料、产品、资金、技术等多种关系的生产经营组织。在这种经营组织内部，单个农户规模虽小，但由于参加了整个组织的分工和协作，使其减少了进入市场的风险，生产效率因此提高，从而使整个组织有了规模优势，取得好的经济效益。另一条途径是由于农业生产者通过扩大经营规模，达到适度规模经济，如通过土地流转，扩大经营规模，实现机械化作业、科学技术应用，从而带动农业整体效益提升。

产权理论。科斯认为，交易费用是与产权制度紧密相关的，不同的产权制度会产生不同的交易费用。产权的安排确定了每个人相应于物时的行为规范，每个人都必须遵守自己与其他人之间的相互关系，或承担不遵守这种关系的成本。产权的结构可以采取各种不同的形式，不同形式的产权，其属性和特征各具特点。我国农村土地实行的是家庭联产承包责任制，采取集体统一经营与农户分散经营相结合的原则，集体所有、家庭经营的农地产权模式初步形成，这种产权模式保证农地的集体所有权和农户的独立经营权，对农民的收益分配关系进行了规定，调动了农民的积极性。以家庭联产承包经营为基础的土地产权模式，使我国的经济得到了极大发展。

分工协作理论。马克思认为在社会经济发展中，分工与协作具有重要作用。生产力的发展实际来自社会内部分工；协作则提高了个别劳动生产率，创造了社会劳动生产率，即集体力。马克思还认为协作能力与分工一样，都可以产生出新的生产力，这样生产力也是集体力。列宁也认为技术的进步，肯定会促使生产专业化、社会化，进而使市场扩大。农业的适度规模经营和分工与协作理论是密切相关的，先是一部分专业户从以粮为主的小而全的农业中分离出来，专门从事市场所需求的高价值产品的生产，逐步发展成为专业村、专业片，即区域化生产，进行农业适度规模经营，促进商品农业的专业化。然后，在商品性农业再生产过程中，各环节服务分工更加细化，各经营主体进一步分化，一部分农户、合作社、公司企业专门从事生产资料供应、技术信息服务、农产品加工和运销服务，专业户仅从事生产过程中的一部分操作，从而使农业服务社会化。由于商品生产的专业化和操作环节的专业化，分工越细，就越需要协作，从农业经营内部的协作，扩展到全社会各产业之间的协作，使整个农业生产效率和农民的生活水平提高。

　　制度变迁理论。诺斯指出，制度是经济增长的决定因素。经济增长必然要求形成一种制度安排来激励人们进行增加产出的劳务活动，减少闲暇，进行科技创新，促进技术进步，并从中获得相应报酬。制度变迁是制度的替代、转换与交易过程。舒尔茨从人的需求的变化来解释制度的变迁。认为人的经济价值是不断提高的，拥有新的人力资本价值的人对制度产生新的需求，这样制度就会有从均衡到不均衡的动力。如果这些动力足够大，制度就会变迁，从一个均衡到达另一个均衡，或者是一个制度的消失，新的制度生成。诺斯和戴维斯指出，制度非均衡是制度创新的必要条件，但均衡是暂时的，制度总是在人们的相互博弈中变动。拉坦认为，对制度变迁的需求和制度变迁的供给共同决定了制度的变迁，制度变迁的主要动力，是由于主体期望获取最大的"潜在利润"，即"外部利润"。正是获利能力无法在现在的安排结构内实现，才导致新的制度安排的实行。产生潜在利润的原因是存在许多外部性变化，包括规模经济的变化；对风险的厌恶；外部成本与收益的变化；市场失灵与不完善等。外部因素的变化是诱导人们努力改变制度安排的来源。制度变迁可能是由对经济增长相联系的更有效的制度绩效的需求所致，也可能是关于社会与经济行为、组织与变迁的供给进步的结果。

第二节　我国农业经营管理制度的发展现状与面临的问题

一、我国农业经营管理制度的发展演变

（一）改革开放前我国的农业经营管理制度

1. 土地改革阶段

1950 年 6 月，《中华人民共和国土地改革法》颁布，标志着我国进入社会主义农业经营制度改革的全新时期。通过废除封建地主阶级土地所有制，实行土地等生产资料归农民所有的土地所有制，大约 3 亿多无地或少地的农民无偿地分得约 7.5 亿亩土地和大批的耕畜、农具和生产资料。到 1952 年底，全国土地改革基本完成，初步建立了我国土地制度。农民分得土地后，有了自主经营权，以家庭为基本经营单位，可以因地制宜安排生产、合理组织家庭劳动力，所得收益，如粮食、蔬菜等，也可以自由支配，使得长期被束缚的农村生产力在该阶段得到彻底释放，极大地促进了农业经济的恢复和发展。

2. 初级社时期

土地改革虽然解放了农业生产力，但我国当时仍然处于战后的恢复调整期，生产条件极为落后，生产资料和资金十分匮乏，以家庭为生产单位的生产能力明显不足，生产力的释放相对有限。1953 年 12 月，中共中央发布了《关于发展农业生产合作社的决议》，全国开始了初级形式的农业合作化。初级社的经营模式为：由集体提前制定生产规划，统一组织生产劳动，社员全部参与统一的劳动，并以劳动日为单位计工分方式获得相应的劳动报酬，生产工具、牲畜原则上归私人所用，所有者由于贡献了生产资料也会获得额外的报酬。初级社是一种集体、互助、合作的农业经营制度，它保留了农民对生产资料的私有权，以初级社的方式开展合作生产，有利于充分利用短缺的

生产资料，是限于当时落后的生产条件的适应性选择，在一定程度上缓解了农民生产积极性高涨与生产方式落后的矛盾，促进了农业生产的发展。

3. 高级社时期

在该阶段，党和政府迫切要求发展社会主义农业，号召实行"小社并大社"的合作化方式，在全国组建高级社，将土地、生产工具、牲畜等生产资料一并归于集体所有，由集体统一经营、管理，初步实现了生产资料的社会主义公有制。到1956年4月，全国有87.8%的农民参加了高级社，在形式上完成了社会主义化。高级社实行统一经营、统一规划、统一核算和分配。生产活动由高级社组织生产队来进行，实行"三包一奖"，即包工、包产、包财务和超产奖励，社员被召集到生产队进行生产劳动，劳动报酬仍然按劳动日计算。数据显示，1956年合作化实现后，1957年粮食增长1.2%，比"一五"期间粮食年均增长率下降了2.3个百分点。同时，大牲畜和农用役畜减少三四百万头，农村生产力遭到很大破坏。该阶段仍然实行的是集体、合作统一的经营体制，但由于生产资料全部划归公有，农民获得的利益部分变为集体所有，生产积极性再次受到压制。

4. 人民公社时期

1958年8月，全国74万多个高级社合并改组成立了26000多个人民公社。该经营制度的公有化色彩更加强烈：人民公社集体经济分公社、大队、生产队三级所有，农民一起吃"大锅饭"，以公社领导各生产队下达生产计划，以生产队为单位统一安排生产经营活动，以定额记分或评工记分的方式按劳分配。人民公社制度本身具有很强的外部性，缺乏有效的监督和激励体制，导致农民生产积极性衰退，生产效率十分低下。在人民公社制度建立的20年内，我国农民陷入了十分艰难的境地，粮食大幅减产，农民生活极为贫困，农业经营制度变迁的诱致性因素不断积累。

（二）改革开放后我国的农业经营管理制度的发展

1. 1978~1983年：家庭联产承包责任制的初步形成阶段

1978年，我国开展了新一轮农村经营制度改革的实践。此阶段，很多地方农民开始实行联产承包责任制，以家庭为单位进行生产，自主经营、自负盈亏。以家庭承包经营为主的生产责任制，打破了以往"政社合一"的管理体制，通过"保证国家的，留足集体的，剩下全是自己的"财富分配机制，保障农民真正实现按劳分配的权益。到 1984 年，全国农村 100%的生产队和 98%的农户都接受了家庭联产承包制这种新的农业经营体制。统分结合的家庭联产承包责任制的确立，重塑了我国农业经营组织的微观基础，生产、经营的自由权利为农民提供了有效的激励机制，成为促进我国农业增长和技术进步的重要因素。

2. 1984~1991 年：家庭联产承包责任制的确立发展阶段

1984 年颁发的第三个中央一号文件《中共中央关于一九八四年农村工作的通知》首次提出了土地承包期为 15 年，第一轮土地承包工作的正式实施，标志着我国农村经营制度进入确立发展的新阶段。1985 年，全国相继完成政社分设和建乡工作，实际上完全废除了人民公社制度，联产承包、统分结合的农村基本经营制度普遍建立起来。1986 年，《中共中央、国务院关于一九八六年农村工作的部署》则进一步明确指出："应当进一步完善统一经营与分散经营相结合的双层经营体制。家庭承包是党的长期政策，决不可背离群众要求，随意改变。"1991 年中共十三届八中全会通过的《中共中央关于进一步加强农业和农村工作的决定》明确提出，"把以家庭联产承包为主的责任制、统分结合的双层经营体制，作为我国乡村集体经济组织的一项基本经营制度长期稳定下来，并不断充实完善"。农业家庭经营的基本政策作为一项长期制度得到落实。

3. 1992~2002 年：家庭联产承包责任制的充实完善阶段

1992 年，我国进入了社会主义市场经济新阶段，家庭联产承包责任制得到进一步充实和完善。1993 年，《中共中央关于建立社会主义市场经济体制若干问题的决定》再次强调，双层经营体制是我国农村的一项基本经济制度，并首次提出"允许土地使用权依法有偿转让"的流转原则。为稳定和加强农业基础地位，稳定党在农村的基本政策，1998 年，《中共中央、国务院关于一九九八年农业和农村工作的意见》明确提出，第一轮承包到期的地方都要无条件地延长 30 年不变的政策。中共十五届三中全会进一步强调这一政策，并

明确提出"赋予农民长期而有保障的土地使用权","土地使用权的合理流转，
要坚持自愿、有偿的原则依法进行，不得以任何理由强制农户转让"。此后，
2001年通过的《中共中央关于做好农户承包地使用权流转工作的通知》对农
户承包地使用权流转的前提、原则与具体要求做明确规定。农村土地流转在
家庭规模经营中的作用日益凸显。

　　4. 2002年至今：家庭联产承包责任制的创新发展阶段

　　随着工业化、市场化的快速发展，传统小规模农业经营的弊端逐渐显现，
加快农业经营管理体制和经营形式创新开始摆上日程。2002年，中共十六大
首次提出推动农村经营体制创新的迫切性。2005年，第八个中央一号文件
《中共中央、国务院关于推进社会主义新农村建设的若干意见》指出："稳定
和完善以家庭承包经营为基础、统分结合的双层经营体制，健全在依法、自
愿、有偿基础上的土地承包经营权流转机制，有条件的地方可发展多种形式
的适度规模经营。"2013年的中央一号文件《中共中央、国务院关于加快发展
现代农业，进一步增强农村发展活力的若干意见》明确指出："农业生产经营
组织创新是推进现代农业建设的核心和基础。要尊重和保障农户生产经营的
主体地位，培育和壮大新型农业生产经营组织，充分激发农村生产要素潜
能"，要求"着力构建集约化、专业化、组织化、社会化相结合的新型农业经
营体系。"这标志着我国农业经营管理制度与经营方式进入了改革创新的新阶
段。2017年《中共中央、国务院关于深入推进农业供给侧结构性改革加快培
育农业农村发展新动能的若干意见》明确提出，"要在确保国家粮食安全的基
础上，以提高农业供给质量为主攻方向，以体制改革和机制创新为根本途径，
优化农业产业体系、生产体系、经营体系，提高土地产出率、资源利用率、
劳动生产率。"

二、当前我国农业经营管理制度的主要特点

　　当前我国实行的是以家庭联产承包责任制为基础、统分结合的双层经营
体制。家庭联产承包责任制是指农户以家庭为单位向集体组织承包土地等生

产资料和生产任务的农业生产责任制形式，是以集体经济组织为发包方，以家庭为承包主，以承包合同为纽带而组成的有机整体。家庭联产承包责任制既不同于传统农业的家庭经营，也有别于现代化农业的家庭经营。家庭联产承包责任制的特点如下：

一是所有制上，坚持农村土地组、村、乡"三级所有"的农民集体所有制，在不改变土地等生产资料公有制的前提下，将土地和其他生产资料承包给农户，实现了所有权与经营权的分离。

二是生产经营上，实行分散经营与统一经营相结合的双层经营体制。分散经营，就是承包农户的家庭经营，承包户根据承包合同规定的权限，独立做出经营决策，并在完成国家和集体任务的前提下分享经营成果；统一经营，就是农村集体经济组织、专业合作社、农业产业化龙头企业等，解决一家一户办不了、办不好的生产生活问题，既发挥了家庭经营的积极性，又保留了统一经营的优越性。

三是分配制度上，实行按劳分配和按生产要素分配相结合，把农户的劳动投入与劳动收益密切结合起来，真正体现多劳多得的原则，提高了农户生产经营的积极性，促进了农业增长。

四是经营机制上，实行政府指导下的市场机制，农户依据市场变化合理组织和使用生产要素，从而提高了生产要素的配置效率，促进了农业发展。

家庭联产承包责任制，打破了农业生产长期滞缓发展的局面，使我国农业出现了新的转折点。1978~1984年，农业生产年均增长率达到7.4%，粮食产量从3亿吨增加到4亿吨，增加了33.6%，年均增长4.95%。农民收入的实际年增长率达到15.1%，是历史上农民收入增长最快的时期。家庭联产承包责任制产生了巨大经济效益，推动农业生产力连续上了几个台阶。中国农林牧渔业总产值由1978年的1018.4亿元增加到1984年的2295.5亿元，1984年，中国人均粮食占有量396公斤，打破了粮食短缺的局面，创造了农业史上光辉的一页。到2016年，我国粮食产量已经达到61623.9万吨，人均粮食占有量达到438公斤，农业粮食生产连续多年保持高产稳产。

三、加快培育新型农业经营主体势在必行

随着经济发展和工业化、城镇化的快速推进，我国农业家庭经营的基础和面对的市场环境发生了很大变化。一方面，随着越来越多的农民离开农业走向城市，务农劳动力老龄化和农业兼业化、副业化现象日益增多，"谁来种地"成为现实问题。另一方面，土地细碎分割、自我服务的一家一户的农业经营模式，无法适应规模化、机械化、信息化等现代农业生产方式和组织形式的要求，农业增长速度放缓、农民增收困难，迫切需要通过农业经营管理制度创新，来加快推进农业现代化的发展。具体来看，农业经营管理制度和经营方式面临的挑战有：

（一）农户经营规模小，农业经营的集约化、规模化程度低

我国家庭联产承包责任制中，土地和生产资料是按照家庭人口的多少进行平均分配到户。随着人口增长，还进行了多次调整和分配，造成土地的反复细分，家庭经营土地规模不断缩小。1984 年，我国农户平均经营规模为8.25 亩，户均地块9.07 块。此后，我国农户平均耕地面积逐步下降，到 2015 年，全国有 1/3 的省市人均耕地不足 1 亩，一些地方农户粮食种植面积只有0.5 亩。地块细碎、分散，极大地影响了大型农业机械和农业科学技术的推广，农业的规模化生产难以实现，农业的劳动力成本居高不下，农业规模经营效益无法显现。

（二）农户家庭经营分散，迫切需要加强农户间的联合与合作，提高农业生产经营组织化程度

农业家庭经营，迫切要求农户间的联合与合作，但我国长期以来依托农村集体经济组织和政府对农户进行服务和指导，依赖于集体经济的统一经营，忽视了对经济组织的再造和既存组织的创新。近年来新涌现的组织，如农业一体化组织、农村大户经济、农村流通组织等的服务能力还比较弱，无法满足市场经济条件下农户进入市场的要求。具体表现为，一是集体经济的非农特色和自身的制度缺陷决定了无法满足农民组织的需要。农村集体经济组织

设立的初衷是为了克服农户经营的缺陷，但是集体经济本身存在严重的制度缺陷，难以履行其职能。二是农业产业化组织发育不良无法担任起组织的重任。当前，各地的产业化组织普遍存在龙尾多、龙头少，两头多、中间少，个体多、链条少等问题，没有充分发挥产业化组织应有的积极作用，导致农业产业化发展水平难以提高。三是农业中介组织极度匮乏，无法满足农户的组织需要。中介服务组织应该是农民走向市场的主力军，是农户行为不确定性的有效矫正机制。但是当前这类组织的发展却不尽如人意。不仅数量少，且发育不健全，农民在市场交易中的被动地位仍然没有扭转。随着市场经济的不断深化，提高农民的组织化程度已经成为农业经营管理制度创新的迫切要求。

（三）农业社会化体系不健全，迫切需要强化农业公共服务，发展农业社会化服务组织，加快构建新型农业社会化服务体系

目前，我国农村服务组织不健全，部分村集体有名无实，长期处于瘫痪状态，农民专业合作社发展势头很好，但还没有形成气候，农业教育和科研单位、农业企业覆盖面狭窄，国家农业专业技术服务部门作为主导力量功能弱化；供销、粮食企业长期亏损，服务质量和效益较差，为农业提供服务的主体还是基层农业技术推广部门，健全农村社会化体系的任务繁重。主要表现为：农业服务内容单一，多数地区目前的农业服务主要集中在统一提供良种和统一灌溉等有限的几个项目上，满足不了农民在再生产过程中各个环节上对社会服务的多种需要。农户获得各种服务的渠道比较单一，主要依靠自己解决生产经营中的各种问题。据调查，农户在种植业生产经营各环节所需要的服务中，2/3以上是靠自己解决；在养殖业生产经营所需服务中，除防疫服务外，也主要靠农户自行解决。公益性农业服务体系建设长期滞后，政策扶持不够，资金投入不足，队伍不稳定。农村金融和农业保险服务落后。随着我国社会主义市场经济的发展，农户对农业社会化服务的需求日益迫切，加快构建新型农业社会化服务体系迫在眉睫。

（四）农业产业化经营水平仍较低，迫切需要加快发展农业产业一体化，提高应对国内外市场的竞争能力

当前，发达国家的农业已经实现了农产品从育种、生产、加工、流通、运输等全过程的一体化经营，农产品市场竞争特别是国际竞争已发展成为主体与主体、体系与体系，甚至国家与国家间的综合实力较量。我国农业产业化虽然带动了40%的农户，但现代农业产业体系还很不健全，大多数龙头企业规模小、产业集中度低、牵动基地农户能力弱，自主知识产权的科技型龙头企业很少，大多数企业科技投入不足，没有研发机构和专职研发队伍，缺乏自主创新能力。多数农产品加工层次低，品牌知名度低，市场占有率不高，影响了企业市场竞争力，品质效益在市场上得不到应有的体现。目前我国农产品加工业80%属于初级加工，只有20%是精深加工，农产品的附加值没有得到充分挖掘。同时，龙头企业与基地间大多为契约联结型，仅有极少数龙头企业与基地农户建立了以资产为纽带的联结机制。多数企业和农户之间虽然签订了购销合同，但由于受市场和信用度等因素的影响，违约现象时有发生。同时也存在中介组织数量少、信息不畅通、服务跟不上等问题，影响了龙头企业辐射带动作用的发挥。

（五）集体经济发展不适应现代农业发展要求，迫切需要探索集体经济有效实现形式，提高集体经济组织的服务功能

改革开放30多年来，农村集体经济组织作为统一经营的主体，在促进农民增收、为农民提供服务等方面发挥了重要作用。但不可否认的是，在集体统一经营层面同样存在制度缺陷。从总体看，改革开放以来农村集体经济并未得到应有发展。集体统一经营职能弱化，在与农民的关系上越位与缺位并存。一方面，一些地方的集体经济组织以推进规模经营、调整农业结构或发展集体经济为名，随意毁约，调整农民承包土地，侵害农民自主经营权，存在越位行为；另一方面，在农民急需的产、供、销等方面的服务上，农村集体经济组织的功能并未有效发挥，缺位问题尤为明显。尤其是随着农村税费改革的推进，传统的国家、集体与农民之间的关系发生了根本变化。现在国家不仅不对农业征税，还对农业实行补贴；相关税费的取消，则使集体的农地所有权很难实现其经济价值；农民在失去制约的同时在短期内也面临如何获得公共品保障的难题。这就要求在新的形势下重构农村集体经济组织，而且这样的组织应该是有着明确的法律地位和功能界定，与国家、农民之间的权责明确，能够为农民提供有效服务的组织。

（六）工业化、城镇化的快速发展，对传统农业经营管理体系和经营方式改革创新的要求日益迫切

随着我国工业化、城镇化的快速发展，越来越多的农村劳动力向城镇、工业转移，农户的非农收入逐步增加，农业收入的比重下降，农民从事农业生产的积极性开始下降。通过取消农业税、增加农业补贴、实行粮食最低收购价等政策，虽然一定程度上维持了小规模兼业农户的农业生产积极性，但解决不了农民种粮积极性下降和农业收入增长缓慢的根本问题。在工业化、城镇化进程中，大量农民进城后，留在农村的主要是老人、妇女和儿童，今后谁来从事农业生产成为一个重要问题。大量农民"一只脚"已迈入城市，"另一只脚"仍在农村，带来城镇化水平"虚高"，造成农业劳动力总量过剩与青壮年劳动力短缺并存、劳动力继续向外转移越来越难，非农产业劳动力供求关系过早发生转折、人力资源成本过早步入上升通道，小规模兼业农户占主导的格局迟迟难以打破，最终抑制了农业发展活力，导致农业竞争力持续下降。确保国家粮食安全和农产品有效供给，提高农业发展活力，必须加快农业经营管理制度和经营方式的改革创新。

第三节　加快培育新型农业经营主体的思路目标

一、总体思路

加快培育新型农业经营主体，是顺应农业农村发展新形势的必然要求，也是深化农村供给侧结构性改革的重要内容。中共十八届三中全会决定指出：坚持家庭经营在农业中的基础性地位，推进家庭经营、集体经营、合作经营、企业经营等共同发展的农业经营方式创新。稳定农村土地承包关系并保持长久不变，在坚持和完善最严格的耕地保护制度的前提下，赋予农民对承包地占有、使用、收益、流转及承包经营权抵押、担保权能，允许农民以承包经营权入股发展农业产业化经营。鼓励承包经营权在公开市场上向专业大户、家庭农场、农民合作社、农业企业流转，发展多种形式规模经营。鼓励和引导工商资本到农村发展适合企业化经营的现代种养业，向农业输入现代生产要素和经营模式。

因此，加快农业经营体系创新，培育新型农业经营主体，底线是保护好农民的土地承包权益，着力点是培育新型经营主体，目标是逐步建立起以家庭经营为基础，以专业大户、家庭农场为骨干，以农民合作社和龙头企业为纽带，以各类社会化服务组织为保障的新型农业经营体系，促进农业生产经营的集约化、专业化、组织化和社会化。

二、基本原则

一是坚持生产力标准不动摇。把是否有利于生产力发展作为检验农业经营方式转变成效的唯一标准。充分发挥农民首创精神，鼓励各地积极探索，不断创新经营组织形式，不断创设扶持政策措施，重点支持新型农业经营主体发展绿色农业、生态农业、循环农业，率先实施标准化生产、品牌化营销、第一、第二、第三产业融合，走产出高效、产品安全、资源节约、环境友好的发展道路。

二是坚持农村基本经营制度不动摇。坚持农村土地集体所有，坚持家庭经营基础性地位。既支持新型农业经营主体发展，又不忽视普通农户尤其是贫困农户，发挥新型农业经营主体对普通农户的辐射带动作用，推进家庭经营、集体经营、合作经营、企业经营共同发展。要尊重农民的意愿和主体地位，保障农民的合法权益，始终保持农业经营体制机制的活力源泉。

三是坚持市场主体地位不动摇。发挥市场在资源配置中的决定性作用并更好地发挥政府作用。运用市场的办法推进生产要素向新型农业经营主体优化配置，发挥政策引导作用，优化存量、倾斜增量，撬动更多社会资本投向农业，既扶优扶强又不"垒大户"，既积极支持又不搞"大呼隆"，为新型农业经营主体发展创造公平的市场环境。

四是坚持政府引导扶持不动摇。农业创新的本质是对农业生产关系的调整和完善，关系农村基本经营制度，关系党的农村基本政策，必须加强政府指导，防止走偏。对实践证明行之有效、成熟可行的做法，要及时予以扶持。明确政策实施主体，健全政策执行评估机制，发挥政府督察和社会舆论监督作用，形成齐抓共促合力，确保政策措施落到实处。

三、创新的目标

基本形成与世界贸易组织规则相衔接、与国家财力增长相适应的投入稳定增长机制和政策落实与绩效评估机制，构建框架完整、措施精准、机制有效的政策支持体系，不断提升新型农业经营主体适应市场能力和带动农民增收致富能力，进一步提高农业质量效益，促进现代农业发展。具体体现在农业集约化、规模化、组织化、社会化、一体化程度的不断提高。

一是集约化：加快发展新型农业经营主体，扩大农业经营规模不能以牺牲土地产出率、资源利用率为代价。应通过农业经营体制创新，促进农业机械化，实现农业劳动生产率、土地产出率和资源利用率同步提高。努力增加农民收入，加快改造传统农业，支持农户增加科技和装备投入，提高家庭经营集约化水平。

二是规模化：通过促进土地规范有序流转，发展多种形式的适度规模经营，大力培育专业大户、家庭农场，鼓励和引导城市工商资本发展适合企业化经营的种养业。

三是组织化：采取多种方式，提高农民的组织化程度。重点是大力发展农民专业合作社，使之尽快成为引领农民进入市场的现代农业经营组织。

四是社会化：大力发展农业服务业，以农业公共服务组织为依托，以合作组织为基础、以龙头企业为骨干、加快培育农业社会化服务组织，构建专业化、市场化的农业社会化服务体系。

　　五是一体化：大力提升农业产业化经营水平，培育壮大龙头企业，完善与农户的利益联结机制，发展多种形式的联合与合作，促进龙头企业的集聚和集中，加快形成现代农业产业体系。

第四节　河北省加快培育新型农业经营主体的重点方向

　　中共十八届三中全会以来，河北省各类新型农业经营主体发展明显提速，农业规模化、产业化发展水平不断提升。到 2016 年末，河北省在工商部门登记注册的家庭农场已有 2.3 万家，农民合作社 10.9 万家，分别比上年增长 61.4%、16.7%，其中，省级示范家庭农场累计达到 400 家，国家级示范社、省级示范社累计分别达到 311 家、1168 家，省级示范托管组织 97 家，7 个县开展了农业生产全程社会化服务试点，有效带动了多种形式适度规模经营。未来，河北省将继续鼓励家庭农场、专业大户、农民专业合作社等多种形式的农业规模经营。

一、家庭农场和专业大户

　　家庭农场和专业大户都是以家庭为单位进行规模化生产、集约化经营的农业规模经营形式。其中，家庭农场是指以家庭成员为主要劳动力，从事农业规模化、集约化、商品化生产经营，并以农业为主要收入来源的新型农业经营主体。家庭农场一般都是独立的农业法人，土地经营规模较大，土地承包关系稳定，生产集约化、农产品商品化和经营管理水平较高，除部分专用设备的作业项目需要依靠服务或合作经济组织承担外，生产过程中绝大部分作业环节由家庭成员操作自有或租赁的机器完成。专业大户则是围绕某一种农产品从事专业化农业生产，种养规模明显大于传统农户或一般农户。专业农户通过承包或土地流转获得规模经营需要的耕地，务农收入在家庭收入中占较大比例，一般自身不经营农业机械或仅经营少量的小型农机，其主要生产环节的机械化作业依靠社会化服务组织完成。专业大户是农村家庭联产承包责任制双层经营体制下，小农户经营的一种进化，农户投资少但收益大，有利于农业生产的稳定和发展。可以分为种植专业大户、养殖专业大户等。

家庭农场、专业大户成为培育新型农业经营主体的重点，主要有三方面原因：一是发展家庭农场、专业大户是完善家庭承包经营制度的必然选择。国内外经验和实践证明，家庭经营模式能够适应不同生产力发展水平的需要，具有旺盛生命力和广泛适应性。家庭农场、专业大户坚持了基本经营制度，特点是以家庭为基本生产单位、家庭成员为主要劳动力。相比工商资本租赁农户承包地雇用农业工人的生产模式，不但土地产出率不降低，还能够直接增加农户家庭的农业生产收入，有利于农村劳动力就业，避免农村社会结构产生巨变。二是发展家庭农场、专业大户是提高农业规模化、集约化和专业化经营水平的有效途径。家庭农场经营者、专业大户专心发展农业生产，农业收入是家庭收入的主要来源，相比兼业户的粗放经营，在土地、资金和技术等要素使用上规模化和集约化的水平更高，在采取先进技术、使用优质种质资源、建立农产品质量安全体系等方面都具备明显优势。三是发展家庭农场、专业大户是提高农业生产经营组织化程度的重要基础。家庭农场、专业大户与农民专业合作社相辅相成、互相促进，家庭农场、专业大户在生产环节具有优势，农民专业合作社致力于"一家一户办不了、办不好、办了不划算"的事情。从实践看，家庭农场经营者、专业大户往往是农民专业合作社的核心成员和骨干力量，通过培育大批家庭农场、专业大户能够切实提高农业组织化程度，促进农民专业合作社规范化发展。

总之，专业大户、家庭农场既保持了农业家庭经营的格局，又适应了农业生产的特点，不仅适应以手工劳动为主的传统农业，也适应农业生产经营现代化、集约化发展的要求，具有广泛的适应性和旺盛的生命力。未来我国农业经营形式的主要形式将以专业大户、家庭农场为代表的家庭经营为主。

二、农民专业合作社

农民专业合作社是指从事农业生产经营的农户，按照自愿、公平、民主、互利等原则，在家庭经营的基础上自愿联合起来，在资金、技术、生产、供销加工等环节进行互助合作，实行自主经营、自负盈亏、自我服务的经济组织。农业合作组织通过在家庭生产基础上实行自愿合作，将农户生产与其他经营环节进行一体化整合，弥补了家庭经营分散化、规模小、实力弱、不能很好地融入市场的制度缺陷，将农户经营的外部成本有效降低，有效提高农户交易的规模收益，降低了风险，使农户参与市场的综合收益大于交易与管理的成本。同时，在市场机制不能构建满意的市场关系的情况下，合作组织为农业提供了的产前、产中、产后服务，如农民不能方便地获得其所需要的储藏、运输、加工、种苗、机械、农技、审计等服务或要素，在转变农业发展方式、提高农业组织化程度、增加农民收入等方面发挥了重要作用。

生产资料采购方面，合作社可以统一提供农资服务，购买种苗、化肥等生产资料，因量大可以享受到批发价以下的优惠价格，节约了成本。而且还开展产品销售服务，提高了市场主体地位，减少了中间环节，降低了销售成本。合作社以法人的身份出面与收购商平等对话、谈判能够争取到合理的价格，实现效益最大化，经济效益明显。农民合作社的兴起和发展，是我国农业经营制度和组织的重大创新，对建设现代农业、发展农村经济和增加农民收入具有重大意义。

三、农业产业合作经营模式

(一) "公司+农户" 带动型

指以龙头企业为主体，围绕一项或多项产品，形成"公司+农户"、"公司+基地+农户"、"公司+批发市场+农户"等农产品产、加、销一体化的经营组织形式。通过签订长期或短期的农产品买卖合同来实现公司与农户间的连接。由于它介于市场交易与企业内交易之间，因而又被学术界称为准市场交易关系。这种经营方式以龙头企业为基础，因而对龙头企业的要求较高，需要其以较强的资本、技术、市场为后盾，产品技术层次较高，服务比较到位，市场通信发达，并具有现代企业经营意识。在这种经营模式下，龙头企业可以将分散的小农户组织起来，带动农户从事专业生产，使产供销、农工商结合，使产中环节与产前、产后环节有效连接，弥补了农户分散经营的缺陷，增强了农民应对市场、融入市场的能力，实现一定程度上的规模经济。"公司+农户"模式利用合同契约规定了公司与农户之间的经济利益关系，农户可以享受到农产品生产的后续利润，利用公司的市场经验和信息渠道获取市场供求信息，及时调整生产经营结构，指导生产经营过程。

(二)"合作社（中介组织）+ 农户"型

通常以各种中介组织（如供销社、技术协会、销售协会等）为纽带，提供产前、产中、产后全方位服务，使众多分散的小规模生产经营者联合起来形成统一的、较大规模的经营群体，实现规模效益。这种模式是对龙头企业带动型模式的改进，具有明显的群众性、专业性、自助性和互利性。在这一经营模式中，农户可以通过中介组织这一载体，开展农用生产资料的购销服务，中介组织可以把信息闭塞、经营分散的农户联合起来形成一定规模经营，从而提升农民的市场话语权，增加农民收益，提高抗风险能力。

(三)"公司+合作组织+农户"型

这种模式是将"公司+农户"和"合作社+农户"两者的优点结合在一起，公司、合作社、农户之间通过协议建立稳定关系，合作社作为协调中心，维护契约关系，既要保证龙头公司的正常运转及利益，又要维护农民权益。因而，能够更好地保护农民和公司双方权益，充分调动两者合作的积极性，有利于形成生产、供应、销售为一体的产业化发展格局。

四、现代公司经营型

现代股份公司经营组织作为现代企业组织，它是商品经济发展过程中，由家庭经营制、合伙经营制、农场经营制、合作经营制基础上逐步发展起来的高级形态。但也有城市工商业资本通过土地流转，进行农业经营的现代股份公司。其特点：一是具有独立经济人地位，在统一权威指导下形成层级组织，使企业法人化，并实现了决策行为的短期化。二是利润最大化目标使其追求长期稳定发展，包括确定最优经营规模、优良品种、耕作、新技术与新工具，通过提高劳动生产率、降低成本、增加盈利，对市场信号迅速反应，及时调整农业产业结构及经营规模，提高规模报酬。三是注重培育新品种，技术创新，管理创新，使企业具有自我创新发展的能力。四是以一定年限的农民土地持有产权、财产产权、资本产权、知识产权以及其他产权为纽带，按照股份公司三权分离制衡，即出资者财产权益、法人财产权、法人内部治理权的互动制衡，实现公司的不断创新发展。五是按照激励相容约束原则，对职业经理的薪金、津贴、股份份额的满意程度进行管理。也是给被代理股东所满足的公司高额利润及其股权权益更多分红。这种企业经营形态弥补了农民直接参与市场竞争所遇到的制度壁垒、信息不对称、资本短缺、技术素质不高、抗衡自然风险与市场风险能力弱等弊端。

五、合作社一体化模式

合作社一体化模式是指由农民成立合作社，在合作社发展壮大后成立企业实体来销售、加工合作社内部成员（和外部成员）生产的农产品，从而实现农业生产的产、加、销和贸、工、农一体化经营。这是按照产业化要求组织生产，以"产权+合约"两条纽带相联系的现代航母型经营形态。合作社一体化模式具有以下制度特征：一是完全垂直一体化组织。合作社一体化模式已经基本形成了完全垂直一体化的组织。合作社内部的科层管理结构替代了产品交易市场，市场交易成本也随之大部分转化为内部管理成本。在这种模式下，耕地的规划、农资的购买以及农产品的生产、加工、包装和销售都由合作社统一管理。产业链条上的各环节都属于同一主体，很好地克服了专用性资产投资不足的问题。二是利益的高度一致性。合作社的开放性保证了合作社内部成员具有高度的利益一致性，一旦利益有冲突，社员可以选择"用脚投票"的方式退出合作社。同时，企业在产权上归属合作社，合作社既是企业的股东也是公司的管理者，这在很大程度上保证了企业与合作社利益的一致性。三是均衡的博弈关系。从合作社内部结构来看，社员之间的博弈能力相当，不会出现"一边倒"的趋势。虽然合作社大多由经济实力较强的生产大户或政治权威较高的基层干部发起并担任主要职务，但是，合作社的决策机制会在很大程度上制约这种博弈能力的过分悬殊。从合作社与企业的关系来看，两者属于股东和经营者的关系，在现代公司治理结构得到合理运用的条件下，会呈现出比较均衡的博弈关系。四是产权明晰。在合作社一体化模式下，各级主体之间的产权关系是明晰的。合作社成员在合作社中具有明晰的股份，并按照规定的方案分红。企业作为一级独立法人也具有明晰的产权关系，合作社只能以股东的身份通过规范的公司治理程序对企业进行控制，而不能直接侵犯企业的产权。五是劳动雇佣资本。在合作社一体化模式下，资本的集聚建立在劳动者合作的基础之上，劳动者对资本具有支配权，表现为劳动雇佣资本。以农户为主体成立的合作社实现了剩余控制权和剩余索取权的统一，不但能够在较大程度上保障农户的利益，而且有利于最大限度地激发农户的积极性和潜能。

第五节　加快培育新型农业经营主体的政策建议

一、加快完善农村土地制度

赋予农民更加充分而有保障的土地承包经营权，就是要使农民对承包地的占有、使用、收益权利更加充分，更有保障。为此，一要完善农村土地承包管理，妥善解决延包工作不彻底、遗留问题未解决、承包档案管理不规范等问题，依法落实农民承包土地的各项权利；加强土地承包经营权登记管理，解决承包面积不实、四至不清、空间不明等问题。二要推动修订和完善农村土地承包法律法规和政策，完善土地承包经营权权能，确保土地承包关系稳定并长久不变。对于由人口变动造成的户间人均占有承包土地不均的问题，主要通过土地流转、新增耕地等途径解决。对因缺地导致生活困难的，要通过推荐就业、纳入低保和社保等渠道，帮助其解决实际困难。三要按照严格审批、局部试点、封闭运行、风险可控的原则，规范农村土地制度改革试点，稳步探索土地承包经营权抵押的有效形式。

二、稳步推进农业适度规模经营

一是建设和完善农地流转市场。加快设立土地流转市场和土地流转服务中心，开展土地评估、农地流转登记管理服务，强化流转合同管理，全面落实合同备案登记制度；强化用途监管，合理界定农地用途；强化风险防范，规范流转形式，加强对大面积、长时间土地流转项目的审核；强化跟踪监测，建立监测制度，密切掌握土地流转态势。二是将土地承包经营权流转与农村土地综合整治项目结合起来，与建设现代农业产业园区和粮食功能区结合起来，在现有土地流转制度的基础上，加强对农村土地流转的管理，创新工作机制，扶持农业专业合作社，积极推进整村中的土地流转，加强对土地承包经营的规范与管理，及时有效地调解土地流转过程中产生的土地纠纷，积极稳妥推进农村土地流转。三是建立完善的农地流转监督体系和科学的农村土地评估体系，使农地估价有章可循，有法可依。

三、大力发展家庭农场

将发展家庭农场作为推进现代农业的重要抓手，要重点做好以下方面的工作：一是在维护好农民土地承包权益和充分尊重农民意愿前提下，加强土地流转管理和服务，按照依法、自愿、有偿原则鼓励和支持土地流向家庭农场。二是加大政府在财政、税收、用地、金融、保险等方面的政策扶持力度。将家庭农场纳入支农补贴政策、农业基础设施建设和重点农业项目扶持范围并予以倾斜，重点支持家庭农场适度规模经营、改善生产条件、提高科技水平、改进经营管理等。新增农业补贴资金要向家庭农场等新型农业经营主体倾斜。扶持新型农业经营主体发展资金向符合条件的家庭农场倾斜，对示范家庭农场予以重点支持。安排符合条件的示范家庭农场承担扶持农业和粮食生产财政专项补助项目，优先承担土地整理、农田水利、高标准农田、节水农业、粮油高产创建、农机补贴、测土配方施肥、农作物病虫害防控、粪污资源化利用、农业科技入户、农产品产地初加工等项目，增强家庭农场的生产能力。三是加强家庭农场经营者的培训。确立培训目标、制定培训计划、丰富培训内容，逐步培养一大批有文化、懂技术、善经营、会管理的高素质农业生产经营者。四是引导从事同类农产品生产的家庭农场通过组建协会等方式，加强交流与联合，开展技术协作与经营合作，提高经营管理水平。鼓励家庭农场之间、家庭农场与农户之间，通过土地股份合作、共同使用农业机械、开展联合营销等方式发展联户经营。鼓励家庭农场牵头或参与组建合作社，带动其他农户共同发展。鼓励工商企业通过订单农业、建设基地、股份合作、利润返还等方式，与家庭农场建立稳定的利益联结机制，提高农业组织化程度。

四、加快发展农民专业合作社

大力发展农民专业合作社，是转变农业发展方式的必然要求，是建设新型农业经营体系的重要内容。加强规范引导，强化指导服务，推动农民专业合作社又好又快发展，一要在抓好现有扶持政策贯彻落实的同时，进一步推动出台促进农民专业合作社发展的财政、税收、金融、土地等政策，为农民专业合作社发展创造更加良好的政策支持环境。二要引导农民专业合作社规范发展，通过典型引路、示范带动，促进合作社规范化管理、标准化生产、品牌化经营。三要加强合作社人才培养，大规模培养合作社发展需要的管理人员、财会人员和农业专业技术人员，促进合作社规范运作。

五、大力提升农业产业化经营水平

农业产业化经营是创新农业经营体制机制的重要内容，是转变农业发展方式、建设现代农业的重要途径。提升农业产业化经营，要重点抓好以下几个方面：一是培育壮大龙头企业，完善龙头企业法人治理结构，建立现代企业制度，鼓励和引导龙头企业采取兼并、重组、参股、收购等方式，整合资源要素，组建大型企业集团，推动企业向集团式扩张。二是大力推进龙头企业与农民专业合作社的联合与合作，鼓励龙头企业创办或领办农民专业合作社，引导农户、合作社以资金、技术、劳动等要素入股龙头企业，形成产权联合的紧密型利益关系。完善订单和保护价收购办法，使龙头企业与农户形成稳定的购销关系。三是加强产业链建设，推动龙头企业向上下游拓展。引导龙头企业把原料基地建设作为企业发展的基础环节，按照农业标准和良好农业规范创建标准化、规模化、专业化的种养基地。鼓励龙头企业自建物流体系，发展连锁经营、物流配送、电子商务等新型现代流通方式，构建集生产、加工、销售于一体的完整产业链条，提高企业整体竞争力。四是强化政策扶持，促进龙头企业健康发展。在完善扶持政策的同时，切实加强监督指导，努力提高服务水平。对龙头企业经营管理人员开展产业政策、法律法规、企业管理等方面的培训，提高企业经营管理水平和服务基地农户的能力。健全约束机制，切实增强龙头企业服务"三农"的自觉性。

六、鼓励和引导工商资本投资农村农业

在工商资本投资农业的过程中，政府要正确引导，规范下乡方式，才能使资本下乡真正成为发展现代农业的有力推手，成为农民致富的真正帮手。一是鼓励和引导城市工商资本发展适合企业化经营的种养业。所谓适合企业化经营的种养业是指产品产业链比较长，价值链比较宽，能够通过产业化经

营延长产业链、扩充价值链，实现企业增产、增值、增效的产业。要充分发挥工商资本资金雄厚的特点，发展传统农业经营主体没有能力发展的适合企业化经营的领域，促进现代生产技术、存储技术、农产品深加工技术的广泛应用，实现农业的标准化生产、品牌化经营，提高农产品生产的附加值，带动农民增收致富。鼓励资本进入农产品加工环节、储存环节、销售环节、流通环节，在农业领域形成专业化分工。二是探索建立租赁农户承包地准入制度。对各类企业、组织租赁使用农户承包地，严格农业经营能力审查，着重审查企业资信、技术力量、产业规划、风险防范等情况，规范流转行为。要强化土地流转用途监管，加大执法力度，纠正农村土地流转后的"非农化"经营问题。三是鼓励社会资本投向新农村建设。鼓励企业和社会组织采取投资筹资、捐款捐助、人才和技术支持等方式在农村兴办医疗卫生、教育培训、社会福利、社会服务、文化旅游体育等各类事业。

七、大力发展农业社会化服务

农业服务社会化是现代农业的重要标志。在我国承包农户分散经营的基础上建设现代农业，必须加快发展农业社会化服务。要按照现代农业的要求，加快建立覆盖全程、综合配套、便捷高效的新型农业社会化服务体系。一是强化农业公共服务能力建设，重点完善区域性农业技术推广、动植物疫病防控、农产品质量监管等公共服务机构。二是加快培育农机作业服务、销售服务、加工服务、科技服务、信息服务和金融服务等经营性农业社会化服务组织，支持农民专业合作社、龙头企业、供销合作社、专业服务公司、专业技术协会、农民经纪人为农民提供多样化的生产经营服务，尽快形成专业化与市场化相结合、公益性与经营性服务相结合的农业社会化服务格局。三是创新农业社会化服务机制。大力发展农机作业、种子种苗统供、病虫害统防统治、沼气统一管护等的专业服务。发展农产品现代营销服务，促进超市、企业与基地、合作社及农户的有效对接。大力发展农产品和农业生产资料电子商务，减少流通环节，降低农业生产成本，加快发展农业保险和农村金融业。

八、健全支持新型农业经营主体发展的政策体系

一是完善财税政策。针对不同主体，综合采用直接补贴、政府购买服务、定向委托、以奖代补等方式，增强补贴政策的针对性和实效性。农机具购置补贴等政策要向新型农业经营主体倾斜。扩大政府购买农业公益性服务机制创新试点，支持符合条件的经营性服务组织开展公益性服务。二是加强基础设施建设。财政支持的各类小型项目优先安排农村集体经济组织、农民合作组织等作为建设管护主体，支持新型农业经营主体和工商资本投资土地整治和高标准农田建设。鼓励新型农业经营主体建设仓储烘干、晾晒场、保鲜库、农机库棚等农业设施。支持龙头企业建立与加工能力相配套的原料基地。允许新型农业经营主体依法依规盘活现有农村集体建设用地发展新产业。三是加大对新型农业经营主体、农村产业融合发展的信贷支持。稳步推进农村承包土地经营权和农民住房财产权抵押贷款试点，探索开展粮食生产规模经营主体营销贷款和大型农机具融资租赁试点，推动生产大棚、大型农机具、农田水利设施产权抵押贷款和生产订单、农业保单融资。推动建立金融机构与新型农业经营主体点对点对接信贷、保险和补贴等服务。

第六章
河北省扶贫开发工作实践经验研究

　　习近平总书记高度重视扶贫开发工作，新时期中国扶贫开发征程从河北阜平开始。2013 年元旦前夕，总书记冒着严寒，踏着冰雪到阜平县考察工作，强调 "没有农村的小康，特别是没有贫困地区的小康，就没有全面建成小康社会"，鲜明的论断吹响了新时期脱贫攻坚战的 "集结号"；提出扶贫开发要坚持因地制宜、科学规划、分类指导、因势利导的思路，播下了精准扶贫战略的 "思想火种"。阜平之后，总书记就扶贫工作发表一系列重要讲话，进一步阐释并丰富了精准扶贫战略思想，为新时期扶贫开发工作指明了方向。总书记同时深刻指出，当前我国脱贫攻坚形势依然严峻，仍面临矛盾和问题，存在不少薄弱环节，脱贫攻坚已经到了 "啃硬骨头"、攻坚拔寨的冲刺阶段。硬骨头就 "硬" 在长期以来困扰扶贫的全局性和顽症性难题上，必须以 "啃" 的劲头逐一破解，才能取得脱贫攻坚战的最终胜利。改革开放以来，特别是中共十八大以来，河北省扶贫开发工作取得显著成效，扶贫开发典型经验不断涌现，为打赢新时期脱贫攻坚战奠定了扎实基础。

第一节　反贫困：世界性难题的破解

一、贫困问题概述

（一）关于贫困的概念界定

1. 贫困的界定

不同国家和地区在不同时期对贫困的定位不同。从各国在不同阶段对贫困的界定看，普遍认为贫困是经济、社会、文化落后的总称，是由低收入造成的缺乏生活所需的基本物质和服务以及缺乏发展机会和手段这样一种生活状况。

2. 绝对贫困和相对贫困

绝对贫困泛指基本生活没有保证，温饱没有解决，简单再生产不能维持或难以维持。绝对贫困又可分为生存贫困和生活贫困，生存贫困即特困，是指最低生理需求得不到满足、生存有困难，它是生活状况中最低下的一等。如果温饱基本解决，简单再生产能够维持，但低于社会公认的基本生活水平，缺乏扩大再生产的能力或能力很弱，则属于相对贫困。通常，当一个人的收入比社会人口平均收入少到一定程度时他就是穷人。它不是根据低于维持生存水平的固定标准来定义穷人，而是根据他的收入与社会其他成员收入的差距来定义。实际运用中通常把 5% 的最低收入者界定为穷人或者把低于平均收入水平 1/2 或 1/3 的人界定为穷人。

3. 贫困的标准

贫困的标准是一个综合体系。通常包括贫困的营养标准；贫困的收入标准；贫困的人文标准。其中，贫困的收入标准简单、易比较，在国际反贫困战略中广泛使用。测度贫困的方法也各不相同，随国家、地区、时间的变化而变化。

（二）向贫困宣战是国际社会的共同目标

贫困是人类社会发展面临的古老而又现实的共同难题，是复杂、综合的社会现象，涉及政治、经济和社会学等领域。从 20 世纪 60 年代美国率先提出"向贫困宣战"以来，世界大多数国家逐步把消除贫困作为本国主要发展目标。

二、反贫困战略的理论与实践

（一）反贫困理论

一是以福利经济学为基础，强调政府及其财政再分配对反贫困的重要作用，研究如何通过再分配进行资源配置以提高效率，进行收入分配以实现公平，进行集体选择以增进社会福利。主要以庇古、罗尔斯和阿马蒂亚·森的观点为代表。

二是以发展经济学为基础，强调经济增长对反贫困的重要作用，通过促进资本形成、平衡增长和不平衡增长、促进结构转换等方法来减少贫困。包括：纳克斯的"贫困恶性循环"理论，纳尔逊的"低水平均衡陷阱"理论，哈维·莱宾斯坦的"临界最小努力"理论，缪尔达尔的"循环积累因果关系"理论，马尔萨斯的"人口法则"论，舒尔茨的"人力资本理论"，刘易斯的二元经济结构理论，钱纳里的发展模型理论，赫希曼的不平衡增长理论，佩鲁的发展极理论。

三是社会学中的贫困理论，包括个人因素论、贫困文化论、贫困处境论、贫困结构论（职业结构、制度结构）、剥夺循环论、恶性循环论等。贫困代际传递是指贫困以及导致贫困的相关条件和因素在家庭内部由父母传递给子女，使子女在成年后重复父母的境遇，即继承父母的贫困和不利因素并将贫困和不利因素传递给后代的一种恶性遗传链。简而言之，就是贫困状态在代际间的传承和复制，包括要素短缺论、贫困文化论、功能贫困论、能力贫困论、环境成因论等。

（二）反贫困战略

1. 以收入分配为主导的社会福利战略

社会保障和社会福利战略是发达国家缓解贫困的主要方式。社会福利计划的批评者认为，社会公共福利项目花钱太多，收效甚微，反而使穷人丧失上进心，不努力去接受教育、参加培训、寻找工作。他们建议，为残疾人和真正的穷人建立一个最低限度的"安全网"，并认为持续和全面的经济增长才是帮助穷人的最佳方式。

2. 以全面经济增长为主导的涓滴受益战略

通过经济的全面增长来缓解贫困，被有的学者认为是新古典经济学的一个重要思想，也是"二战"后许多发展中国家的扶贫战略选择。这种理论的假设是，穷人能够在经济增长中通过"涓滴效应"受益，比如说全面的经济增长能够提供更多的就业机会、更大的市场等。

3. 以能力建设为主导的目标瞄准战略

20世纪80年代以后，一些国际机构和广大发展中国家认识到经济增长很难保障增长的成果被穷人分享。正如全球"和平红利"不能被发展中国家分享一样，因为利益分配的格局很大程度上由强势集团决定。基于这一认识，许多国家转向实施目标瞄准型扶贫战略。吴国宝描述这一战略的主要内容是：直接向穷人或贫困地区提供脱贫所需的资源和服务，增加穷人的创收能力，并辅以必要的社会安全保障制度安排。

（三）世界反贫困努力

在当今社会经济快速发展的同时，国际社会从未放弃消除贫困的努力。1992年，第47届联合国大会将每年的10月17日确定为"国际消除贫困日"；1995年，联合国社会发展首脑会议颁布《哥本哈根宣言及行动纲领》，确定1996年为"国际消除贫困年"；1997年，联合国开发计划署（UNDP）全球人类发展报告的主题是"消除贫困"；2000年9月，联合国召开千年首脑会议，发表《千年宣言》，确定了到2015年将12亿贫困人口减少一半的发展目标。

世界银行《1990年世界发展报告》通过评估全球范围内的贫困状况和对25年来不同发展中国家实施反贫困战略的经验总结，得出以下结论：与贫困做斗争最成功的国家都推行一种有效地使用劳动力的增长模式，并对穷人的人力资源进行投资，增加对穷人在医疗卫生、营养保健和教育方面的投资，改善和提高发展中国家人口的素质，为谋求经济发展奠定基础。这种经济增长和对穷人进行人力资本投资两方面兼顾的方针成为世界银行着力推荐的、减轻贫困的基本战略。

三、当前世界贫困现状与反贫困发展态势

（一）世界反贫困取得前所未有的进展

从表 6-1 中可以看到，20 多年来，在国际社会的共同努力下，世界整体的极端贫困率以惊人的速度下降，已经从 1990 年的 36.4%下降到 2015 年的 11.5%。

表 6-1　世界各地贫困指标走势（日生活费低于 1.25 美元的人口比重（2005 年购买力平价））

单位：%

地区	1990 年	1993 年	1996 年	1999 年	2002 年	2005 年	2008 年	2011 年	2015 年预测
东亚及太平洋地区	57	51.7	38.3	35.9	27.3	16.7	13.7	7.9	4.1
欧洲及中亚	1.5	2.9	4.3	3.8	2.1	1.3	0.5	0.5	0.3
拉丁美洲及加勒比地区	12.2	11.9	10.5	11	10.2	7.3	5.4	4.6	4.3
中东及北非	5.8	5.3	4.8	4.8	3.8	3	2.1	1.7	2
南亚	54.1	52.1	48.6	45	44.1	39.3	34.1	24.5	18.1
撒哈拉以南非洲	56.6	60.9	59.7	59.3	57.1	52.8	49.7	46.8	40.9
发展中国家	43.4	41.6	35.9	34.2	30.6	24.8	21.9	17	13.4
世界整体	36.4	35.1	30.4	29.1	26.1	21.1	18.6	14.5	11.5

（二）不同地区反贫困的进展不同

东亚及太平洋地区表现出色，撒哈拉以南的非洲和南亚进展相对缓慢。目前，贫困人口几乎全部集中在发展中国家，其中，48.3%分布在撒哈拉以南的非洲，37.2%分布在南亚，10.3%分布在东亚及太平洋地区。其中，东亚

及太平洋地区的反贫困成效卓著，贫困发生率从 1990 年的 57% 下降到 2015 年的 4.1%。

（三）终结极度贫困面临更加复杂的社会环境

2013 年 4 月，世界银行理事会提出两大目标，即 2030 年终结极度贫困，并增加底层 40% 人口的收入，促进共享繁荣。然而，终结极度贫困会非常难。特别是在全球经济增长放慢、金融市场波动、冲突战乱不断、青年失业率高企，以及气候变化影响日益增大的时期。

四、世界反贫困进程中的中国角色与中国经验

（一）中国是世界人口大国，也是贫困发生率较高的发展中国家

在改革开放前，全国大多数农民尚未解决温饱问题。1975 年主要农产品人均年消费量，粮食仅 190 公斤，肉类仅 8.3 公斤，禽类仅 0.3 公斤，蛋类仅 1.6 公斤，这显然是极低的水平。全国尚有 2.5 亿贫困人口，占全国人口的 1/4，相当于美国人口的总和。

（二）30 多年来，中国的扶贫工作为国际社会反贫困目标做出巨大贡献

1984 年 9 月 30 日，中共中央、国务院联合发出了《关于帮助贫困地区尽快改变面貌的通知》，由此拉开经济体制改革条件下贫困地区经济开发的序幕。1979~2014 年，全国农民人均纯收入从 160 元增长至 10489 元（未扣除价格因素）。随着经济实力的增长和反贫困措施的强化，贫困人口呈现逐年大量减少的趋势。按照世界银行发布的数据，2011 年，中国低于 1.25 美元/天的人口占全部人口的 6.3%，低于 2 美元/天的人口占全部人口的 18.6%（以 2005 年的购买力平价计算）。2013 年，中国人口达到 13.57 亿人，占世界人口的 19%。按照每人 1.25 美元/天核算的贫困人口大约 8500 万人，占世界贫困人口的比重约为 10.4%。中国反贫困取得的巨大成就为全世界反贫困做出了巨大贡献。

（三）深度贫困是中国扶贫工作面临的主要挑战

一是按照新的国家贫困线标准（2800 元/年），2014 年底，中国贫困标准

以下的贫困人口仍有 7017 万人。如果参考国际标准，这一数字还会大幅度上升（世界银行最新公布的贫困线为 1.9 美元/天，按照当前汇率折合成人民币大约为 4500 元人民币/年。也有人认为应当按国际上通行的购买力平价折算，即 2011 年最新的人民币购买力平价美元为：1 美元相当于人民币 3.506 元，这样 2800 元折合成美元大约为每天 2.2 美元，与国际标准大致相当，但学界普遍认为 2011 年的购买力平价对人民币严重高估，不足为凭）。二是贫困程度还比较深，贫困人口不仅收入水平低，一些地方还面临着吃水、行路、用电、上学、就医、贷款等诸多困难。三是扶贫攻坚任务十分艰巨。中国的绝对贫困人口主要分布在西部农村地区，这些地区由于各种原因，缺乏自我发展的能力，相对贫困问题也日益显著，贫困发生率和返贫率较高，扶贫的难度越来越大。

（四）中国的扶贫工作为世界反贫困工作积累了丰富经验

综合来看，我国扶贫开发工作为世界反贫困工作积累了丰富经验，主要有：以经济增长带动扶贫；将贫困人口集中区域（实际上主要是常说的贫困县）作为扶贫的基本操作单位和工作对象；强调通过实现贫困地区的经济增长来减缓贫困；强调主要通过开发贫困地区的资源来实现区域经济的增长；重视提高贫困人口的素质、改善基础设施和应用科学技术的作用；重视在缺乏基本生存条件的地区实行人口迁移和劳务输出的作用。

第二节　河北省扶贫开发历程及扶贫成就

一、以体制改革推动扶贫阶段（1978~1985 年）

1978 年中共十一届三中全会召开。这一时期河北省以家庭承包经营为基础的"双层经营"改革为主线，逐步放开农产品价格，以改革促进农村经济的快速增长，极大地解放了农村生产力，减少了农村贫困人口数量。1985 年我国扶贫标准为农民人均纯收入 207 元，而在这一阶段，全省农村仍有大部分尚未解决温饱的贫困人口。经过体制改革扶贫，河北省贫困人口由 1978 年的 1570 万人减少到 1986 年的 900 万人。

二、大规模开发式扶贫阶段（1986~1993 年）

以 1986 年 5 月国务院贫困地区经济开发领导小组及其办公室成立为标志，以国家级贫困县为扶贫重点，我国大规模、目标明确的扶贫开发工作全面铺开。在这一背景下，河北省成立了专门的扶贫开发机构，划定了 49 个贫困县。主要扶贫措施是通过安排专项资金，出台优惠政策，加大基础设施建设和特色产业培育，增强其自我发展能力，建立"造血"机制。到 1994 年，全省贫困人口已降至 706 万人。

三、攻坚式反贫困阶段（1994~2000 年）

1994 年 3 月，中国政府向全世界庄严宣布：用进入 21 世纪之前的 7 年时间，基本解决当时中国农村 8000 万贫困人口的温饱问题，即实施著名的"八七"扶贫攻坚计划，变"输血"为"造血"，开始注重贫困人口综合素质和发展能力的提高。以该计划的公布实施为标志，我国的扶贫开发进入攻坚阶段。河北省深入贯彻落实"八七"扶贫攻坚计划精神，围绕加强农村地区基础设施建设，改变文化、教育、卫生的落后状态，实施信贷、财税、经济开发方面的优惠政策及以工代赈项目，不断促进贫困地区发展，改善贫困地区的落后面貌。此项计划目标明确、措施得力、投入宏大、参与广泛、效果显著。截至 2001 年，河北省共有 327 万人未解决温饱问题，还有初步解决温饱问题但容易返贫的低收入人口 243 万人。

四、构建大扶贫格局推动反贫困阶段（2000~2010 年）

2001 年 5 月，中央扶贫开发工作会议召开，指出要立足"城市支持农村，工业反哺农业"的大背景开展扶贫工作，尽快解决剩余贫困人口的温饱问题，巩固扶贫成果，进一步改变贫困地区经济、社会、文化落后的状况，为农村小康社会建设创造条件。这一阶段，全国农村扶贫标准从 2000 年的 865 元提高到 2010 年的 1274 元。以此标准衡量的全国农村贫困人口数量，从 2000 年底的 9422 万人减少到 2010 年底的 2688 万人。

以实施《中国农村扶贫开发纲要（2001~2010 年)》为标志，河北省的扶贫开发进入了解决温饱问题与巩固温饱成果并重的新阶段。2001 年，河北省尚有 327 万人未解决温饱问题，还有初步解决温饱问题但容易返贫的低收入人口 243 万人。这一阶段，河北省主要实施以整村推进、劳动力转移培训和产业化扶贫为重点的扶贫开发，以及集专项扶贫、行业扶贫和社会帮扶于一体的"大扶贫"，一改政府"包办"式扶贫，形成了"基础建设靠行业、增收项目靠扶贫、社会帮扶上水平、扩大规模靠信贷"的扶贫开发机制，至此河北省的扶贫工作跃上一个新台阶。到 2009 年，全省贫困人口 390 万人。

五、集中连片特困地区攻坚与精准扶贫阶段（2011 年以后）

2011 年 5 月，中央颁布了《中国农村扶贫开发纲要（2011~2020 年)》（以下简称《纲要》），这标志着我国扶贫开发工作从解决温饱阶段进入促进发展、缩小差距的新阶段。2011 年我国将扶贫标准由 2010 年的 1274 元提高到 2300 元。根据《纲要》和《燕山—太行山片区区域发展与扶贫攻坚规划（2011~2020 年)》以及省委、省政府出台的《纲要》实施意见，省扶贫办会同有关部门组织编制了《河北省燕山—太行山片区区域发展与扶贫攻坚实施规划（2011~2015 年)》和《黑龙港流域区域发展与扶贫攻坚规划（2011~2020 年)》，省委、省政府出台了支持环首都扶贫攻坚示范区建设的一系列政策措施，制定了《河北省整村推进扶贫开发"十二五"规划》、《河北省易地扶贫搬迁规划（2012~2015年)》等一系列专项规划。省委、省政府坚持把扶贫开发工作作为战略性任务来抓，放在全省经济社会发展全局中统筹谋划、整体推进，陆续出台了《关于支持环首都扶贫攻坚示范区及阜平县加快发展若干政策的意见》、《关于加快全省扶贫攻坚步伐的十项措施》等一系列重要文件。河北省主要通过特色产业培育、持续加大要素支持、实施精准扶贫、扎实推进片区攻坚、大力推进"阜平试点"工作、统筹推进社会扶贫等举措，扶贫开发实现了新进展。河北省2011~2014年平均每年减贫100万人左右，三年累计减少395万人。截止到2014年底，全省还有62个贫困县、7366个贫困村、485.5万贫困人口，主要集中在燕山—太行山片区、黑龙港流域和环首都地区。

2015年10月23日，中央政治局会议提出"把精准扶贫、精准脱贫"作为基本方略，坚持扶贫开发和经济社会发展相互促进，坚持精准帮扶和集中连片特殊困难地区开发紧密结合。2015年10月26日，中共十八届五中全会提出了全面建成小康社会新的目标要求，指出"到2020年我国现行标准下农村贫困人口实现脱贫，贫困县全部摘帽，解决区域性整体贫困"。这标志着打好新一轮扶贫开发攻坚战，确保全国人民共同实现全面小康已成为全党全民共识，河北省扶贫工作进入决战攻坚阶段。

第三节　河北省扶贫开发的实践探索与成功模式分析

一、以区域开发为重点，在改善贫困地区基础设施和发展条件上实现突破

（一）实践探索

多年来，河北省大力实施区域协调发展战略，充分发掘各个区域的发展潜力，推环京津、沿海、冀中南、冀西北四大板块共同发展。但由于经济社会发展总体水平不高，区域发展不平衡，导致全省贫困县数量多、分布广，并且集中连片，成为各板块内部或不同板块之间区域协调发展的"短腿"与"瓶颈"。这些集中连片地区，扶贫对象集中、贫困发生率高、扶贫工作难度大。要解决这些难题，必须采用超常规扶贫手段，将区域发展与扶贫开发有机结合起来，整合各类资源，着力解决"瓶颈"制约和突出矛盾，通过区域发展解决贫困共性问题，通过精准扶贫解决贫困特殊性问题，以促进连片特困地区发展和脱贫致富。

河北省共有扶贫开发工作重点县62个，其中22个县被列入国家燕山—太行山集中连片特困地区，27个县被河北省列为黑龙港流域集中连片特困地区，9个县（其中6个县为燕太片区县）被河北省列为环首都扶贫攻坚示范区，三大片区共有扶贫开发工作重点县52个，占全省的84%。这些片区的贫困县基础设施薄弱、产业水平低、公共服务能力不足、生态环境脆弱。河北省通过协同推进交通、能源、水利、信息等跨区域重大基础设施建设，推动产业对接合作，加强生态建设和环境保护，补齐发展短板，改善贫困地区生存环境和发展条件，切实提升了贫困人口生活水平和综合发展能力。

（二）案例分析

案例一：承德市交通基础设施建设与扶贫开发相结合模式

承德市有 5 个县被列入国家燕山—太行山集中连片特困区，其发展落后的主要原因是基础设施落后。该市大力推进贫困地区交通基础设施向外部延伸，承赤、张承高速公路建设顺利推进，省道邦宽线宽城绕城路、御道口至大滩段、省道承围支线隆化县改线段等国省干线公路改扩建设项目顺利完成，改善了贫困地区与欠发达地区之间的交通条件，完善了贫困地区县、乡、村和工业集聚区之间的交流网络。道路等基础设施的改善，促进了特色产业发展，形成了以丰宁、围场、隆化为主的肉奶牛养殖片区，以滦平县、承德县为主的养鸡片区，以围场、丰宁、滦平县、承德县为主的时差菜和棚室菜片区，以滦平、宽城为主的养猪生产片区，以平泉县、承德县为主的食用菌生产片区，以兴隆、宽城为主的板栗生产片区，主导产业由以往的分散经营转向集中连片开发，规模效益明显，贫困县乡经济发展明显加速。

案例二：保定市沽源县以完善旅游交通设施推进扶贫开发模式

沽源县紧紧抓住燕山—太行山集中连片特困区建设契机，全面实施旅游公路和农村公路改扩建升级工程。先后开工新（改）建了冰山梁旅游公路、平黑线旅游公路，改扩建了乡村公路，基本实现了"村村通"公路，形成了大旅游交通网络格局。交通条件的改善，大大增加了葫芦河旅游区域、滦河旅游区域、潮白河旅游区域等多个旅游景区的通达深度，同时带动了沿线 40 个村、5000 户、18000 余人脱贫致富，推动了全县招商引资和项目合作等工作的进展，促进了当地经济发展。

二、以产业扶贫为重点，在培育贫困地区可持续发展能力上实现突破

（一）实践探索

缺少产业支撑是贫困地区致贫的重要因素之一。河北省贫困人口主要分布在边远高寒、自然条件恶劣、资源匮乏、信息闭塞的坝上地区，燕山、太

行山深山区及黑龙港流域。这些地方自然条件差、基础设施欠缺、社会发育程度低、产业基础薄弱、农民缺少就业创收的机会。产业扶贫正是针对这一特点，通过产业项目带动贫困农户增收致富，提升贫困农户自我发展能力。产业扶贫是开发式扶贫的核心内容，它不完全等同于产业发展，是以产业为基础，以扶贫为目的的扶贫开发方式。近年来，河北省围绕充分发挥区域资源优势，瞄准市场需求，采取了一系列重点举措推进产业扶贫。

一是以产业发展为依托，建立贫困农户增收机制。以增加贫困家庭收入、提高其发展能力为重点，每年扶持一定数量的贫困家庭发展入户增收项目，发挥示范作用，使扶贫对象自我积累、自我发展的能力进一步增强。例如，河北省实施的小额信贷扶贫到户项目、贫困村互助金试点等，来帮助扶贫对象参与本地特色产业开发，提高他们的生产能力。

二是以龙头企业带动的养殖业、设施蔬菜（食用菌）、优质果品作为支持发展的重点，带动贫困农户增收。根据贫困地区产业特点和优势，依托本地龙头企业，培育强县富民特色支柱产业体系，积极打造特色突出、规模经营、持续增收的扶贫产业。例如，河北省太行山优质果品产业带，燕山板栗、食用菌产业片区，张承坝上地区节水错季蔬菜产业建设，黑龙港地区扶贫开发"富民大菜篮"工程等，都充分利用了当地产业优势，加快富民产业发展，为贫困农户增收提供了更多机会。

三是以农民合作组织发展特色产业为纽带，实现贫困农户脱贫致富。在有条件的地方，积极扶持贫困村建立农民合作社，鼓励贫困户积极参与，支持引导农民大力发展杂粮产业、中药材种植等，多渠道增加农民收入。通过加快发展，将一批扶贫开发工作重点县建设成产业特色明显的蔬菜（食用菌）大县、肉鸡肉鸭等养殖大县、优质果品大县、杂粮生产大县等，提高贫困地区的产业化扶贫水平。

四是以配套政策加快推进产业项目与贫困农户对接，提高贫困地区的产业可持续发展能力。为了更好地促进贫困地区的产业发展，政府不断创新支持政策，探索创新扶贫项目贷款贴息管理机制，加大对扶贫龙头企业的支持力度，积极推行订单农业，鼓励企业在贫困村建立产业基地，为贫困农民提供技术、市场、信息等服务，优先吸纳安置贫困劳动力就业，优先收购贫困农户的农副产品。

（二）案例分析

河北省产业扶贫开发取得了明显成效，对其他地区具有重要借鉴意义。

案例一：平山县葫芦峪现代农业园区开发扶贫模式

平山县葫芦峪把产业扶贫作为主攻方向，大力发展股份合作制经济、现代农业园区、山区综合开发和家庭手工业。葫芦峪公司通过股、租、购、换等多种形式，整合流转土地20多万亩，引进种养加新技术，建设现代农业园区。园区覆盖7个贫困村，涉及1500多个贫困户。公司实行"大园区、小业主"的经营方式，以50亩为单元，由农户承包经营。目前常年在公司上班的当地劳动力达800多人，年人均收入达到15000元。该模式已经推广到曲阳、阜平等县。

案例二：临城县培育壮大特色农业与扶贫开发相结合模式

临城县2/3的地区处在太行山浅山区及丘陵地带，山地土层很薄，单纯开荒种粮基本没有效益。经过调研，该县瞄准市场对"绿色生态"产品的需求，采取抓基地、抓加工、抓龙头、抓品牌等措施，大力发展薄皮核桃、苹果等高效林果业，建设生态效益型农业，走出了一条太行山区、丘陵地带绿色发展的新路子。该县坚持把产业培育作为扶贫攻坚的内生动力，实施了薄皮核桃产业提升工程，目前，全县薄皮核桃种植面积已达21万亩，涌现多家核桃种植规模企业，全县1.2万户农民依靠种植薄皮核桃脱贫致富。其中，最为典型的是河北绿岭果业有限公司，以核桃种植及种类丰富的核桃制品开发为主要经营特色，通过为贫困户供应高纯度苗木、免费提供技术服务、实行产品保护价回收，带动了全县6000多户贫困户种核桃，平均每亩核桃年纯收入3000~5000元。

三、以创新开发模式为重点，在资源综合开发利用、挖掘贫困地区发展潜力上实现突破

（一）实践探索

贫困地区自然生态风貌基本保留原始状态，生态环境良好，但因这些地区交通不便、信息闭塞，使得当地的生态自然资源变成"沉默资本"，没有发挥其经济价值。随着经济社会现代化步伐的加快，都市居民回归自然、向往田园生活的情结越发浓厚，人们崇尚自然和生态美的热情更加强烈。河北省贫困地区多数地处山区、丘陵地带，风景秀美，自然生态环境较好，应充分利用生态资源丰富这一优势，将各种天然的山体、沟壑、流域等生态修复治理与扶贫开发结合，发展沟域经济，挖掘贫困地区生态资源的潜在价值，带动贫困农户增收。

所谓"沟域经济"，就是以山区沟域为单元，以其范围内的自然景观、文化历史遗迹和产业资源为基础，进行统一规划建设，建成以特色农业旅游观光、民俗文化、科普教育、养生休闲、健身娱乐相结合的产业带，促进区域经济发展、带动农民快速增收。"沟域经济"是河北近年来探索出来的一种新的山区发展模式，是一种新的扶贫开发模式。该模式打破行政区域界限，对山、水、林、田、路、村和产业发展进行整体科学规划，统一打造，集成生态涵养、旅游观光、民俗欣赏、高新技术、文化创意、科普教育等产业内容，建成绿色生态、产业融合、高端高效、特色鲜明的沟域产业经济带，最终达到使农民致富的目标。河北省山区面积占国土总面积的66%，"沟域经济"的兴起，为河北省广大山区用好山场资源，摆脱贫困，探索出了一条新路径。

（二）案例分析

案例一：承德市皇家型沟域经济扶贫开发

承德市"八山一水一分田"，大部分村庄坐落在沟谷内，仅市区周边可开发的沟谷就有近百条，山区沟域面积达350平方千米。地方政府坚持"以生态为核心、以民生为根本"的发展理念，彰显皇家文化资源特色，倾力打造

皇家型沟域经济产业。例如，承德双桥区《皇家型沟域经济产业发展规划》被纳入承德市空间战略布局总体规划。承德市把博大精深的历史文化、皇家文化与旅游产业有机融合，围绕市区350平方千米的山区沟域，打造以皇家文化为品牌的沟域经济产业。按照规划，双桥区沟域经济发展采取"避暑山庄模式"和"皇庄模式"。避暑山庄模式因山构室，以园林化手法整合"宫"、"苑"项目，集"理朝听政"与游憩等多功能为一体。按照皇庄、王庄、旗庄的历史沿革，打造包括特色小杂粮、无公害蔬菜基地、特色林果基地、健康养殖基地等绿色食品特供基地，形成具有双桥"唯一性"标志的特色产品竞争力和品牌影响力。

案例二：石家庄鹿泉山区经济综合开发扶贫模式

鹿泉区白鹿泉沟贯穿整个白鹿泉乡地域，沿线村庄似珠子一般，分散缀在沟沿上。当地政府依托现有的自然生态资源，发展沟域经济，探索出集新农村建设、生态治理、民俗旅游、种植养殖、观光农业发展于一体的山区经济发展模式，作为富裕山区农民、建设生态文明的有效抓手。白鹿泉乡以山区自然沟域为单元，全面做好山、水、林、路、村的规划建设，重点整治沟域内生态环境。该乡完成西胡申至谷家峪1.6千米的通村路建设，完成307国道至井陉界335盏太阳能路灯的安装，实现全乡14个村路灯全覆盖；完成植树26万株，覆盖2000多亩山地，森林覆盖率同比大幅攀升；在原有9个景观水系的基础上，继续对白鹿泉水面进行治理。依托沟域改造，该乡区域内涌现出了集中连片的美丽乡村典型。在抓好白鹿泉、段庄、西杨庄3个省级重点村改造的基础上，该乡还全力打造郄庄、段庄2个环境卫生精品示范村，整体提升农村面貌，改善农民生产生活条件。

四、以劳动力转移培训服务（就业促进）为重点，在拓展贫困地区农民就业增收渠道上实现突破

（一）实践探索

河北省是农业人口大省，截至2014年底全省累计转移农村劳动力1730.9

万人。实践证明，通过农民就业方式、就业地域及身份的改变，能够有效解决农民、农业和农村的发展问题。长期以来，河北省针对贫困地区富余劳动力多，劳动力综合素质低，创业就业信息、技术匮乏等问题，以"阳光工程"、"雨露计划"为抓手，以强化创业、就业劳动技能培训、搭建就业转移服务平台为重点，在拓展贫困地区农民就业增收渠道上实现了有效突破，农民工资性收入占比不断提高，农民可支配收入持续增长。

一是认真抓好贫困家庭新生劳动力职业教育助学工程。从 2007 年起省市各地实施技能就业援助计划，实施减免学费、生活费补贴等措施，扶持、引导和鼓励贫困家庭子女在完成九年义务教育后继续接受中、高等职业教育，从源头上提升贫困家庭劳动力综合素质和就业能力。

二是以岗促转，就近就地转产转业。近几年，贫困地区依托产业求发展，特色支柱产业初见规模。围绕支柱产业的上下游，强化技术培训，相应开发出一批就业岗位，带动农民就地、就近转产转业，成为贫困地区农民致富的有效途径。

三是订单式委托培养+劳务输出，域外转移。建立劳动力资源台账和求职登记台账制度，在输出地对劳动者的基本情况和就业需求进行摸底调查；搭建劳务输出基地，建立输出地和输入地劳务对接机制，实施"订单式"、"委培式"劳务输出；培育劳务品牌，提升劳务输出质量。

四是以创业带就业。自 2002 年起至 2015 年 5 月底，河北全省小额担保贷款放款总额累计达到 100.6 亿元，直接扶持城镇下岗失业人员、妇女、高校毕业生、农村劳动者等各类人员 17.1 万人实现成功创业，带动（吸纳）就业困难人员 56.8 万人实现就业。2015 年出台《关于鼓励创业促进就业的若干意见》，进一步加大支持力度，工商、工信、科技、发展和改革委等部门相继出台降低创业门槛、科技创新等政策，农民工创业政策环境不断改善。

（二）案例分析

案例一：广宗县订单培训促贫困农户增收模式

邢台市广宗县立足当地快速兴起的自行车、童车制造业企业用工需求，以具有初级技术含量的项目为重点，以优化升级产业需求为中心，以人力市场需求为导向，针对贫困地区农民工实际文化水平，开展电工、车工、电焊工、自行车安装工等 12 个工种的"订单培训"、"定向培训"。目前，已形成自行车鞍座、钳形闸、刹车皮、闸把等 30 多个手工业扶贫村（片）。就地转移培训不仅解决了农村劳动力特别是农村妇女的就业问题，而且夯实了企业的发展基础，实现了就业培训与产业发展良性互动的良好局面。

案例二：赤城县以贫困农户技能培训促增收模式

赤城县以就业和社会保障服务中心为平台，整合农广校、职教中心等教育资源，与市技工学院、劳动就业训练中心联合建立培训基地，与北京市京煤集团、石景山技术监督局联合建立驻京培训基地，采取"订单式"、"委培式"、"点菜式"等不同培训方式，积极开展司炉工、电工、电焊工等多种职业技能培训。建立劳务输出网络。以县劳动就业服务局为轴心，在全县 18 个乡镇和 4 个社区设立农民工劳务输出服务站，在 440 个行政村配备了农民工劳务输出信息员，对全县 10 万多名劳动力的基本情况分别进行梳理分类，建立档案，并录入县农村劳动力资源数据库，实现了动态输出管理。同时，该县还在北京建立了农民工劳务输出办事处，构建了上下贯通、纵横相连、灵敏高效的农民工劳务输出网络。

五、以创新扶贫业态为抓手，在生态脆弱贫困地区实现绿色脱贫上实现突破

（一）实践探索

农村贫困的本质是进入市场的能力不足，而扶贫的本质是提升农民进入市场的能力。旅游业具有适用性强、产业链长、带动力大、富民增收效果明显、剩余劳动力转移便捷等特性。河北省贫困县区与旅游资源富集县区的契合度高达 60%，特别是燕山—太行山片区既是扶贫攻坚的主战场，也是旅游资源富集的地区。在全省扶贫开发重点区域内，有 4A 级以上景区 50 多个，占全省景区近四成，实施旅游扶贫开发能有效挖掘贫困地区资源特色。旅游业正在成为促进贫困地区产业升级、加快美丽乡村建设、实现农民脱贫致富

的重要抓手。"电商扶贫"也为农民进入市场带来宝贵的机会。充分利用贫困地区自然禀赋优势，培育发展新型业态，深入挖掘发展潜力，成为河北省贫困地区脱贫新路径。

一是把农村电子商务作为改善贫困地区基础设施、增加农民收入、提高农民生活品质的重要内容。随着电子商务加速向农村渗透，农村基础设施持续改进，第三方电子商务平台为农民提供了低成本的网络创业途径，农村的物流、网络、公路等配套设施功能都会显著改善，形成良性循环的商业生态。电商扶贫会带动当地扶贫特色产业、乡村旅游业、现代农业的发展，并能有效激活农村消费市场，拓展农产品销售渠道，增加农户收入。农村电子商务平台可一方面助推农村农副产品、手工艺品、民俗文化旅游产品"进城"，另一方面吸引城市工业品等各类商品"下乡"，实现城乡商品流通的便捷性和通达性，农民不需进城就能与市民一样享受便利的生活，提升农民的生活品质，同时也有效地释放农民的消费潜力。

二是把发展乡村旅游业作为贫困地区绿色脱贫的抓手。支持贫困地区发展旅游扶贫，增加农民就业，提高收入水平，带动30万人脱贫。实施景区带动扶贫计划，依托3A级以上景区，开展景村共建扶贫工程，把景区周边贫困村纳入旅游景区统一规划、统一建设、统一营销，提升景区对周边贫困村的带动力。建设一批乡村旅游度假休闲社区、乡村旅游创客基地等旅游新业态、新产品。加强旅游服务专业培训，鼓励贫困户参与旅游开发，打造一批旅游扶贫示范村。对开展旅游扶贫的示范户，给予家庭旅馆和农家乐升级改造补助资金。探索用贷款资金入股旅游扶贫企业，开展旅游资产收益扶贫。拓展乡村旅游增值增效空间，扶持贫困村开发特色鲜明的农产品、手工艺品、文化产品等乡村旅游产品，举办特色节庆活动，配套完善的商贸物流，拓展旅游消费空间。

三是把光伏产业脱贫作为贫困地区发展的重要载体。支持光照条件较好、可利用土地资源丰富的贫困地区发展光伏扶贫产业，带动20万人脱贫。争取国家光伏电站建设规模支持，在项目安排上优先向贫困村倾斜，力争每年用于扶贫项目的规模比重达到50%以上。实施分布式光伏扶贫，结合美丽乡村建设、农村危房改造等工程，支持贫困户利用屋顶等场地安装建设 3~5 千瓦分布式光伏发电系统，增加贫困人口基本生活收入。建设小型光伏电站，支持贫困村村集体在学校、卫生院、敬老院等场地建设 200~300 千瓦光伏项目，增加集体收入。开展光伏农业扶贫，利用贫困地区荒山荒坡、农业大棚或设施农业等建设 20~30 兆瓦的集中式光伏电站，使贫困人口能直接增加收入。在 6 个试点县开展光伏产业资产收益扶贫，对无劳动能力的贫困户连续 20 年每年提供 3000 元的收益保障。

（二）案例分析

案例一：望都县"农村电商+农村金融"精准扶贫新模式

望都县是省级贫困县，共有贫困村 37 个，贫困户 11534 户，贫困人口 37219 人。为了拓宽贫困地区农特产品销售渠道，增加农民收入，望都县农村信用联社（以下简称望都农联社）与保定电商平台购特网签署合作协议，共建集网上特产销售、金融服务、农产品标准化和新型农村信贷等功能于一体的"农村电商+农村金融+精准扶贫"的电商进农村新模式，以此助推该县 37 个贫困村脱贫致富。

该平台立足推广地域特色产品，创建了县、乡、村线上线下营销推广联动模式，目前正在保定（含定州市）24 个县市区开建分支机构和特产馆，在保定 1000 个乡（镇）村建立电商服务店，并规划建设中国特色产品联盟。双方约定，将对筛选的 100 个符合条件的农联社乡村代办点嫁接购特网平台，实施免费培训，辅以电脑和电视等交易设备，引进物流，完善农资购买、网上缴费、店定店取、金融存贷等服务，组织包装当地优质农副产品进行网上销售，推动"农产品进城，工业品下乡"，使当地的优势产业和产品走向全国乃至全世界。同时，利用购特网和河北省农联社"银联支付平台"的对接，实现农村网络购物与销售中支付的便捷服务；利用企业的网上经营信用、交易量、交易频率等大数据资源和电商平台担保优势，合作开发针对农民创业的"联名卡"、"无抵押信贷"等产品，并在此基础上实现以产业发展促进全面脱贫。

案例二：兴隆县眼石村乡村旅游扶贫开发模式

兴隆县眼石村凭着好生态、好风景、好山水、好食材，打造乡村旅游，吸引了大量城里人前来游玩。为调动群众建设农家院的积极性，县乡支持新建农家院 5 万~10 万元贷款，政府负责贴息。对改造提升的农家院，采取以奖代补的形式，每户奖励 2000~10000 元。在此基础上，该村又筹措资金近百万元，对大街进行硬化、绿化、美化。眼石村的成功让兴隆县找到了最适合的脱贫路子。该县把丰富的旅游资源与贫困村发展脱贫致富产业相结合，大力发展红色旅游、度假旅游和生态旅游，推进旅游扶贫工作。在全县规划了雾灵山景区、六里坪景区、燕山峡谷片区 3 个乡村旅游扶贫产业片区，共建成 6 个特色产业扶贫示范点，扶持 10 个村建成产业培育型、环境改善型的旅游配套服务村，有效带动了贫困农户增收致富。选准旅游扶贫方向，兴隆县大力整合旅游资源，出台政策开发更多旅游项目，引导旅游扶贫工作发展。坚持政府主导、市场运作、农民为主、社会参与，通过组建乡村旅游公司或合作社、农家乐协会，完善乡村旅游产业链，形成利益共同体，使旅游扶贫成果人人共享。加大生态环境和古建筑、古民居、古村落等特色资源保护力度，在建设中杜绝大拆大建，把每一个村落作为一个景区、每一户民居作为一个景观小品来打造，让农村真正美起来。根据该县制定的旅游扶贫规划，到 2020 年，计划发展乡村旅游扶贫示范户 1000 户，建成 50 个特色产业扶贫示范点，扶持建设 102 个村建成产业培育型、环境改善型的旅游配套服务村，其中旅游扶贫重点村 33 个，带动 5000 户农户从事旅游配套产业，直接带动 3000 贫困人口实现脱贫致富，建成省级旅游扶贫示范县。

案例三：曲阳县光伏扶贫模式

曲阳县充分利用荒山荒坡资源，与长江三峡、中电投、英利等企业合作，大力发展集中式光伏发电场项目。目前，该县已实现并网发电 100 多兆瓦，发电量 3440 万千瓦时。通过建设集中式光伏发电项目，既增加了财政收入，也促进了贫困群众增收。特别是该项目瞄准全县 166 个贫困村中无劳动能力的 5419 个贫困户、9707 人，年人均可增收 3000 元以上。

六、以美丽乡村建设为抓手，在整村推进扶贫脱贫上实现突破

（一）实践探索

改善贫困村的落后面貌，提高农民居住生活水平，是河北省扶贫开发工作的重要内容之一。整村推进，就是以贫困村为基本单位，制定扶贫规划，整合项目、整合资金、整合资源，集中实施扶贫规划。确保贫困农户通过整村推进，达到改善居住环境，提高群众经济收入，使群众过得更加舒适和幸福。河北省贫困农村地处偏远地区，交通不便，基础设施薄弱，且随着农村人口的大量外流，出现了大量的"空心村"、"空心户"，加剧了农村环境的恶化。为了改善贫困地区农民的生产生活条件，省委、省政府以美丽乡村建设为抓手，重点加快对贫困地区农村面貌的改造提升，取得了明显成效。河北临近北京、天津，把"美丽乡村"变成生产力和竞争力是最有条件的。要把"美丽乡村"变成生产力和竞争力，不仅创建"美丽"，更要经营"美丽"；不仅打造景观，更要打造产业，让农村美起来，让农民富起来。

一是制定和实施了《河北省整村推进扶贫开发"十二五"规划》。按照建设社会主义新农村的要求，以发展特色支柱产业、改善生产生活条件、增强发展能力为重点，整合资源，集中投入，加大工作力度。到2015年，首批重点扶持的3000个重点村达到"十二有"目标：即有群众信任、团结干事的村两委班子，有脱贫致富的好路子，有村庄建设规划，有通村公路，有安全卫生的饮用水，有进村入户的通电条件，有广播电视，有电话线路或信号覆盖，有学校（含联办），有合格的两委办公室，有医务室，有文体活动场所。

二是实施美丽乡村示范工程，集中改善贫困农村的村容村貌。2013年5月，河北省委、省政府出台意见，决定利用3年时间，对该省5万个行政村面貌进行配套改造、整体提升。

三是加大资金支持力度。省级旅游发展专项资金列支1550万元，优先支持河北全省美丽乡村9大片区重点村、48个历史文化名镇名村的乡村旅游基础设施建设。争取国家旅游专项资金600万元，扶持8个国家级重点旅游扶

贫建档立卡村发展乡村旅游。开展全省旅游规划扶贫公益行动，对燕山—太行山国家扶贫攻坚区和环京津贫困带地区的 32 个贫困村进行"一对一"重点帮扶。河北省还编制了《河北省美丽乡村旅游示范区技术、工作、考核标准》，引导美丽乡村向景区转化。

（二）案例分析

滦平县将美丽乡村建设与扶贫开发相结合，改善了农村的贫穷落后面貌，带动了整村脱贫致富。

一是改善人居环境。针对当前广大农村环境脏乱差、村庄布局凌乱、房屋结构陈旧、基础设施不配套、公共服务水准低等突出问题，实施"环境整治、民居改造、设施配套、服务提升、生态建设"五大工程，重点对贫困村全覆盖。周营子村是河北美丽乡村建设试点村，采取村自筹、县投入、省奖补等方式，重点打造周营子村。在实现饮水安全、道路硬化、垃圾处理、厕所改造、污水处理等 15 件实事的基础上，河北省发改委驻村工作组又牵头了周营子村山体公园、集贸市场、河道堤坝、环山公路、村村通、便民桥等 11 项自选项目，改造提升村容村貌，建设美丽乡村。

二是发展特色资源产业。周营子村山环水绕，冬暖夏凉，交通方便，还有悠久的历史，乡村旅游成为带动农民致富的一项产业。新建的村史博物馆是周营子村发展乡村旅游的一个尝试。在传统文化保护上，周营子村投入资金 30 万元，修葺原有破旧房屋，建成了一座高标准的村史馆。村史馆收录、挖掘、收藏相应文物，对周营子村的历史沿革进行了梳理，吸引了十里八村的人前来参观。在产业支撑上，周营子村还补植修复了两个果园，并种植了 1 万多棵梨、桃、山楂等经济树种。与此同时，更长远的规划已勾勒成型。待 3 年经济林见到效益后，将在林下套种矮秆作物为周营子村集体持续增收。

七、以项目资金整合为载体，在集中财力、提高资金使用效率上实现突破

（一）实践探索

河北省财政扶贫资金投入与脱贫攻坚需求相比仍然不足，行业项目资金涉及部门多、分散使用、难以形成合力。要如期实施"两个确保"，就必须在增加扶贫资金投入力度的基础上，加大扶贫项目资金整合力度，集中财务办大事，提高资金使用效率。

河北省在现行资金来源渠道和管理权限不变的前提下，通过建立有力的组织协调机制，按照区域发展规划和加强资金管理的要求，将扶贫开发、以工代赈、农业综合开发等不同渠道、不同性质的资金有机地组合起来，围绕重点区域、重点项目集中使用，使各项资金互相匹配，形成合力，从而充分发挥资金使用的效率。

（二）案例分析

案例一：涞水县扶贫资金打捆助贫困地区脱贫模式

涞水县加大财政扶贫支持力度，每年拿出县本级地方一般预算收入的2%用于扶贫，并整合涉农部门资金，积极引导社会帮扶资金以及优化银行等金融机构融资渠道，破解资金难题。该县根据实际情况，每年修订、完善、改进扶贫政策，确保政策精准性、延续性，同时依托水土保持、山区综合开发等涉农项目，完善了农村基础设施，建成了综合功能较为齐全的致富产业园区。2014年实现57个村整体脱贫，4.52万人脱贫出列。

案例二：衡水市以项目资金整合促脱贫模式

衡水将扶贫开发、农业综合开发、农田水利、高效设施农业、农产品质量安全等项目资金集中打捆使用，按照集中连片扶贫的思路，大力推进现代农业园区、农村新型社区、乡村工业园区"三区同建"，同时积极引导城市资本、工商资本参与现代农业园区建设，推进现代农业园区不断上档升级。

八、以深化农村改革为手段，在盘活农村资源资产、增加贫困地区农民财产权利上实现突破

（一）实践探索

赋予农民更多财产权利，是实现城乡居民财产权利平等的必然要求，是持续增加农民收入特别是财产性收入、缩小城乡收入差距的必然要求。河北省以深化农村改革为手段，在盘活农村资源资产、增加贫困地区农村财产收益上实现突破。

一是多形式实现农民的土地财产权利及收益。积极稳步推进以农民土地使用权为核心、以股份合作制为载体的土地利用改革，探索使土地成为农民获得财产性收入主要来源的新形式，创新土地流转方式，提高农民土地收益。通过政策引导，推进农村土地承包经营权流转。鼓励以家庭农场、现代农业园等模式流转集中土地；鼓励有条件的县区发展土地流转服务组织，为流转双方提供信息沟通、法规咨询、价格评估、合同签订、纠纷调处等服务。改革和完善现行的征地补偿机制。探索建立城乡统一的建设用地市场，在符合规划的前提下，允许农村集体建设用地直接进入市场。建立基于市场价格的征地补偿动态调整机制。

二是确保农民的宅基地和房屋财产收益。严格宅基地管理，建立宅基地腾退激励机制，探索依法保障农户宅基地用益物权的有效形式。盘活利用农村现有宅基地，保障农民宅基地用益物权，逐步推行宅基地使用权的有偿使用和流转制度，依法保障农民宅基地依法取得、使用和收益的权利。

（二）案例分析

案例：保定市（易县、涞水县）股份合作经营扶贫开发模式

易县探索建立"1+6"（合作组织+六大服务）股份合作经营扶贫开发模式增加土地直接收益。贫困户以土地、人工入股，由合作经济组织为所有股东提供"统一建棚、统一制棒、统一管理、统一服务、统一收购、统一销售"的"一条龙"服务，同时引进现代化生产设施，长期聘请专家教授进行技术

指导。2012 年初至 2013 年 9 月，不足两年时间，紫荆关地区食用菌产业种植规模达到 1500 万棒，年收益近 2 亿元，贫困农户由打工者变成股东，增收效益明显。

涞水是国家级贫困县，借助邻近国家 5A 级景区野三坡的优势条件，大力发展农家乐，通过成立旅游扶贫股份合作社，引导贫困农户以土地、山场和闲置农宅等资产入股，获得收益。一是入股贫困农户获得入股资产资本红利（野三坡景区门票总收入的 3%）；二是获得合作社收益分红；三是入股贫困户在合作社务工，获得工资性收入。

九、以定点扶贫和对口帮扶为重点，在动员社会各界参与扶贫开发上实现突破

（一）实践探索

定点扶贫、对口帮扶工作是中国特色扶贫开发工作的重要组成部分，是加大对贫困地区发展扶持力度的重要举措，也是定点扶贫单位贴近基层、了解民情、培养干部、转变作风、密切党群干群关系的重要途径。从 1986 年至今，定点帮扶工作已历时 30 年。目前 30 家中央和国家相关单位定点帮扶河北省 39 个国家级重点贫困县（区），实现了河北省重点扶贫县定点帮扶全覆盖。在中央和国家机关等单位的带动下，省市县三级定点扶贫工作也开展得卓有成效。

"四帮一"扶贫工程。"四帮一"扶贫工程是《河北省农村扶贫开发规划（2001~2010）》第二阶段帮扶工作的一个创造性举措，通过集中省直党政机关、大专院校、大型企业和经济强县四方面的力量，重点帮扶 52 个重点县中的 500 个重点村。"四帮一"扶贫工程共两期，历时 5 年，各帮扶单位累计投入重点村各类帮扶资金 8 亿多元，实施各类扶贫项目近万个。

"春雨行动"。2014 年 8 月，为深入贯彻落实习近平总书记在阜平看望慰问困难群众时的重要讲话精神和对河北省做好扶贫开发工作的重要指示精神，进一步加大扶贫帮困工作力度，河北省启动扶贫帮困"春雨行动"，通过鼓励

和引导各级组织、国有和民营企业、志愿者三方面力量与帮扶对象结成帮扶对子，实行台账式管理，直接帮扶到户。自 2014 年启动"春雨行动"以来，为首批 20 万户困难家庭共筹集善款约 29867.91 万元，为贫困家庭办好事实事 40 多万件。

（二）案例分析

丰宁县的定点帮扶脱贫模式。农业部规划设计研究院坚持农业科技扶贫，定点帮扶贫困地区发展。规划院以农业工程技术为支撑，帮扶国家级贫困县——河北省丰宁县发展现代农业、丰富农村文化，提升农民科技文化水平，实现了贫困地区农业发展、农村经济繁荣和农民增收致富。一是帮扶现代农业发展，带动农民增收致富。立足丰宁县的农业资源环境条件，建立太阳能干燥果蔬技术装备示范基地，投资 1000 多万元引进全套太阳能干燥果蔬设备，提供太阳能干燥果蔬技术示范工程服务，助推果蔬产业增值增效。二是帮扶农村文化建设，提升农民科技文化水平。建立"农业科技扶贫基地"、"农民教育扶贫基地"和"农业科技专家大院"，定期邀请农业科技专家进村入户，指导农业生产、培训村干部和职业农民。三是积极协调多方力量，合力推进扶贫攻坚。规划院还积极协调、多方联络，充分发挥社会力量，不断形成扶贫攻坚的合力。联合农业部书画协会，组织科技工作者和书画爱好者，捐赠农业科技书籍及书法绘画作品。联合山东时风集团，为波西村、胡里沟村捐赠了 2 辆新型多功能农用车。

十、以"对症下药、靶向治疗"为准则，在精准扶贫、精准脱贫上实现突破

（一）实践探索

精准扶贫的基础是精准识别贫困人口，只有扶贫对象清楚了，才能因户施策、因人施策。河北省按照国家统一的扶贫对象识别办法，开展了建档立卡工作，同时建立动态管理机制。在精准施策方面，河北省加快推进扶贫资源、扶贫措施与建档立卡贫困人口相联系，要求民政、教育、卫计委、团委、

妇联、残联以及金融等部门在出台普惠政策的同时，配套出台一些专门针对贫困群众的特惠政策。

（二）案例分析

案例一：大名县"多元一体"精准扶贫模式

大名县通过调查问卷、调查表册和座谈交流等方式，查实每户家庭成员、收入构成、负担支出、成员就业等情况，摸清了全县 4.15 万户、12.73 万贫困人口的基本情况。该县从因病、因学、因灾、缺劳动力、缺发展资金、缺技术等方面，对全县贫困人口的致贫原因进行了分析，并将贫困人口划分为扶贫户、扶贫低保户、低保户、五保户四种类型，对各类贫困户的贫困程度、致贫原因、发展意愿、帮扶措施、脱贫时限等登记造册，建卡立档，分类施策。全县 3.16 万名无劳动能力的贫困人口直接纳入低保，实行底线保障。9.57 万名有劳动能力的贫困人口，以现有特色种植、养殖园区为载体，引导贫困对象发展特色种养业，促进 2.2 万个贫困户通过发展特色产业实现增收致富；加大财政补贴、贷款担保、争取订单、代找销路等扶持力度，促进 1.05 万个贫困户通过家庭手工业实现"造血"脱贫；通过实用技术培训，促进 3 万个贫困对象转移到务工群体之中。

案例二：张家口市"五清+六有"精准扶贫模式

张家口全力推进精准扶贫，切实解决扶持谁、怎么扶、扶什么等"最后一公里"问题。该市以贫困村为基本单位，设立村级信息监测管理系统，逐户建立贫困户收支台账，常年记录，每年底在村内公示，接受监督。各县建立贫困户信息监测管理专门机构，动态监测贫困村扶贫项目实施、扶贫任务完成、收入增长以及脱贫目标实现等情况，实现"五清"，做到"六有"，即底数清、问题清、对策清、责任清、任务清；有村情档案，有问题台账，有需求清单，有村级规划，有领导联系、单位帮扶、干部驻村工作台账，有增收计划和脱贫时限，真正把贫困对象摸清找准。全市 1723 个重点村和 1991 个非重点村，94.76 万贫困人口全部实现建档立卡，精准掌握了扶贫动态。该市以提升 40 条扶贫产业带为重点，积极探索特色农业扶贫、移民搬迁扶贫、家庭手工业扶贫、就业扶贫等模式，积极推进赤城县光伏试点、蔚县等 7 个县的旅游扶贫试点、康保县电商扶贫试点和万全县、怀安县金融扶贫试点。各扶贫开发工作重点县通过建设现代农业示范园区，发展家庭手工业示范村，培育股份合作制典型，贫困重点村与龙头企业实现产业联结等方法，实现了扶贫项目精准安排。整合各类专项扶贫资金、相关涉农资金和社会帮扶资金，大力实施"金融扶贫富民工程"，建立融资担保、风险补偿、小额信贷等机制，引导金融部门为贫困户量身设计金融产品和服务，精准破解贫困地区资金"瓶颈"问题。

第四节　河北省扶贫开发经验总结及理论启示

一、河北省扶贫开发经验总结

（一）"输血"与"造血"相结合相互生，全面增强贫困人口的自我发展能力

坚持外部帮扶与自力更生相结合、治标与治本相结合、当前与长远相结合，在投入一定扶贫要素改善贫困地区和人口生产生活条件的同时，通过发展生产、提升科教水平等全面增强贫困人口脱贫致富能力，彻底摆脱"贫困陷阱"，让贫困人口逐步走上自我完善、良性循环的发展道路。

近年来，河北省在加大贫困地区基础设施、公共服务投入，开展援助式帮扶的同时，坚持产业扶贫、项目到户，切实增强贫困人口脱贫致富的能力。2011~2014年，全省贫困县直接扶持65.2万贫困户发展了增收示范项目，贫困地区初步形成了县有龙头企业、乡有特色产业、村有合作组织、户有增收项目的扶贫开发新格局。

（二）区域发展与扶贫攻坚"双向驱动"，着力破解连片特困地区发展瓶颈

将区域发展与扶贫开发有机结合起来，按照"区域发展带动扶贫攻坚、扶贫攻坚促进区域发展"的总体思路，整合各类资源，着力破解突出矛盾，通过推进区域发展解决贫困的共性问题，为扶贫攻坚奠定坚实基础；通过扶贫攻坚有针对性地解决困难地区和困难群体的特殊难题，补足短板，更好地促进区域经济社会发展。

河北省贫困人口呈现区域集中特征，62个扶贫开发重点县分布在国家确定的燕山—太行山片集中连片特困地区、省确定的黑龙港流域集中连片特困地区和环首都扶贫攻坚示范区三大片区，贫困问题与发展问题相互交织、互为条件。近年来，河北省把燕太片区、黑龙港流域和环首都扶贫攻坚示范区作为扶贫开发主战场，积极协调省直有关部门和重点县组织实施片区区域发展与扶贫攻坚规划，落实支持政策和工作责任，培育增收产业，加强基础设施和公益项目建设，贫困地区经济社会发展水平明显提高。

（三）扶贫攻坚与民生事业建设相统筹，加快提升贫困地区公共服务水平

把民生改善作为扶贫攻坚的根本出发点和落脚点，既要加大就业、教育、医疗、社保等支持力度，大幅提升贫困地区公共服务的覆盖面和供给水平，又要针对特殊困难群体实施社会保障政策兜底，确保贫困地区人口享有与其他地区基本均等的公共服务。

2015年底，河北省委、省政府出台《关于打赢脱贫攻坚战的决定》，明确实施多项含金量高、操作性强的扶贫民生政策：通过社会保障兜底解决150万丧失劳动能力的贫困人口的脱贫问题，农村低保标准从2016年1月起提高到扶贫标准；实施医疗保险和医疗救助脱贫行动，保障贫困人口享有基本医疗卫生服务，实施基本医疗保险、大病保险、医疗救助三重医疗保障；2016年秋季学期开始，在省内公办普通高中、中职学校、普通高校（不含独立学院）就读的建档立卡贫困家庭学生，免学费、免住宿费、免教科书费，享受国家助学金等政策。

（四）产业发展与生态保护协调推进，确保实现贫困地区的绿色发展

从贫困地区特殊生态地位出发，以生态建设和环境保护为基本前提，大力实施生态扶贫，发展生态经济，积极发展特色种植、养殖和农产品加工业，支持发展生态旅游和乡村旅游，推动第一、第二、第三产业融合，发展第六产业，切实增加贫困人口收入，实现"生产发展、生活富裕、生态良好"的有机统一，将绿水青山变成群众脱贫致富的金山银山。

河北省加大贫困地区生态保护修复力度，绿化造林、水生态治理、重点生态功能区转移支付等重大生态工程向贫困地区倾斜，确保了区域生态安全。与此同时，全省科学、合理、有序开发贫困地区特色优势资源，形成了太行山区优质干鲜果品产业带、黑龙港地区"富民大菜篮"、燕山地区食用菌产业集群、坝上地区错季蔬菜等一批特色扶贫片区，旅游扶贫、光伏扶贫、电商扶贫等新领域、新业态扶贫蓬勃发展。

（五）扶贫与扶智相结合，努力阻断贫困代际传递

在扶贫攻坚、脱贫攻坚过程中，治贫先治愚，扶贫先扶智，更加重视人力资源开发和人口素质提高，通过加大教育投入和强化扶贫培训，不断提高贫困人口的基本素质和劳动技能，实现致富本领"拔穷根"，阻断贫困的"代际传递"，增强贫困人口和贫困家庭的自我发展和持续脱贫能力。

河北省在贯彻国家扶贫政策的过程中，认真组织实施"雨露计划"、"阳光工程"，通过加强职业教育培训、帮助贫困地区改善办学条件、加大教育经费向贫困地区倾斜力度，3 年直接补助贫困家庭"两后生"2.3 万人，帮助3.1 万人创业发展，有效提升了贫困人口的就业创业能力和对扶贫政策的接受转化能力，持续脱贫能力不断增强。

（六）因地制宜、分类施策与精准扶贫相统一，切实提高扶贫开发综合效率

在扶贫开发工作中，坚持因地制宜、科学规划、分类指导、因势利导的总体思路，围绕精准扶贫、精准脱贫，实施"五个一批"，做到扶持对象精准、项目安排精准、资金使用精准、措施到户精准、因村派人精准、脱贫成效精准，力求在精准施策上出实招、在精准推进上下实功、在精准落地上见实效。

河北在扶贫开发过程中，扶真贫、真扶贫，探索出了一条"目标到年度、规划到乡村、扶持到项目、受益到农户、责任到人头"的精准扶贫新路子，逐村安排了驻村工作队，逐户落实了帮扶责任人，保证不让一个贫困群众在小康路上掉队。

（七）发挥政府作用与动员全社会力量相同步，积极构建全社会大扶贫开发格局

发挥社会主义集中力量办大事的政治优势和制度优势，加强和改善党的领导，建立起以国家政策支持为支撑、贫困地区干部群众积极参与为主导、社会各界帮扶为依托的大扶贫开发格局，利用政府、市场、社会多方面力量，充分调动各方面积极因素，集中推动人才、资金、技术等要素向贫困地区流动，齐心协力打赢扶贫脱贫攻坚战。

河北省在扶贫开发过程中，实行党政"一把手"负总责的扶贫开发工作责任制，发挥省扶贫开发领导小组的统筹协调作用，完善干部联系点制度，建立民营企业帮扶贫困县、京津对口帮扶、三甲医院帮扶贫困县等机制，引导社会力量参与扶贫开发，广泛动员党政机关、企事业单位、民营企业、扶贫志愿者等各方面力量扶贫帮困，形成了扶贫攻坚强大合力。

（八）改革创新扶贫机制与模式，不断完善扶贫攻坚基本路径

积极总结经验，深化扶贫开发客观认识，根据扶贫攻坚的不同阶段、面临的不同任务与问题、经济发展环境与生产方式的具体变化，不断创新扶贫开发的体制机制、方式方法，利用新机制、新业态、新政策去增强扶贫效果，解决新涌现出来的问题，与时俱进，不断开创扶贫脱贫的新局面。

河北省不断创新扶贫手段、模式和机制，逐步形成了特色产业扶贫、金融扶贫、电商扶贫、光伏扶贫、旅游扶贫、科教扶贫、易地搬迁扶贫、社会扶贫八大工程，探索完善了特色农业扶贫、文化扶贫、旅游扶贫、移民搬迁扶贫、家庭手工业扶贫、新能源扶贫、就业扶贫、科教扶贫、基础设施扶贫、社会扶贫十种扶贫新模式，构建、推广了股份合作、"互联网+扶贫"、金融扶贫、财政资金放大、土地整理、产权交易抵押、对口帮扶、整村扶贫、生态扶贫、考核奖惩十项扶贫新机制，以改革破解难题，提高了扶贫成效。

二、河北省扶贫开发的理论启示

(一) 中国特色社会主义扶贫道路是对传统反贫困理论的最大突破

与凯恩斯主义、发展经济学和福利经济学反贫困理论强调某方面扶贫的
策略不同，我国采取的是一种综合性扶贫战略。在中国特色社会主义理论指
导下，河北省结合自身特点，积极探索扶贫开发的理论和实践内涵。这一扶
贫战略的主要特点是，贫困地区在政府主导、服务和全社会的支援下，依靠
自身力量，以经济开发为基础，人力资源开发为核心，走区域开发与精准扶
贫相结合、"输血"扶贫与"造血"扶贫相结合、经济扶贫与智力扶贫相结
合、普惠政策与特惠政策相结合的综合性、立体式扶贫开发道路。这一扶贫
战略既不同于其他工业化国家的反贫困战略，也有别于其他发展中国家在 20
世纪 60 年代以后实施的反贫困战略。中国特色社会主义扶贫开发战略的实
施，使我国农村贫困人口的比例从 1990 年的 60%以上下降到 2014 年的
4.2%，对全球减贫工作的贡献率超过 70%，成为世界上最早实现联合国千年
发展目标中减贫要求的发展中国家。从河北省情况看，经过近年来的努力探
索，河北省贫困地区快速崛起，贫困人口大幅减少，贫困地区的落后面貌明
显改善。能够做到这一点，关键在于中国共产党坚强有力的领导，政府可以
调动全社会一切资源要素，让扶贫攻坚任务无条件落实，相关政策迅速贯彻，
走出一条符合中国国情、切实让贫困百姓受益的中国特色扶贫开发道路。与
之形成对比，国外面对扶贫这样具有较强综合性的领域，要么关注不够，要
么难以形成合力，也就难以取得很好的扶贫成效。

(二) 坚持问题导向、因时因地分类施策的扶贫战略是对反贫困理论的重要贡献

传统贫困理论认为，贫困原因的多样性、贫困类型的多样性是导致全球
贫困问题难以解决的重要原因。从改革开放初期的普遍性贫困、制度性贫困
到世纪交汇时期的区域性贫困、结构性贫困再到目前的发展性贫困，我国基
本经历和涵盖了世界贫困理论所有的贫困类型。河北省能够取得巨大的反贫

困成就，与坚持问题导向、因时因地分类施策的反贫困战略密不可分。从改革开放至今，河北省根据不同时期、不同贫困状况、不同贫困人口特点，先后采取了改革释放活力推动扶贫、大规模区域开发扶贫、重点片区扶贫、精准扶贫等不同的扶贫战略。在扶贫初期把扶贫的基本目标和中心任务放在主要解决农村贫困人口的温饱问题上，随着农村贫困人口温饱问题基本得到解决，把扶贫的目标和首要任务确定为尽快稳定解决扶贫对象温饱问题并实现脱贫致富，缩小发展差距，再到新时期通过精准扶贫，着力解决发展性贫困问题，确保每个贫困人口实现脱贫。可以说，河北省扶贫战略始终是从最紧迫的问题入手，量力而行，分类、分阶段推进，以确保扶贫取得实效，这是符合脱贫实践客观规律的。这种坚持问题导向、因时因地分类施策的扶贫战略是对世界反贫困理论的重要贡献。

（三）以人为本、多样化的扶贫举措是对反贫困理论的极大丰富

传统贫困理论如"恶性循环贫困理论"、"循环积累因果理论"、"低水平均衡陷阱"等都仅考虑到物的客观制约，基本没有考虑人的主观能动性，因而其提出的反贫困对策的实践性、操作性不强，效果也不佳。河北省扶贫的一大特色是，以人为本，充分发挥群众的积极性。政府始终提倡不等不靠，动员群众在接受政府扶持的同时，积极依靠自己的力量来改变贫穷落后的面貌，依靠教育切断贫困的代际传递。同时，河北省在扶贫开发过程中，既强调战略目标一致性和制度严密性，也发挥政府、企业、社会、贫困人口等各方面的积极性、主动性、创造性，鼓励各地因地制宜，涌现出特色产业扶贫、旅游开发扶贫、基础设施扶贫、教育扶贫、异地安置扶贫、家庭手工业扶贫、转移就业扶贫、股份合作扶贫、农村电商扶贫等诸多扶贫模式，丰富了世界反贫困理论。

（四）政府主导与市场参与相结合的扶贫机制拓展了反贫困理论的外延

在传统反贫困理论中，对政府与市场在反贫困中如何协同的研究阐释较少。河北省扶贫攻坚中充分发挥了政府主导与市场机制两者的优势。政府层面，发挥集中力量办大事的政治优势，制定党政"一把手"负总责的扶贫开发工作领导责任制，形成省负总责，市（地）县、乡抓落实的扶贫管理体制，制定严格的扶贫考核督察问责制度，做到扶贫精准到村、精准到户。市场层面，大力提倡贫困地区发展要靠内生动力，提出一个地方必须有产业，有劳动力，内外结合促进发展，使扶贫工作从"输血式扶贫"走向"造血式扶贫"。同时，广泛动员和凝聚社会力量参与扶贫，鼓励民营企业、社会组织和公民个人以多种形式参与扶贫开发，实现了从政府单打独斗到全社会兵团作战、从救济式扶贫到产业化扶贫的转变，强化了贫困地区发展的内生动力，拓展了反贫困理论外延。

（五）精准扶贫与区域开发相结合进一步丰富了反贫困理论新的时代内涵

"瞄不准"理论在世界反贫困理论中有着较大影响，这里既包括扶贫对象瞄不准，也包括扶贫对策、举措瞄不准的问题，极大影响到扶贫效率的提高。新时期，在我国区域开发的"涓滴效应"使贫困人口数量大幅下降的背景下，针对不同贫困区域环境、不同贫困户的状况，河北省实施了精准扶贫、精准脱贫，运用科学有效的程序做到扶持对象精准、项目安排精准、资金使用精准、措施到户精准、因村派人精准、脱贫成效精准，确保各项政策好处落到扶贫对象，保障和提升了扶贫效率。可以说，精准扶贫战略的实施，赋予世界反贫困理论新的时代内涵。

第五节　坚决打赢脱贫攻坚战的思路与对策

一、当前河北省扶贫开发面临的主要问题

产业脱贫带动能力有待加强。贫困地区结合自身优势发展特色产业已有一定规模和基础，但总体上还处于起步阶段，尚未形成特色竞争优势，存在产业龙头规模小、技术水平低、产业链条短等问题，应对自然灾害、规避市场风险的能力较差，农产品生产加工仍以基础产品为主，市场营销方式仍然

较为传统落后，对于贫困人口增收致富带动作用不显著。

脱贫主观能动性发挥不足。部分贫困群众积极参与脱贫的主动性还有待提高，等、靠、要思想依然存在。部分干部群众的思想观念、精神状态与完成新时期脱贫攻坚任务不相适应。一些地方还没有完全做到因地制宜、分类指导，在发挥自身优势、发展富民产业上缺少有效的思路和方法。

资金要素投入扶贫还需增强。扶贫资金投入不足，使用效率有待提高。金融支持扶贫的潜力尚未充分发挥，亟待创新金融产品，提升服务能力。财政资金的引导和杠杆作用发挥不足，利用市场化手段撬动、吸引更多社会资本和社会帮扶资金参与扶贫方面做得还不够。贫困地区民间资本不活跃，融资平台不健全，担保体系不完善，资金筹措渠道窄、空间小、成本高。

精准扶贫脱贫机制不健全。精准扶贫精准脱贫没有完全做到因人施策、因户施策。资金融合、干部选配、责任分工等机制需要进行创新和完善。专项扶贫、行业扶贫、社会扶贫等各自思路责任清晰、任务目标明确，但沟通衔接、力量配合、信息联通、工作引导等还存在薄弱环节，脱贫攻坚合力尚未完全形成。

二、新阶段河北省扶贫开发工作的总体要求

（一）指导思想与目标任务

河北省脱贫攻坚的目标概括为"两步走"、"三确保"、"四提升"。"两步走"就是力争到 2018 年基本解决全省面上的脱贫问题；再用两年时间，即到 2020 年底前，集中力量解决剩余的少数贫困人口稳定脱贫问题，巩固提高全省脱贫攻坚成果。"三确保"就是到 2020 年，确保现行标准下农村贫困人口实现脱贫，确保贫困村全部出列并基本达到美丽乡村建设标准，确保贫困县全部摘帽。"四提升"，就是贫困县的贫困人口生活水平明显提升，稳定实现不愁吃、不愁穿，贫困地区农民人均可支配收入增长幅度高于全省平均水平；综合经济实力明显提升，人均公共财政收入增长幅度高于全省平均水平；基本公共服务水平明显提升，主要领域指标接近全省平均水平，义务教育、基

本医疗和住房安全有保障，基础设施条件显著改善；生态环境建设水平明显提升，水和大气污染治理取得显著成效，森林覆盖率高于全省平均水平。

（二）扶贫工作的基本要求

一是精准发力，做到"六个精准"：扶持对象精准，项目安排精准，资金使用精准，措施到户精准，因村派人精准，脱贫成效精准。二是守好底线：守住经济社会发展和生态环境保护两条底线，让贫困群众从发展和生态建设与修复中得到更多实惠。三是综合施策：实施扶持生产和就业、易地搬迁、生态补偿、发展教育和社保政策兜底"五个一批"，绝不让一个贫困人口掉队。四是分类指导：坚持从实际出发，因地制宜做好扶贫开发工作，使贫困地区的发展扎实地建立在充分发挥自身优势的基础之上。五是统筹推进：统筹推进城乡发展、经济与社会事业发展，着力解决好不平衡不协调的问题，让贫困群众有更多获得感。六是内外结合：处理好"输血"与"造血"的关系，引导贫困地区广大干部群众解放思想、坚定信心，自力更生、艰苦奋斗，靠自己的勤劳和智慧建设美好家园。

（三）扶贫开发重点领域攻坚

着力打好六大硬仗：打好特色产业发展硬仗，建立脱贫产业体系，拓宽产业发展路子，创新产业发展方式，做大做强劳务经济；打好基础设施建设硬仗，突出抓好路、水、电、网等基础建设；打好美丽乡村建设硬仗，按照环境美、产业美、精神美、生态美的要求，坚持实事求是，搞好专项行动，促进贫困村建设和发展全面提升；打好公共服务保障硬仗，把教育扶贫作为阻断贫困代际传递的治本之策，把医疗扶贫作为防止因病致贫返贫的关键之举，把社保扶贫作为帮助贫困群众兜底的有效防线；打好生态环境建设硬仗，加强生态功能区建设，大力实施生态移民扶贫工程，大力开展生态修复保护；打好综合配套改革硬仗，坚持问题导向，以改革为动力，以构建科学的体制机制为突破口，充分调动各方面积极因素。

三、创新河北省扶贫开发工作的对策建议

（一）因地制宜，分类施策，推进精准扶贫、精准脱贫

依托国家扶贫开发建档立卡系统，建设精准扶贫大数据库。按照"五看、五不录、六优先"的要求，定期对建档立卡贫困村、贫困户进行全面核查，精准识别，有进有出，动态管理，一年一调整，及时更新数据信息。建立精准扶贫大数据管理平台，利用大数据和移动互联网技术，实现省、市、县、乡、村五级纵向互通，扶贫与有关部门横向互联，以信息精准、数据精准推动精准扶贫、精准脱贫。加强农村贫困监测调查与数据统计分析，因户施策，对症下药，力求精准帮扶。

（二）加大扶贫资金支持

发挥政府投入在扶贫开发中的主体和主导作用，积极开辟扶贫开发新的资金渠道，确保政府扶贫投入力度与脱贫攻坚任务相适应。加大对贫困地区转移支付力度，一般性转移支付资金、各类涉及民生的专项转移支付资金和预算内投资进一步向贫困地区和贫困人口倾斜。对国家和省在贫困地区安排的公益性建设项目，取消县级配套资金，加大省级财政投资比重。建立健全脱贫攻坚多规划衔接、多部门协调长效机制，按照权责一致的原则，对农业、林业、水利、国土资源、交通运输、电力、教育、扶贫、医疗、农业开发等方面的涉农资金，除国家和省有政策要求的外，统一切块到贫困县，由贫困县自主确定脱贫项目，实行资金捆绑集中使用。围绕解决贫困地区金融服务成本高、风险大以及融资难、融资贵等问题，采取综合措施，鼓励和引导各类金融机构加大对扶贫开发的金融支持，下大力气扩大贫困户贷款覆盖率。支农再贷款向扶贫开发倾斜，落实扶贫再贷款，实行比支农再贷款更优惠的利率，重点支持贫困地区特色产业发展和贫困人口就业创业。

（三）完善扶贫体制机制

落实京津冀协同发展规划纲要，加快启动京津两市的县（区）对口帮扶河北省贫困县，建立工作机制，编制专项规划，提高帮扶成效。完善对口帮

扶机制，加强与定点帮扶河北省的中央、国家机关和有关单位务实对接，健全联络协调机制。切实加强机关、企事业单位定点扶贫工作，加大省内定点帮扶力度，坚持发挥单位、行业优势与立足贫困地区实际相结合，主要领导直接抓，多方筹措资源，选派优秀干部，进一步提高定点扶贫的精准度和有效性。完善社会参与机制，组织省市县乡各级干部帮扶贫困户，实现"一帮一"全覆盖。开展"千企帮千村"精准扶贫行动，吸纳农村贫困人口就业的企业按规定享受税收优惠、职业培训补贴等就业支持政策。鼓励有条件的企业设立扶贫公益基金、开展扶贫公益信托。积极引导社会组织扶贫，广泛动员公民个人扶贫，深入实施扶贫志愿者行动计划和社会工作专业人才服务贫困地区计划，动员驻冀部队、武警部队参与扶贫。发挥好扶贫日社会动员作用。建立社会扶贫网络信息平台，动员社会公众以结对帮扶、定向捐助等形式参与精准扶贫。

税收政策。结合国家税收政策，片区内企业从事国家重点扶持的公共基础设施项目投资经营所得，以及符合条件的环境保护、节能节水项目所得，依法享受企业所得税"三免三减半"政策。片区内属于国家鼓励发展的内外资投资项目，进口企业自用设备，以及按照合同随设备进口的技术和配件、备件等，在政策规定范围内免征关税。企业发生的扶贫等公益性捐款支出，符合条件的准予在规定限额内税前扣除。积极争取国家逐步提高风电税收地方留成比例。

投资政策。国家和省大型项目、重点工程和新兴产业要优先向符合条件的片区县安排，提高片区重点项目投资补助标准或资本金注入比例，适当提高农村小型基础设施建设补助标准。国家和省各专项资金要向集中连片特困地区倾斜。积极争取北网片区县农业排灌用电电价参照南网优惠价格执行。

产业政策。实行差别化的产业扶持政策，重点支持旅游业、特色农业、民族文化产业和生态环保型产业发展。

土地政策。科学编制土地利用总体规划，统筹安排片区耕地保护、城乡建设、基础设施建设、产业发展和生态建设等各业用地规模、结构、布局和时序。支持片区合理有序地开发利用矿产资源。

生态与资源补偿政策。建立健全生态补偿政策，完善生态环境资源价值核算体系，科学确定生态补偿标准，扩大补偿规模，提高补偿标准，加大重点生态功能区的生态补偿力度，提高示范区保护生态环境的积极性。

（四）全面提升贫困地区的自我发展能力

一是大力发展贫困地区县域经济。"十三五"期间，建议国家和省大型项目、重点工程、新兴产业在符合条件的前提下，优先向贫困地区安排；发达地区劳动密集型产业转移，优先向贫困地区引导；建设用地指标，要优先满足贫困地区小城镇产业聚集区建设用地需要。省、市两级要帮助贫困县谋划实施立县强县产业，研究制定支持贫困地区县域经济发展的意见，培育发展支柱产业，壮大县级财力。二是大力发展贫困村集体经济。立足贫困村实际，找准发展壮大贫困村集体经济的着力点，多渠道壮大贫困村集体收入，提高贫困村自我发展能力。三是强化干部群众参与。坚持"扶贫先扶志"，持续开展贫困地区各级干部特别是党政主要负责同志的教育培训，开展贫困村创业致富带头人培训，激发广大干部群众自我脱贫、自我参与意识，发挥主体作用。

（五）着力推进扶贫模式创新

大力推广特色农业扶贫、文化扶贫、旅游扶贫、移民搬迁扶贫、家庭手工业扶贫、光伏扶贫、就业扶贫、科教扶贫、基础设施扶贫和社会扶贫等多种模式，为全面脱贫开辟新路。大力实施首都"后花园"、山区综合开发、坝上生态涵养、黑龙港"大菜篮"、京津冀劳务协作对接、龙头企业带动、新业态扶贫、教育扶贫和"互联网+扶贫"九大增收工程，大幅度提高贫困地区农民收入。发挥贫困地区的资源和政策优势，引入知名企业和工商资本，运用市场思维和市场机制推进扶贫开发，搞好市场主体和贫困农户的利益联结。

（六）全面强化扶贫责任落实

完善驻村帮扶机制，全省建档立卡贫困村每村选派驻村工作队和第一书记，工作队长和第一书记重点从优秀年轻干部、后备干部中选派。第一书记可兼任工作队长，对驻村工作队和第一书记严格管理、严格考核。第一书记任期不少于两年，不脱贫不脱钩，早脱贫早脱钩。严格落实帮扶单位责任，强化组织协调和工作保障。省、市、县财政按照分级承担、分级负责的原则，安排必要的工作经费。建立与脱贫攻坚工作要求相适应的扶贫开发机构和队伍。扶贫任务重的市和62个贫困县要有负责扶贫工作的机构，配强班子，配足编制，完善职能，充实力量。扶贫任务重的乡（镇）要有专门人员负责。大力抓好乡镇党委书记、村党支部书记和农村致富带头人"三支队伍"的建设，精准选好配强乡村两级党组织书记。深化"一定三有"机制，提高农村基层干部待遇。对表现优秀、成效突出的乡村干部、第一书记和驻村工作队实行年度专项奖励。依托省、市、县三级党校，加大贫困地区县、乡、村三级干部和扶贫干部培训力度，全面提升扶贫干部队伍能力水平。

第七章
河北省深入推进农村重点改革
问题研究

　　农村改革是我国启动改革开放的起点，也是当前全面深化改革的重要组成部分。中共十八大以来，习近平总书记对"三农"问题发表了一系列重要讲话。2012年底习近平总书记在河北调研时，强调要扎实抓好农村扶贫工作、全面推进农村小康建设；2013年7月在湖北调研时，对深化农村改革、完善农村基本经营制度做了深刻阐述；11月在山东调研时，提出了"三个导向"，强调要保障粮食安全、推进农业科技进步、深化农村改革。在中共十八届三中全会上，习近平总书记深入阐述了健全城乡发展一体化体制机制问题；在中央经济工作会议上，突出了"食为政首"的战略布局，对农业农村重点工作做出部署；在中央城镇化工作会议上，对处理好城镇化和农业现代化、新农村建设的关系提出了明确要求和基本原则；特别是在中央农村工作会议上，从保障国家粮食安全、坚持和完善农村基本经营制度、确保农产品质量与食品安全、解决"谁来种地"问题、加强农村社会管理等方面全面阐述了"三农"工作是带有全局性、战略性的重大问题。习近平总书记特别强调，中国要强，农业必须强；中国要美，农村必须美；中国要富，农民必须富。实现农业农村农民的"强、美、富"，是现代化建设的重要任务，也是新一轮农村改革的出发点和落脚点。

　　改革开放30多年来，我国农村改革大体经历了三轮：第一轮，破除人民公社体制，实行以家庭承包经营为基础、统分结合的双层经营体制，主要是改革农村经营体制，侧重处理好农民与集体的关系。第二轮，减免、取消农业税费，实行农业补贴，主要是改革农村税费制度，多予少取放活，建立农村公共服务制度，侧重处理好农民与国家的关系。第三轮，在工业化、城镇化进程中，建立健全城乡发展一体化体制机制，主要是改革城乡分割的二元体制，侧重处理好工业与农业、城市与农村的关系。中共十八届三中全会

《决定》明确指出:"必须健全体制机制,形成以工促农、以城带乡、工农互惠、城乡一体的新型工农城乡关系,让广大农民平等参与现代化进程、共同分享现代化成果。"当前,我们正在着力推进第三轮改革。

河北是农业大省,也是国家重要的粮食主产省之一,辖县数量居全国第二位,"三农"工作历来是全省经济社会发展的重中之重。尤其是 2014 年以来,习近平总书记倡导的京津冀协同发展上升为重大国家战略,《京津冀协同发展规划纲要》进一步明确了河北省建设"全国新型城镇化与城乡统筹示范区"的发展定位,提出了多项战略任务,为今后一段时期全省深化农村改革提出了新的更高要求。

第一节　河北省农村重点改革进展情况

"十二五"期间,全省深入贯彻中央和国家重要战略部署,尤其是全面落实中共十八届三中全会关于"健全城乡发展一体化体制机制"的有关要求,积极谋划、明确重点、细化责任、扎实推进,农村重点改革取得了明显成效。

一、农村土地改革稳步推进

农村土地经营权流转方面。2014 年,全省农村土地经营权流转保持较快增长,土地流转面积为 1783.82 万亩,占家庭承包耕地总面积的 21.4%,比 2013 年底增长了 2.9 个百分点。在全国率先建成了省级流转管理与服务网络平台,全省 11 个市、67 个县、620 多个乡镇、20000 多个村和独立核算村民小组已正式入网,推动了农村土地流转信息共享、动态监控和便捷服务。省政府办公厅印发了《关于加快农村土地经营权流转促进农业适度规模经营的意见》(冀政办〔2014〕6 号),石家庄、邯郸、衡水等地出台了市级流转意见。

农村土地确权颁证方面。自 2011 年河北省启动农村土地承包经营权确权登记颁证试点以来，全省共在 836 个乡镇 5040 个村开展了试点，涉及土地面积 989.68 万亩，占全省耕地总面积的 10.06%。根据省委、省政府最新安排部署，2015 年底前全省 50% 的耕地要完成农村土地承包经营权登记颁证工作。与此同时，全省农村集体土地所有权、农村集体建设用地使用权、宅基地使用权确权登记颁证工作加快推进，截至 2014 年底，全省集体土地所有权确权登记发证工作共确权登记发证 16524321.58 公顷、156304 宗、发证率为 96.74%；农村宅基地使用权确权登记发证 710175.74 公顷、14521997 宗、发证率实现 75.61%；集体建设用地确权登记发证 185322.10 公顷、331244 宗、发证率 63.36%。

集体经营性建设用地入市方面。2008 年 8 月 25 日，省政府制定了《河北省集体建设用地使用权流转管理办法（试行）》（河北省人民政府令〔2008〕第 11 号），对集体建设用地使用权流转的范围、条件、方式、程序、期限、价格、收益分配等进行了全面规范。2015 年，定州市作为全国 33 个县级农村土地改革试点区域之一，试点农村土地征收制度改革。

二、农村产权流转交易中心建设试点探索有序推进

由于农村产权类别较多，现阶段的流转交易品种主要包括：农户承包土地经营权、林权、"四荒"使用权、农村集体经营性资产（不含土地）、农业生产设施设备、小型水利设施使用权、农业类知识产权、农村生物资产、农村建设项目招标、产业项目招商和转让等。

2014 年以来，河北省借助神州数码的信息平台和数字技术方面的优势，以张北、抚宁、玉田、枣强、平乡、邱县 6 个县为试点，围绕农村产权流转交易中心建设进行了探索。2015 年 7 月，河北省首批农村产权流转交易中心揭牌仪式在秦皇岛市抚宁县举行，首批农村产权流转交易中心挂牌成立，6 个农村产权交易平台实现了统一交易环节、统一交易规则、统一平台建设标准、统一信息发布、统一收费、统一交易签证、统一软件管理的"七统一"。

截至 2015 年上半年，平乡县农村产权交易中心已发布各种信息 300 多

条，受理农村土地承包经营权产权交易项目 25 宗，挂牌 15 宗，涉及土地 20973 亩；完成合同鉴证项目 10 宗，涉及土地 4500 亩；农村土地承包经营权挂牌成功交易 18 家，涉及土地 1500 亩，价值 1300 万元。林权成功交易 1 家，涉及金额 400 万元。邱县农村产权交易中心累计发布产权挂牌出让、受让信息 1356 条，完成农村产权交易鉴证项目 880 宗，完成农村产权交易进场成交项目 73 宗、土地面积 4.1 万亩。发放农村产权抵押贷款 100 万元，促成中国邮政储蓄银行邱县支行向 46 家新型农业经营主体发放贷款 887 万元。

三、农村集体股份制改革试点范围进一步扩大

根据省委、省政府农村工作领导小组出台的《关于开展农村集体经济股份制改革试点的指导意见》，河北省在 11 个设区市的 11 个村开展了省级农村集体经济股份制改革试点，在邢台、承德等地开展了市级试点，全省先后有 100 多个村完成了改革试点，量化资产 50 亿元，累计分红 5.9 亿元。2015 年，河北省将稳步扩大试点，11 个省级试点村的改革今年将全部完成。在此基础上，每个设区市要安排一定数量的村扩大试点范围，有条件的地方每个县（市、区）安排 1 个，每个省直管县选择 1~2 个村开展试点。

四、新型农业经营体系扶持培育工作陆续开展

按照国家统一部署，河北省以农村土地家庭承包经营为基础，引导农业发展的组织形式创新，大力扶持发展家庭农场（专业大户）、农民合作社、农业龙头企业等新型农业经营主体，增强自我服务和发展能力，加快农业的市场化、现代化进程。

石家庄、衡水、保定、邢台、秦皇岛等地陆续出台了扶持家庭农场发展的意见或登记办法，强化金融支持力度，家庭农场纳入现有支农政策扶持范围。全省专项安排 30 亿元支农再贷款、20 亿元支小再贷款资金，用于金融机构加大涉农、小微企业信贷投放。争取中央财政 2014 年农民合作社示范社

转移支付项目资金 240 万元，省级扶持资金由 2000 万元增加为 2500 万元，修改完善《河北省农民合作社条例》，经河北省十二届人大常委会第十次会议审议通过，于 12 月 1 日开始施行。

截至 2014 年底，全省依法登记的农民合作社达到 81581 家，实有入社成员 546.1 万户，加入农户占全省总农户的 35.2%，覆盖到全省 94%的行政村；全省共有各类家庭农场 29344 个，经农业部门认定的有 723 个，在工商部门注册登记的 4388 个，共经营土地面积 356.8 万亩，年销售农产品总值 13.7 亿元。其中，拥有注册商标的家庭农场 299 个，通过农产品质量认证的家庭农场 79 个；国家级龙头企业达到 46 家，省级龙头企业 454 家，企业新增品牌（商标）50 个（其中驰名商标 2 个），新增上市企业（含挂牌交易）8 家。

五、农村金融改革积极推进

当前，河北省农村金融体系主要包括农业发展银行、农业银行、农村信用社、邮政储蓄银行以及村镇银行、小额贷款公司、农村资金互助社等新型农村金融机构，基本建成了政策金融，商业金融，合作金融及新型金融机构相结合的"多层次、广覆盖、可持续"的农村金融服务体系。2014 年，河北省政府出台了《河北省人民政府关于加快金融改革发展的实施意见》(冀政办〔2014〕113 号)，从发挥金融支撑作用、发展各类金融组织、加快金融创新、推动金融对外交流与合作、优化农村金融发展环境等方面，明确了农村金融改革的总体要求。

农村土地经营权抵押贷款方面，指导张北、平乡、邱县等地进一步完善以承包土地经营权预期收益为质押的经验做法，出台了《河北省农村土地经营权抵押贷款管理暂行办法》，就制约土地经营权抵押贷款的流转平台建设、确权颁证、抵押登记、评估和风险补偿等关键问题，给予政策支撑，引导鼓励金融机构全面参与，由点到面，在全省全面铺开。截至 2015 年 6 月，全省农村土地经营权抵押贷款近 4000 万元。

农业保险方面，积极鼓励各类保险机构开展特色优势农产品保险，制定出台了《关于调整河北省政策性农险条款和费率的通知》，对 14 个政策性农险险种费率和条款进行了研究调整。2014 年，全省农业保险保费收入达 17.9 亿元，全国排名第 7 位，为 1285.9 万户次农户提供 473.7 亿元风险保障，承保各类农作物 9698.5 万亩，畜禽 1009.1 万头。

六、林业改革逐步走向深入

积极巩固集体林权制度改革成果，完成明晰产权 8296 万亩，占总任务的 100%；登记发证 8232 万亩，占总任务的 99.2%。完善林权流转平台和制度，累计建立林权流转服务机构 80 个，流转林地 488 万亩。积极研究探索农村集体林地经营权、林木评估办法。研究制定了不同生产领域家庭林场认定标准，确认其市场主体资格。与人保财险河北省分公司和中华财险河北省分公司签署了《关于共同推进森林保险的合作协议》，极大地推动了全省森林保险工作，全省森林参保面积达 2308 万亩，提供风险保障金 145.9 亿元。积极引导工商企业租赁农户承包林地，因地制宜推广实施山区连片开发、公开竞标大户承包、闲散地整体无偿承包等模式。进一步加强了与北京和天津在防护林建设方面的深度合作，开展了京冀生态水源林和滦河水源保护林建设项目。

七、供销社改革取得阶段成效

2014 年 4 月 2 日，国务院正式批复河北为全国深化供销社综合改革省级试点后，供销社系统按照省政府批转的《深化供销合作社综合改革，构建农业社会化服务体系实施方案》要求，全力推进组织体系、服务体系、经营体系、金融体系、管理体制和政策支持体系"六大创新"，本着"农民生产生活需要什么服务就提供什么服务"的思路，大力拓展服务领域，创新服务手段，打造新型社会化服务体系，努力把供销社办成服务农民生产生活的生力军和综合平台，实现了良好开局，完成了阶段性任务。

八、农村其他各项改革同步推进

扶贫开发方面。全面贯彻落实国家《燕山—太行山片区区域发展与扶贫攻坚规划（2011~2020年)》，完善扶贫工作机制，制定出台了 2011~2015 年河北省实施规划。以全省 36 个山区县为重点，积极推广"政府+龙头企业+金融机构+合作社+农户"的"五位一体"合作模式，36 个山区重点县均制定了山区农业综合开发规划，阜平县国家旅游扶贫试验区建设工作按照有关部署扎实推进。

水利建设方面。一是加强小型水利工程管护。2013 年水利部确定元氏、卢龙两县为深化小型水利工程管理体制改革国家示范县，经过一年多的试点建设，试点县所有小型水利工程已明晰了所有权和使用权，落实了管护主体、责任和管护经费，创新了管护模式，制定了运行维护监管制度，小型水利工程运行正常，充分发挥了工程效益，目前已通过省级验收。此外，省水利厅还确定了 11 个省级小型水利工程改革试点县，也已基本完成改革任务。二是积极推进水务一体化。2009 年 11 月石家庄市成立水务局后，全省共有 9 个设区市、128 个县挂牌成立水务局，其中 72 个市、县水务局初步实现了对城乡供水的行政管理，承德、石家庄、衡水、邢台等市还实现了供水、节水、排水、污水处理回用一体化管理。

农业社会化服务体系方面。鼓励引导农业产业化龙头企业、合作社和其他服务组织为农民提供产前、产中、产后服务。截至 2014 年，全省共有国家级龙头企业 46 家，省级龙头企业 454 家，上市龙头企业 8 家，建设省级农产品加工示范基地 30 个，带动全省 2/3 的农户参与产业化经营。全省拥有统防统治服务组织 5772 个，其中专业化防治服务组织 2100 个。日作业能力 100亩以上的大中型药械保有量达到 7000 多台，无人植保飞机和多旋翼飞行器等 30 余架，突出以粮食为核心，统防统治在 260 万亩高产创建示范方实现全覆盖的基础上，作业面积 1180 万亩。农机合作社 1294 个，入社成员数 31024个（户)，服务功能从农机销售、培训、维修到订单、托管、流转逐一展开。

第二节　河北省深入推进农村重点改革面临的突出问题

综合来看，"十二五"期间，全省农村改革取得显著成绩的同时，也面临一些共性矛盾和问题，制约了全省农村改革的深入推进。

一、改革的顶层设计有待进一步加强

随着国家改革步入深水区和攻坚区，完善法律法规是改革稳步推进的基础和前提。但是目前，一些相关法律法规没有及时修订，一些重要领域改革的总体实施方案出台时间较长，在推进农村改革的进程中，碰到了不少障碍和制约。有的与现行法律相悖，比如，土地制度改革要求落实农村土地集体所有权、稳定农户承包权、放活土地经营权，并按"三权分离"的原则，允许承包土地的经营权向金融机构抵押融资。但现行的法律法规是行不通的，包括《担保法》中规定，禁止"耕地（宅基地、自留地、自留山）等集体所有的土地使用权抵押"；《农村土地承包法》规定"通过家庭承包取得的土地承包经营权可以依法采取承包、出租、转让或其他方式流转"，回避了经营权抵押等问题，需抓紧修改完善。有些缺少具体指导政策，例如：中共十八届三中全会提出，允许有条件的合作社开展信用合作，但具体标准和实施细则一直未出台，造成了监管空白，致使有些个人或团体假借合作社名义进行非法集资，扰乱了地方金融秩序。农业部尚未出台土地承包经营权确权登记颁证工作的实施意见，确权确股不确地的操作规程不明确，土地承包经营权登记簿、土地承包经营权证、土地承包合同式样未确定；农村集体经济股份制改造中，农村集体经济组织尚未立法，组织法人地位、注册登记无法律依据，影响工作开展。工商企业租赁农户承包耕地（林地、草原）准入和监管制度也需国家顶层设计推动开展。

二、改革支持力度有待进一步加大

农村改革实际是工业反哺农业、城市支持农村的重大举措，需要推进改革的地区具备较强的财政经济实力，但是目前，河北省面临经济下行和转型升级的巨大压力，公共财政对于改革支持力度受到限制。比如土地承包经营权确权和流转工作难度大，需要大量人力物力，省级财政尚未设立鼓励规模流转的专项扶持资金，市级也只有石家庄、唐山、邯郸等少数市以及肃宁等部分县设立了专项资金，全省县级农经机构人员不足，45%的乡镇没有专门农经机构和人员，导致一些地方推进存在很大难度。对于承担综合改革任务的试点县，财政缺乏相应的支持与保障，此外涉农资金、项目向新型经营主体倾斜政策的落实不理想，在金融、保险、用地等方面的支持尚不能满足新型经营主体发展需要。家庭农场尚未建立政府扶持体系和财政专项扶持资金。国有林场公益林事业单位属性亟待确定，在合理核定国有林场人员编制，推进国有林场水、电、路、讯等基础设施建设纳入地方预算等方面难度较大、进展较慢。

三、改革的积极性和主动性有待增强

与发达省市和先行省市相比，河北省农村改革进程总体滞后，从国家争取的试点示范政策相对较少。个别地方党委政府对农村改革工作重视程度不够，一些地方存在下边等上边，上边看下边，基层看左邻右舍的等待观望心理。河北省供销社综合改革是国务院批准的第一批试点，曲周等近30多个县的改革已经取得了初步成效，但一些试点县的党委、政府领导甚至个别供销社干部对综合改革的认识还存在一定差距，导致改革工作进展缓慢，特别是一些试点市、县至今还没有印发改革《实施方案》，工作迟迟打不开局面。农村土地承包经营权确权登记颁证和农村集体经济股份制改造工作经费没保障，有的地方不给经费就不干活，给多少经费干多少活，"等靠要"的思维没有打

破，工作进度较慢。还有一些基层干部担心影响稳定，开展改革工作积极性
不高。

第三节　国内农村改革的主要经验借鉴

近年来，国内主要先行地区通过积极争取国家级试验区和试点政策，积
极开展农村改革的先行先试，取得了一些可供借鉴的典型经验。

一、湖北省武汉市农村综合产权交易所建设经验

武汉农交所于 2009 年 4 月 30 日正式挂牌成立，是全国第二家、中部地
区第一家综合性农村产权交易机构。截至 2013 年底，共组织各类农村产权交
易 1669 宗，交易金额 99.69 亿元，涉及农村土地面积 98.16 万亩，惠及 16 万
农户。作为探索在前的武汉农交所，"武汉模式"被全国借鉴，其农村产权制
度改革的经验主要有五点。

（一）产权流转的市场培育

一是稳妥推进确权。全市农村土地承包经营权和集体林权确权率分别达
99.5%和 99.1%，养殖证确权发证率达到 95%以上。对农村集体"三资"进行
了全面清理摸底，建立了台账和监管代理制度。二是积极培育市场主体。出
台政策扶持专业大户、专业合作组织、龙头企业。创新服务项目适应市场主
体需要，开展农村土地经营权抵押贷款等新业务，为市场排忧解难，特别是
帮助小微市场主体解起步和发展之困。三是不断健全市场服务体系。以市农
交所为龙头，建立市、区、乡三级交易平台，形成全市纵横交织的产权交易
网络。各分支机构入网"交易、登记、竞价"三大信息平台，在交易业务上
实现联网对接，完成网上申报、审批、交易、鉴证和监管。

（二）十大产权的综合交易

一是开发更多交易品种契合农村发展需要。除各地已普遍开展的农村土地承包经营权、农村集体林地使用权和林木所有权、农业类知识产权、农村房屋所有权等交易品种外，增加了农村集体经济组织"四荒地"使用权、农村集体经济组织养殖水面承包经营权、农民闲置宅基地使用权、农村集体经济组织股权等，使交易品种更多、交易范围更广。二是整合更多部门资源方便农民办事需要。将过去分属规划国土、房产、水务、农业、林业、知识产权等部门的产品进行了整合，搭建了统一的交易平台，既避免了各自为政，重复投资建设，也方便了农民、农村集体经济组织、投资业主的咨询和交易。

（三）抵押融资的大胆突破

农村产权的抵押融资始终是一个难题，主要难在法律的约束。武汉农交所稳妥地实行了抵押担保的突破。其与人民银行、汉口银行、中国银行等商业银行及评估公司等中介机构合作，在学习借鉴现有成熟的不动产抵押贷款流程的基础上，开创了"交易—鉴证—抵押"的武汉模式。

（四）规范运作的制度保障

一是严格审查交易主体。对农村集体经济组织产权转让，一律要求经农村集体经济组织 2/3 以上成员或成员代表同意；农户产权转让，一律要求拥有完全民事行为能力，对长期转让土地承包经营权和房屋所有权的，还要求有稳定的生活来源和居所。二是严格规范交易流程。农交所会同市直相关部门研究，形成多项规章制度，严格规范了产品的交易流程。三是严格交易机构的管理。全市农村产权交易机构实行"六统一"运行模式。四是实现阳光操作。实行"程序统一、操作规范、信息公开、监督有力"的产权交易程序。

（五）加强风险防控

一是防范耕地减少风险。通过规划引导和约束，从源头和根本上保护耕地；采取政府直管、部门专管、地方和基层监督三结合，从领导体制和工作机制上保护耕地；探索解决建设用地不足的矛盾，在创新实践中保护耕地。二是防范粮食减产风险。严守"不改变土地用途"的红线，严守"粮田用来种粮"的底线，利用政策引导，开展前置审查，试行土地流转风险保证金制度。三是防范集体所有制改垮风险。明确土地三权中集体所有权的首权地位；明晰集体产权，实现严格的监管制度；开发多项集体产权交易品种；坚持集体经济产权转让一律要求集体经济组织 2/3 以上的成员代表同意。四是防范农民权益受损风险。确保农民自愿，确保利益底线，确保农民收入，确保农民无后顾之忧。五是防范抵押贷款风险。规避法律和政策限制，制定严格规定，建立制度保障，引进担保公司，实行专业评估。正是因为防范严密，至今没有出现一起损害农民利益、集体利益、交易所利益、银行利益的事件。

二、四川省成都市土地适度规模经营经验

作为整市推进的国家现代农业示范区，四川省成都市近年来深入推进以土地实测确权和登记颁证为重点的农村产权制度改革，并在此基础上积极探索创新土地流转模式，有力促进了多种形式的土地适度规模经营。截至 2014 年底，全市土地适度规模经营面积达到 362.8 万亩，占耕地总面积的 56.7%。

（一）适度流转经营

通过租赁流转取得周边农户承包土地经营权，发展适度规模经营。目前，全市种植大户发展到 1.3 万余户，规模经营土地面积 68.6 万亩；工商注册的家庭农场 557 家，规模经营土地 3.9 万亩。

（二）股份合作共营

农户以土地经营权入股组建土地股份合作社，通过聘请职业经理人发展规模经营，政府引导社会化服务配套，形成农业共营制。目前，全市共有 361 家土地股份合作社采用该经营模式发展粮经复合产业，亩均增效 260 元以上。

（三）专业合作联营

农民合作社流转土地建设农产品生产基地（园区），与相关社会化服务组织建立长期稳定的合作关系，在基地（园区）内实行种子统供、农资统配、病虫统治、生产统管、技术统训、产品统销"六统一"模式。

（四）全程托管经营

农民直接或通过加入合作社，与专业化农业管理公司签订托管协议，采取"生产全托管、服务大包干"方式，把繁杂的农活委托给专业机构打理。目前，全市土地托管规模达 2.6 万亩，在粮食、蔬菜、水果等产业上均有运用。

（五）企业租赁经营

农户将土地经营权自主或委托集体经济组织租赁给农业企业，企业自主开展生产经营，并按照流转合同约定向农户支付土地租金。目前，全市企业租赁经营的土地面积共 101.2 万亩，平均每家企业 100 亩左右。

（六）大园区+小农场

由政府统一规划布局现代农业园区，园区围绕规划的特色产业，开展标准化、规模化经营。目前，全市共建设有此类园区 29 个，内有小农场 1297个，经营面积 10.7 万亩。

三、浙江省农村产权改革经验

2015 年初，浙江省委明确提出：到 2015 年底，土地承包经营权登记制度要实现全覆盖；到 2016 年底，农村集体资产股份合作制改造要全面完成，宅基地确权登记颁证要全面实现，做到"三权到人（户）、权随人（户）走"。

（一）"确权确地"和"确权确股不确地"。

一是土地承包经营权登记实现全覆盖。在农村一轮土地承包实施合同管理的基础上，以 1998 年二轮土地承包为起点，浙江省开始推行农村土地承包经营权证发放工作。2003 年，浙江省又用一年时间，集中完善二轮土地承包关系，落实了承包面积、四至、合同、权证"四到户"的要求，基本建立了土地承包经营权登记制度。2014 年年底，浙江省家庭承包耕地合同签订率和权证发放率分别已经达到 95.8% 和 92.7%。浙江省确权登记颁证一般需经过 7个环节：权属调查、纠纷调处、审核公示、完善合同、建库入簿、颁发权证和资料归档。浙江省总结出"确权确地"和"确权确股不确地"两种方式。

前者适用于承包地块改变不多、原有四至边界基本清楚的地方；后者将承包经营权由空间形态转变为价值形态，适用于土地征用后边界难以确定的地方。

二是积极探索完善耕地"权能"。在县、乡、镇建立服务中心，设立风险保障金和社会保障制度，特别是在全国开先河，建立了土地承包经营权作价出资合作社办法，让农户在具有占有权、使用权、收益权的基础上，拥有了流转和入股的权利。杭州、嘉兴、湖州、衢江、温岭等地，还对流转后的承包地颁发经营权证，赋予其抵押、担保的权能。如海盐县对流转后的土地颁发经营权证，业主可将经营权及地上附着物作为债务担保抵押，按评估价的七折到当地农信联社申请贷款，农信社为此专门设立了名为"农钻通"的专项贷款。

统计数据显示，到 2013 年底，浙江全省流转土地面积达 865 万亩，占家庭承包耕地面积的 45%。按每亩租金 700 元测算，全省 417.8 万流出土地农户，每年从中获得财产性收入 60 多亿元。

(二)"宽接受、广覆盖"，设立"人口股"、"农龄股"

2010 年起，浙江省全面清查资金、资产和资源，在乡镇全面组建"三资"管理服务中心，健全各项管理制度。浙江省的这项改造工程一般分清产核资、成员界定、股权设置、资产量化、股权管理、组织建设和收益分配 7 个环节。在改造过程中，浙江省因村制宜，积累了一系列经验。对一些共性问题，一律采取包容的办法。在资产量化中，浙江省各地对经营性净资产进行折股量化，对公益性资产和资源性资产只量化股份不量化股值。在集体资产股权设置上，原则上不设集体股，只设"人口股"和"农龄股"，但同时也允许个别村社按照民主决策增设现金募集股、职务股等，或暂时预留少量"机动股"应对遗留问题及查漏补缺等。在成员界定中，对农村中由于历史遗留问题和法规政策不健全等产生的特殊群体，浙江省坚持改革"宽接受、广覆盖"原则，依法尽量让其"能享尽享"，在依法依规的前提下，由各村通过民主协商讨论决定。在股权管理上，浙江鼓励经济发达村社实行"不随人口增减而变动"的静态管理，并允许继承和内部转让；对欠发达的村社，允许其暂时实行动态管理，但终点仍为静态管理。同时，浙江省也鼓励一些改革先行的村，积极采取增资配股、项目公司化经营、整体公司化改造等形式，不断推进创新。截至目前，浙江省已经有 29.7% 的村社完成股份制改革，1366 万农民成为社员股东，平均每个股东获得分红收入 223 元。

（三）先试点，后推开，最终通过抵押、担保、转让，变"财产拥有农民"为"农民拥有财产"

从 20 世纪 80 年代末开始，浙江省就着手开展农村集体土地确权登记发证工作。2007 年，全国启动第二次土地调查，浙江省明确将主要农村居民点纳入城镇土地调查范围，基本理清了农村每一宗土地的权属、界址、面积和用途等情况，并建立地籍管理数据库和信息系统。截至 2013 年底，浙江全省共完成集体土地所有权确权登记 38.03 万宗，面积 1.3 亿亩，占应确权登记面积的 97.08%；宅基地使用权登记 953 万宗。浙江省坚持认为，集体土地必须在"确权"的基础上拓展权能，必须加强农民对宅基地的占有、支配与收益能力，让宅基地也可以进入社会财产增值体系、信用体系和流动体系。目前，尽管宅基地使用权和住房所有权的抵押、担保、转让尚未成熟，在权能的广度和深度上也还有较大的局限，但浙江省各地正在积极探索。一些地方已开展宅基地空间置换，柯桥等试点在镇域范围内流转，乐清、嘉善等地试点将流转范围扩大至县域范围。

四、广西百色市田东县农村金融改革经验

2008 年以来，田东县以获批全国农村金融改革试点和国家农村改革试验区为契机，重点实施"六个创新"推进农村金融改革工作，即：创新组织体系，金融网点覆盖所有乡镇；创新信贷产品，不断提高贷款满足率；创新支付体系，大小额支付系统覆盖所有乡镇；创新信用体系，提高农村信用信息覆盖率；创新保险体系，惠农保险覆盖全县特色产业；创新服务体系，形成金融服务"三农"的长效机制。其具体经验、做法及成效主要体现在以下六个方面：

第一，利用试点的政策利好和国家相关部委的支持，快速集聚各类金融

机构、金融要素和各种支持政策等有利因素，实现农村金融供给的迅速增加和服务水平的显著提升。截至 2012 年末，田东县各类金融机构存款余额、贷款余额与改革前相比分别增长了 124.8% 和 172%，其中，涉农贷款余额占各类金融机构贷款总额的 64.65%。截至 2013 年 6 月底，全县 162 个行政村完成了助农取款服务全覆盖，在广西区内率先消除了农村金融服务空白，使农民人不出村、足不出户即可享受现代金融服务的便利。

第二，整合县域地方政府的制度性资源，建立由县政府组织，人民银行配合，乡（镇）政府参与，行政村、乡镇、县"三级联动"的农户信用等级评价工作机制，利用政府的行政权威、组织功能和财政实力，大力推进农村信用体系建设，改善农村金融运行环境。截至 2012 年末，田东成为广西信息采集面最广、农户建档最多、内容最齐全的县。目前田东农村信用体系建设已经进入成果应用和福利溢出阶段，金融机构正在对符合条件的"信用户"进行授信，并制定了相应的优惠措施，形成农户与金融机构的双赢，有效缓解了农户融资难问题。

第三，发挥农村行政网络、乡村组织在解决农村金融市场信息不对称、逆向选择等问题的优势，将贷前调查、贷后监督、贷款发放、保险咨询和保费收缴等工作前置到行政村，创造性地探索了以行政村为金融服务接入点，正规金融与农村基层组织、社会资本有机融合的农村金融服务新机制。具体做法有：一是以行政村为单位，建立村级"三农金融服务室"，依托原有的"农事村办"机制，协助银行向农户提供信贷产品及其他金融服务。二是建立与村组织和农村"内部人"联结的农金业务协管员机制，由协管员负责辖内农户基本信息、金融服务需求等情况摸底，农行核实后再进行授信。三是依靠村两委干部推动农村小额保险业务的开展和发展。

第四，依托农业现代化进程中不断涌现的农业产业化组织，建立以农民专业合作社社员、涉农中小企业自愿入股的农村资金互助社，发展基于农业产业链关联和经济利益关联的农民互助金融。实践证明，这种基于产业合作的农民信用合作，有效促进了农村社区边界内的信息对称和组织对称，从而在满足农户分散、小额、高频率信贷需求方面，具有更高的效率和更强的普惠作用。

第五，开发蕴藏在农业产业供应链、农地产权和农村人际关系网络中的信用资源，创新农贷担保机制，推动银行业务创新，一定程度上缓解了农村经济、金融发展中面临的农业要素资源难以流转、农户抵押担保物缺乏的瓶颈约束。"公司+农户"的农户小额贷款担保方式，利用农业产业链物流和资金流双向循环关系中所蕴含的信用约束和信用激励功能，可有效解决农户的贷款担保问题，促进了农户小额贷款的推广和普及。

第六，以中央和地方财政扶贫支农资金为依托，探索与国家财政支农体系相连接的金融反贫困机制。典型的表现是，以村均15万元的中央财政扶贫资金为引导，以村民自愿按一定比例缴纳的互助金为依托，在田东"一谷两翼"地带的南北两翼山区试点建立了两个贫困村扶贫互助资金，成立了两个村级扶贫互助协会。这两个互助协会的借款主要用于贫困户，一定程度上缓解了贫困地区和贫困人口经济发展中的资金短缺问题。

农村金融市场和服务的改善，有力促进了田东县域经济发展和农民收入水平的提升。2012年，田东县实现生产产值112.09亿元，比改革前（2008年9月之前）增长了147%，财政收入14.72亿元，比改革前增长了105%，农民人均纯收入6419元，比改革前增长了近1倍。城镇居民人均可支配收入与农村居民家庭人均纯收入之比，也从2008年的4.11∶1下降到了2012年的3.48∶1，城乡收入差距呈现不断缩小的良好态势。

五、贵州省毕节市扶贫开发试验区经验

毕节市（原毕节地区）位于贵州省西北部、川滇黔三省要冲，是乌蒙山腹地一个典型的岩溶农业山区，集革命老区、民族地区、贫困地区于一体。1988年6月国务院批准建立了毕节"开发扶贫、生态建设"试验区，毕节试验区致力于"开发扶贫、生态建设、人口控制"三大主题的改革试验和科学实践，坚持开发与扶贫并举、生态恢复与建设并进、人口数量控制与质量提高并重，经济社会取得了长足发展，初步实现了人口、经济、社会、环境和

资源的良性循环，积累了扶贫开发的有益经验：

（一）坚持以扶贫开发统揽全局，强化"一把手"负总责责任制

全区上下实行党政"一把手"扶贫开发工作责任制，把扶贫开发作为各级党委、政府的中心工作。全区地、县、乡三级都成立了扶贫开发领导小组，建立了办公室，明确了各级党政"一把手"为扶贫开发第一责任人，并把扶贫开发责任制落实到基层，把扶贫开发效果作为考核干部工作实绩的重要依据，为试验区扶贫开发工作提供了强有力的组织保障。同时，推行领导定点联系扶贫工作制度，开展了机关单位定点帮扶贫困乡村和干部职工结对帮扶贫困户工作，加强了以党支部为核心的基层组织建设，充分发挥基层党组织在扶贫开发工作中的战斗堡垒作用。

（二）坚持开发式扶贫和社会保障相结合，两轮驱动推进扶贫

坚持开发式扶贫方针的同时，把农村社会保障作为解决温饱的基本制度，把发展作为消除贫困的根本途径，实现扶贫开发政策与农村社会保障制度相结合。通过不断完善贫困人口识别机制，对农村贫困人口实行分类指导，对没有发展能力的贫困人口和处于低保线以下的贫困人口，全部纳入农村社保范围，做到应保尽保，保障其基本生活；对有发展能力的贫困人口全面实施扶贫政策，扶持其脱贫致富奔小康，形成开发扶贫和生活救助"两轮驱动"，形成"低保保生存、救助防返贫、扶贫促发展、开发奔小康"的扶贫开发新格局。

（三）坚持专项扶贫和行业扶贫、社会扶贫相结合，构建大扶贫工作格局

统筹解决贫困地区、贫困人口的贫困问题。一是突出抓好专项扶贫工作。以贫困村整村推进改善基本生产生活条件，促进贫困地区新农村建设；以转移培训提高劳动者基本素质，着力发展劳务经济；以实施产业化扶贫拓宽基本增收门路，提高贫困农户收入水平；以易地移民搬迁改变基本生存环境，帮助特殊群体实现脱贫致富。二是积极开展行业扶贫工作。发挥部门优势，合力协作，综合治理，改善发展环境和条件，促进农村基础设施、社会事业、重点产业、生态建设等全面发展，提升贫困人口健康生活水平、综合素质和稳定发展能力。三是努力拓展社会扶贫工作。抢抓中央直属机关定点扶贫和东西部协作扶贫（深圳对口帮扶）等机遇，发挥各民主党派、全国工商联帮扶试验区的政治优势，形成了统一战线服务科学发展的"毕节模式"。着力实施集团帮扶工程，促进专项扶贫、行业扶贫和社会扶贫有机结合，构建"大扶贫"工作格局。着力开展扶贫开发综合治理试点，重点突破，整体推进。

（四）坚持外部支持与自力更生相结合，增强发展内生动力

广泛调动全区广大干部群众的主动性、积极性、创造性，增强治穷脱贫的信心和决心，发扬"坚定信念、艰苦创业、求实进取、无私奉献"的毕节试验区精神，自强不息，不等不靠，苦干实干，主要依靠自身的力量改变贫穷落后面貌。致力于发挥广大干部群众在农村扶贫开发中的主体作用，开发人力资源，增强群众自我发展能力，变"输血式"扶贫为"造血式"扶贫。

（五）坚持深化改革和创新机制相结合，切实提高扶贫工作效率

在扶贫开发工作的实践中，对扶贫机制进行了大胆的探索与创新。一是探索和推广了信贷贴息投入机制，通过财政扶贫资金贴息、信用社贷款的方式，有效放大资金量和扶持范围。二是探索和推广了滚动发展扶持方式，实行财政扶贫资金有偿滚动，地区扶贫开发领导小组出台了《毕节地区财政扶贫资金滚动使用暂行办法》，对效益较好的种、养业项目，采取以物为主滚动，扶持项目点上更多的贫困农户。三是整合资源资金，集中投入，实施整乡整村连片推进。四是创新项目管理方式，提高扶贫资金使用效率，出台了《毕节地区财政扶贫资金项目验收办法》，规范项目实施管理。五是创新扶贫体制，建立健全扶贫工作机构，地、县单设扶贫办为政府工作部门，扶贫开发工作重点乡镇建立扶贫工作站，非重点乡镇明确扶贫专职人员，试点建立村级扶贫中心组。六是创新集团帮扶机制，对全区 173 个扶贫开发重点乡镇实行了"地县领导联系、县乡负责落实、帮扶单位牵头、乡村组织实施、社会力量参与"的集团式扶贫。机制体制的创新，有力地推进了全区扶贫开发工作的进程。

第四节　河北省深入推进农村重点改革的主要举措

　　农村改革是一项复杂的系统工程，不可能一蹴而就，更不能停滞不前。农村改革关系经济社会发展大局和全面建成小康社会目标的顺利实现，必须认清形势、查找问题、总结经验、真抓实干，积极稳妥地推进各项工作。

　　按照中央和省委要求，"十三五"及未来一段时期，全省农村改革的总体要求是：深入学习领会习近平总书记系列重要讲话宗旨，全面贯彻中共十八届三中全会和近年来中央农村工作会议精神，按照推进"四化同步"、城乡发展一体化的要求，围绕农业要强、农村要美、农民要富的目标，主动适应经济发展新常态，积极融入京津冀协同发展大格局，全面深化农村重点领域、关键环节改革，加快推进体制创新、机制创新、组织创新和制度创新，进一步增强农业农村发展的内生动力，着力破除城乡二元结构，加快形成以工促农、以城带乡、工农互惠、城乡一体的新型工农城乡关系，加快建立起促进农民增收、现代农业发展、美丽乡村建设、扶贫攻坚的长效机制，不断巩固和发展农业农村好形势，为全省经济社会发展全局提供有力支撑。

一、积极推进农村土地制度改革

　　分类有序探索农村土地管理制度创新。坚持分类指导、有序推进，加快研究制定针对不同类型农村土地的管理办法。在落实农村土地集体所有权的基础上，稳定农户承包权、放活土地经营权。试点探索农村宅基地流转、集体经营性建设用地入市，最大限度地激活农村土地资源。

　　加快推进农用土地流转。稳定农村土地承包关系并保持长久不变，在坚持和完善最严格的耕地保护制度的前提下，赋予农民对承包地的占有、使用、收益、流转及承包经营权抵押、担保权能。鼓励耕地、林地、草地经营权在公开市场向专业大户、家庭农场和农民合作社、农业企业流转。鼓励县级设立经营权流转奖励资金，对流转期限在 5 年以上、流转面积在 100 亩以上的规模经营主体给予奖补。加快建立健全土地经营权流转市场，完善县、乡、村三级服务和管理网络，将土地流转服务纳入基层公益服务项目。规范土地流转程序，制发全省统一的土地经营权流转合同文本，颁发土地经营权流转证书。探索建立进城落户农民自愿退出土地承包经营权补偿机制，对本人申请且符合条件的农户，经村集体经济组织审查批准予以补偿，由集体经济组织出资收储或流转经营。土地流转和适度规模经营要尊重农民的意愿，不能强制推动。

完善农村宅基地管理制度。改革农村宅基地制度，完善农村宅基地分配政策，在保障农户宅基地用益物权的前提下，研究探索建立农民宅基地有偿退出机制，对自愿退出宅基地的农民给予一定的经济补偿。努力争取国家农村宅基地改革试点，认真研究和探索农民住房财产权抵押、担保、转让的有效途径和具体办法。

引导和规范农村集体经营性建设用地入市。在符合规划和用途管制的前提下，允许农村集体经营性建设用地出让、租赁、入股，实行与国有土地同等入市、同权同价，加快建立农村集体经营性建设用地产权流转和增值收益分配制度。积极开展农村闲置废弃坑塘、故道、砖瓦窑和沿海滩涂土地综合整治和开发利用，对达到耕地质量要求的，可与相应的建设用地进行置换。加快推进征地制度改革，缩小征地范围，规范征地程序，完善对被征地农民合理、规范、多元保障机制。依法征收农村集体土地，要按照同地同价原则，及时足额给农村集体组织和农民合理补偿，解决好被征地农民就业、住房和社会保障等问题。

加大山区综合开发、治理与保护力度。立足山区资源优势，按照开发、治理和保护并重原则，积极推行"政府+企业+银行+合作社+农户"五位一体的荒山荒坡治理开发新模式。创新未利用地综合开发机制，完善支持山区资源综合开发和保护利用的政策措施，积极引导工商资本进行荒山荒坡治理。鼓励农户以荒山荒坡承包经营权出资成立合作社，与工商企业合作开发适合山地发展的产业。支持山区特色产业发展，培育壮大绿色林果、林下经济、生态养殖、乡村旅游等优势产业。加大矿山环境保护与恢复治理力度，严厉打击私采滥挖等破坏山区生态环境和资源可持续利用的违法行为。全面实施山水林田湖生态修复工程。

二、积极推进农村产权制度改革

全面推进农村资产确权登记。加快推进农村集体土地所有权、农村土地承包经营权、农村集体建设用地使用权、宅基地使用权确权登记颁证工作。巩固集体林权制度改革成果，尽快完成林权登记颁证工作。积极争取国家农田水利设施产权制度改革和创新运行管护机制试点。加快建立较为完善的集体土地范围内农民住房登记制度。支持各地根据实际情况和农民意愿，采取确权确地、确权确股不确地等不同确权方式，将确权登记颁证工作经费纳入地方财政预算。积极推广向农民发放土地承包经营权证、宅基地使用权证、房屋所有权证、集体收益分配权证"四证"的经验做法。

积极推动农村集体产权股份合作制改造。因地制宜开展农村集体经济股份合作制改造试点工作，以清产核资、资产量化、股权管理为主要内容，保障农民集体经济组织成员权利，赋予农民对落实到户的集体资产股份的占有、收益、有偿退出权利及抵押、担保、继承权。进一步加强农村集体资金、资产、资源管理，严格农村集体资产承包、租赁、处置和资源开发利用的民主程序，支持建设农村集体"三资"信息化监管平台。提高集体经济组织资产运营管理水平，发展壮大农村集体经济。

健全完善农村资产评估体系。抓紧研究制定农村集体土地经营权、集体建设用地（包括宅基地）使用权、房屋所有权及林木、农作物、农业机械、生产加工设备评估办法。积极鼓励有资质的社会资产评估公司参与农村资产评估。探索成立县级农村集体土地、主要农作物、农业机械等行业资产评估专家委员会，统筹指导、协调和监督农村资产评估工作。

积极拓展资产抵押渠道。积极探索农村各类产权抵押担保的途径和方式，允许以承包土地的经营权向金融机构抵押融资，积极探索以承包土地经营权预期收益为质押的办法。鼓励在县一级设立农村产权抵押贷款风险担保基金，降低银行的风险预期和抵押品处置的难度。鼓励有实力的村集体为农户提供担保，农业产业化龙头企业为有订单关系的农户提供担保，实体型的农民合作社为其成员提供担保。积极开展农户信用等级评估，分级确定担保额度，5万元以下的小额贷款可实行无抵押物信用担保。

加快建立农村产权流转交易市场。采取政府引导、财政补助、市场化运作方式，积极推进县级农村产权交易市场建设，把土地经营权、林地使用权、森林和林木所有权等纳入产权交易市场范围。制定和完善农村产权流转交易管理办法，理顺产权交易规则和操作流程。推进城乡统一的产权交易市场门户网站和产权交易平台建设，推动农村产权流转交易公开、公正、规范进行。

三、努力构建新型农业经营体系

加快培育多种新型农业经营主体。支持专业大户、家庭农场、合作组织、农业企业等新型农业经营主体发展，分类统计、建档立卡，建立示范性专业大户、家庭农场名录制度，完善农民合作社登记和示范社动态监测制度。制定支持青壮年农村劳动力务农和培育职业农民的专门计划，鼓励大中专院校毕业生在现代农业领域创业。引导新型经营主体与就业的青壮年劳动力签订劳动合同，落实社会保障措施。鼓励农民将土地承包经营权在公开市场上向新型经营主体流转，合理确定流转年限，推广实物计价货币结算、租金动态调整、入股保底分红等利益分配方式。鼓励发展混合所有制农业产业化龙头企业，支持农业龙头企业通过多种方式组建大型企业集团。鼓励工商资本和农业龙头企业与农民建立"企业+农户"的生产经营模式，完善利益联结机制，实现企业、农户共赢。在年度建设用地指标中单列一定比例，用于新型农业经营主体建设配套辅助设施。

大力发展多种形式的农民合作组织。鼓励农民兴办专业合作、社区合作、股份合作、劳务合作、投资合作、农业保险合作以及合作社联合社等多元化、多类型合作经济。建立规范透明的管理制度，引导财政投资项目直接投入符合条件的合作社，扩大涉农项目由合作社承担的规模，鼓励政府向合作社购买公共服务。制定实施合作社发展扶持政策，落实支持农民合作社发展农产品加工流通的相关税收优惠政策，财政补助形成的资产可转交合作社持有和管护，形成的经营性资产量化到成员。支持吸纳低收入农户、弱小农户、困难农户参加的合作社发展，制定农地股份合作社发展指导意见，开展综合农民合作社试点。

因地制宜推进农业适度规模经营。坚持以农户为主体发展适度规模经营，因地制宜发展土地承包经营权流转、股份合作、全托管经营、联耕联种等多种形式的规模经营。在农民大量转移并稳定就业创业的地区，重点发展土地集中型农业适度规模经营；在普遍存在兼业化和纯农户的地区，重点发展合作经营和统一服务型农业适度规模经营。支持工商资本到农村发展适合企业化经营的现代种养业，开展加工、营销、技术、物流等服务，向农业输入现代生产要素和经营模式。探索建立工商资本流转农业用地风险保障金制度，严禁农用地非农化。分区域制定土地承包经营权流转最低指导价，健全土地承包经营权流转纠纷调解仲裁机制。合理把握土地承包经营权流转、集中经营规模，切实尊重农民意愿，不准强制农民流转土地，不能人为"垒大户"。现阶段，专业大户、家庭农场土地经营规模一般不超过 300 亩。

完善农业社会化服务机制。坚持主体多元化、服务专业化、运行市场化的方向，强化基层农业农经、畜牧兽医等公益性服务能力建设，激发农业经营性服务组织活力，加快构建覆盖全程、综合配套、便捷高效的农业社会化服务体系。加强农村经营管理体系和队伍建设。稳定农业公共服务机构，健全经费保障、绩效考核激励机制，推动合作式、订单式、托管式等服务形式，扩大农业生产全程社会化服务试点范围。引导经营性服务组织参与公益性服务，开展病虫害统防统治、动物疫病防控、农田灌排等生产性服务。鼓励大学生村官、种养大户、合作社负责人、农机手等领办创办各类专业化服务组织。充分发挥农业行业协会、技术协会的作用。

推进供销社体制改革。按照改造自我、服务农民的要求，通过职能、机

制的再造，推进供销社体制改革。积极争取供销合作社综合改革试点。深化
基层供销社组织经营体制改革，努力把供销合作社打造成农民生产生活服务
的生力军和综合平台。推进省、市、县级社有资产管理体制改革，加大与社
会资本的合作，参与现代农业经营。积极探索在各级社有资本的基础上，吸
纳社会资本，创办农村合作银行。支持供销合作社参与农村产权交易市场建
设。推动供销合作社向新型农民合作组织转变，逐步建立与现代农业发展相
适应的合作社服务体系，提高服务的规模化水平。

四、强化农业支持保护制度

健全"三农"投入稳定增长机制。调整国民收入分配格局和财政支出结
构、固定资产投资结构、信贷投放结构，优先保证公共财政支农投入稳定增
长。财政再难也要优先保证农业支出，开支再压缩也不能减少"三农"投入。
按照优化存量、增加总量、完善办法、逐步调整的要求，完善农业补贴办法，
向粮食等重要农产品、新型农业经营主体、主产区倾斜。探索开展按实际粮
食播种面积或产量对生产者补贴的试点，提高补贴精准性、指向性。完善农
机购置补贴政策。科学确定财政支农投入的重点领域和支持方式，对主要农
产品生产和质量安全、农业基础设施、农业信息化、农村生态环境保护、农
村社会保障和灾害救助等事务，财政给予重点支持。逐步改变财政资金对农
业经营性领域无偿补助的方式，充分发挥财政资金引导作用，通过贴息、奖
励、风险补偿等措施，带动金融和社会资金更多投入农业农村。

理顺财政支农投入管理体制。稳步推进从财政预算编制环节清理、整合、
规范涉农资金，逐步取消竞争领域的涉农专项和市县资金配套。改革涉农项
目审批制度，创造条件下放省级涉农项目审批权限。改革涉农项目管理办法，
加快项目实施、预算执行和投资监管，加大对财政支农资金的专项检查，强
化支农资金绩效考评。明确省、市、县各级政府的"三农"发展事权关系，
按照事权划分承担相应支出责任，形成上下互动的支农投入格局。加大对集
中连片经济薄弱地区、产粮大县的财政转移支付力度，逐步降低产粮大县

（区）直接用于粮食生产等建设项目资金配套，不得要求或变相要求乡镇配套
及村自筹。

五、加快农村金融改革

强化金融机构服务"三农"职责。稳定大中型商业银行的县域网点，扩
展乡镇服务网络，根据自身业务结构和特点，建立适应"三农"需要的专门
机构和独立运营机制。强化商业金融机构对"三农"服务能力，扩大县域分
支机构业务授权，不断提高存贷比和涉农贷款比例，将涉农信贷投放情况纳
入信贷政策导向效果评估和综合考评体系。加大涉农信贷投放，落实金融机
构涉农贷款增量奖励、农户贷款税收优惠、小额担保贷款贴息等政策，实现
金融机构农村存款主要用于农业农村。增强农村信用社支农服务功能，保持
县域法人地位长期稳定。支持由社会资本发起设立服务"三农"的县域中小
型银行和金融租赁公司。积极发展村镇银行，逐步实现县（市）全覆盖，符
合条件的适当调整主发起行与其他股东的持股比例。小额贷款公司要拓宽融
资渠道，完善管理政策，加快接入征信系统，发挥支农支小作用。

大力发展新型农村合作金融组织。在管理民主、运行规范、带动力强的
农民合作社和供销合作社基础上，培育发展农村合作金融。坚持社员制、封
闭性原则，在不对外吸储放贷、不支付固定回报的前提下，推动社区性农村
资金互助组织发展。加强市、县（市、区）对新型农村合作金融组织的监管，
鼓励地方建立风险补偿基金，有效防范金融风险。

加大农业保险支持力度。提高省级财政对主要粮食作物保险的保费补贴
比例，逐步减少产粮大县县级保费补贴，不断提高小麦、玉米、稻谷三大粮
食品种保险的覆盖面和风险保障水平。鼓励保险机构开展特色优势农产品保
险，有条件的地方提供保费补贴。鼓励开展多种形式的互助合作保险，争取
国家粮食等农产品价格保险试点。扩大畜产品及森林保险范围和覆盖区域。

六、努力构建城乡一体化发展体制机制

积极推进农业转移人口市民化。分类推进城乡户籍制度改革，逐步消除城乡区域间户籍壁垒，剥离户籍制度的福利分配功能。全面放开建制镇和小城市落户限制，实行以身份证代码为唯一标识的人口登记制度。积极推进城镇基本公共服务常住人口全覆盖，把进城落户农民纳入城镇住房和社会保障体系，依法参加职工基本养老保险、职工基本医疗保险、工伤保险、失业保险和生育保险，或城乡居民养老保险和城镇居民医疗保险。大力推行健康卡一卡通。进城务工人员在就业创业、劳动报酬、子女就学、公共医疗、住房保障等方面与城镇居民享有同等待遇，探索实行在居住地申请低保制度。

积极推进城乡产业融合。建立城乡资本、土地等资源要素平等交换机制，保障农民公平分享土地增值收益。抓住产业转移的有利时机，研究制定财税优惠和用地倾斜政策，鼓励引导城市工商企业向农村扩散、产业链条向农村延伸，依托其技术、研发、资本等优势，集聚农村土地、人力和自然资源，实现城乡产业互动融合。鼓励引导城市农产品加工、流通、储运企业向农产品优势产区转移。鼓励和引导城市工商资本到农村发展适合企业化经营的现代种养业，加快建立工商企业租赁农户承包耕地（林地、草原）准入和监管制度。

统筹城乡社区建设。统筹城乡交通、通信、能源、水利、环保等基础设施和教育、卫生、文化、养老、殡葬等公共服务设施布局和建设，加快基础设施向农村延伸，公共服务向农村覆盖，推进城乡基本公共服务均等化。积极引进和推广先进技术，推动能源结构调整，降低污染物排放，支持和发展太阳能、地热、沼气、秸秆利用等新型清洁能源，改善农村人居环境。大力推进农村公路绿化、美化和标准化建设。加强公用设施的管护，有条件的地方建立住户付费、村集体补贴、财政补助相结合的管护经费保障制度。鼓励社会资本投向农村建设，允许企业和社会组织在农村兴办各类事业。加强农村互助幸福院建设，抓好农村危房改造，加强规范运作，确保建设质量和效

果。积极争取国家以社区为基本单元的村民自治、农村公共服务标准化、城乡计生卫生公共服务均等化试点，健全社区管理体制机制，培育社区服务队伍，全面提高农村社区管理水平。

七、完善扶贫开发机制

夯实基础工作。围绕实施精准扶贫，以县为主体，以连片特困地区为重点，在全面摸清贫困底数的基础上，继续做好贫困村、贫困户建档立卡工作，建立全省扶贫信息系统，制定并落实到村到户帮扶措施，用信息化手段推动各类帮扶资源向贫困村和贫困户精准配置。完善落实片区扶贫规划，坚持整村推进，加大投入力度和工作力度，推进片区项目落地和建设，加强贫困地区交通等基础设施建设。完善帮扶制度，明确部门帮村责任和干部帮户责任，确保贫困村驻村工作队全覆盖、贫困户帮扶责任人全覆盖。加强工作队管理，强化考核，严格奖惩，实现驻村帮扶长期化、制度化。

促进产业扶贫。全面实施特色产业扶贫、科技和金融扶贫、旅游扶贫、电子商务扶贫、光伏扶贫、职教扶贫、搬迁扶贫、社会扶贫 8 大工程。大力发展股份合作制经济、家庭手工业、现代农业园区，推进山区综合开发，发展沟域经济，培育壮大一批设施蔬菜、优质果品、特色养殖、乡村旅游等扶贫产业，抓好旅游扶贫村试点建设；落实科技扶贫的各项政策，加大金融扶贫力度，引导社会资金支持扶贫开发工作，优先在扶贫开发工作重点县偏远乡（镇）设立扶贫小额贷款公司；抓好电子商务进农村综合示范县试点，鼓励企业、社会组织和个人积极参与电商扶贫；开展光伏扶贫工程试点，使贫困群众在建设分布式光伏发电项目中直接增收；落实国家职业教育资助政策，提高农村青年劳动力参加职业教育的比例；加大对缺乏基本生产生活条件地区贫困户的移民搬迁力度，扎实开展易地搬迁工作；切实加强社会帮扶，大力落实"春雨行动"，积极开展"扶贫日"活动，鼓励工商企业参与扶贫开发，注重帮助残疾人等特困群体脱贫致富。探索扶贫资金、项目资本到户、权益到户多种方式，引进培育一批带动力强的扶贫龙头企业，扶持发展一批农民合作社和专业技术协会。

完善工作机制。改革扶贫考核机制，把减少贫困人口数量和改善贫困人口生产生活条件，作为对市县领导班子和领导干部综合考核评价的重要内容和奖惩的重要依据，形成党政主要领导集中精力抓扶贫的导向。完善落实退出激励机制，确保对提前脱贫出列的县扶持政策不变、扶持力度不减落到实处，确保扶贫开发工作重点县脱贫出列的指标约束、时间约束落到实处。建立完善县以上信息公开制度，完善县以下公告公示制度，全面公开扶贫对象、资金安排、项目建设等情况。积极推进扶贫项目审批权限改革，扶贫项目审批权原则上要下放到县，省市切实履行监管责任。健全完善干部驻村帮扶机制，加大项目资金帮扶力度，力求标本兼治、成效巩固。积极对接京津，推动建立两市区县对口帮扶环首都扶贫攻坚示范区县工作机制。

强化政策保障。稳步增加省级财政投入，有关市和重点县努力增加财政扶贫投入，释放财政体制激励效应。继续强化用地支持，鼓励扶贫开发工作重点县优先实施土地整理项目，落实占补平衡指标在全省扶贫开发工作重点县范围内的调剂使用政策。引导扶贫开发工作重点县建立完善投融资担保平台，吸引金融资金投入。完善扶贫贴息贷款政策，充分发挥财政贴息资金的杠杆作用。继续抓好农户自立服务社、互助金试点工作，引导群众建立小额信贷诚信自律组织、扶贫合作组织等，努力扩大小额信贷规模。研究制定贫困地区引进智力的激励政策，对符合扶贫政策的高校毕业生和优秀人才创业项目给予扶贫资金支持。

第八章
河北省统筹城乡试点评价与
一体化推进机制研究

统筹城乡经济社会发展推进城乡一体化建设，是党中央根据我国经济发展形势，科学把握当今社会发展的一般规律，致力于突破城乡二元结构，扭转城乡差距扩大的趋势，促进国民经济持续健康发展，全面建设小康社会所做出的重大决策。

为深入贯彻落党中央、国务院的战略部署，促进城乡统筹发展、推动城乡一体化进程，2009 年，河北省启动了统筹城乡试点工作，先后选择了两个地级市和 12 个县开展试点建设。近年来，随着工业化、城镇化加速推进，河北省城乡关系发展呈现新的阶段特征，全省统筹城乡发展进入新的历史时期。回顾总结并科学评价河北省统筹城乡试点建设总体情况，科学把握全省统筹城乡发展脉络与现实形势，提出新形势下河北省统筹城乡发展的实现路径，有利于更好地推进全省统筹城乡发展及一体化进程，具有十分重要的现实意义和长远指导意义。

第一节　河北省统筹城乡试点建设的经验与主要问题

2009~2013 年，河北省积极推进统筹城乡试点建设，各试点市县结合自身实际开展有益实践，取得了一定的成绩，形成了一些可供推广的典型经验和政策做法。

一、建立工作体制，进一步加强统筹城乡发展的组织领导

为切实加强领导，确保试点工作顺利开展并取得实效，按照省委农工部要求，试点市县全部成立了党委或政府主要领导任组长、分管领导任副组长、市县直相关部门主要负责同志为成员的试点工作领导小组，明确了牵头部门，设立了日常办事机构，配备了专职工作人员，推进统筹城乡发展的合力明显增强。同时，建立目标考核机制，量化分解任务目标，把推进统筹城乡一体化发展工作作为考核市直、县直有关部门党政领导班子年度工作实绩的重要内容和选拔的重要依据，形成了一级抓一级、层层抓落实的工作格局，保证了试点工作顺利推进。

香河县成立了以县委书记和县长任组长、40多个部门为成员的统筹城乡发展工作领导小组，将统筹城乡各项任务分门别类、逐条逐项分工到相关县直部门，落实责任、明确目标和完成时限，县直各部门分别成立了本单位"一把手负总责、主管副职负直接责任、各股室分工协作"的领导机制，与县领导小组相互配合。涿州市成立了以市委书记为主任、市长为第一副主任、市四大班子分管副职为副主任、相关部门"一把手"为成员的统筹城乡发展工作委员会，下设办公室，并成立了综合、项目、指导、督察四个工作组，负责处理办公室日常事务。唐山市、平泉县还成立了统筹城乡发展委员会，增挂统筹委的牌子，为试点工作开展提供了强有力的组织保障。

二、强化推进措施，进一步增强统筹城乡发展的政策支撑

试点市县在分析评估现实资源、区位优势的基础上，科学制定理清统筹城乡发展思路，明晰促进经济社会协调发展、加快城乡一体化建设的工作路径，合理设定试点内容、工作任务和年度量化目标。为强化政策支撑，两个试点市都制定出台了工作推进方案，组织市直相关部门围绕土地利用、资金、项目、规划设计、饮水安全、公共服务设施建设等方面提出具体支持措施。

试点县针对县域实际，制定完善了统筹城乡经济社会发展、推进城乡一体化的具体配套政策。

平泉县成立了县整合涉农项目资金工作领导小组，制定了项目资金整合管理办法，搭建了农业产业发展和中心村建设资金整合平台，实现项目的"靶向式"投放。唐山市相继出台了《唐山市统筹城乡发展试点工作方案》、《唐山市推进统筹城乡发展加快实现城乡等值化的若干政策》、《关于进一步鼓励和支持农民进城的实施意见（试行）》、《关于推进农村产权制度改革的意见》、《关于加快培育新型农业经营主体的指导意见》、《关于开展土地流转收益保证贷款试点工作的指导意见》等一系列政策文件和配套措施，初步形成了推进统筹城乡发展的政策框架体系。涿州市先后出台了《农村新民居建设（整体改造）实施办法（试行）》、《农村新民居建设拆迁补偿安置的暂行办法》、《涿州市新民居建设中农村居民养老金待遇的实施办法》、《关于企业介入农村新民居建设工作的管理办法》、《涿州市积极推进土地流转大力发展现代农业奖补办法》等近 10 个政策文件，探索实行了"30+10+20"拆迁补偿机制，形成了比较完整的政策体系。

三、优化空间布局，进一步建立统筹城乡发展的规划体系

试点市县把承担试点工作作为促进当地经济社会又好又快发展的良好机遇，坚持城乡互动、协调发展，协调推进城镇化和新农村建设，统筹城乡发展理念得到确定和提升。坚持规划为龙头，逐步建立健全城乡一体化的规划体系，在普遍完成《土地利用规划》、《城镇发展总体规划》、《镇村体系规划》、《村庄建设规划》的基础上，还大都编制了城乡发展战略、城乡产业发展、现代物流园区、人才保障等专项规划。同时，各地不断加强与科研院所的合作，引进智力支撑，助推城乡统筹发展。

唐山市按照"全域唐山"的发展理念，委托中央党校编制了处于国内领先水平的《唐山城乡发展一体化战略规划（2008~2020）》，组织市规划部门和市县区编制了唐山市近郊区城市化发展规划、县域镇村空间布局规划、县城

扩容建设规划、中心镇扩大发展规划、中心村扩村建设规划、规划保留村（基层村）建设规划，首次在全域范围内实现了"三规合一"，即县域镇村空间布局规划、土地利用总体规划和产业布局规划，实现了衔接配套。平泉县聘请中国城市规划设计研究院、清华大学等一流设计团队，高水准编制完成《城市总体规划》（第四版）、《城乡发展战略规划》、城镇体系规划、村庄建设规划等43项规划，形成了以中心城市为龙头，4个中心镇为纽带，80个中心村为基础的城乡空间布局规划体系，基本实现了城乡规划全覆盖。冀州市聘请北京清华同衡规划设计研究院有限公司编制了《冀州市城乡总体规划（2013~2030）》，市域城乡规划了"一主两副，十字拓展，三区联动，多点支撑"的空间结构。巨鹿县与邢台学院合作，成立了"邢台学院巨鹿研究所"就全县统筹城乡发展工作进行专题研究，全面启动完成了《巨鹿县城市总体规划》、《巨鹿县统筹城乡发展规划》、《土地总体利用规划》和《产业发展规划》等规划的修编、新编工作，构建了以中心城区、中心镇、中心村为主体的"一四六七"城乡发展空间布局总体框架。

四、加强基础设施和公共服务建设，农村面貌得到进一步改善

试点市县不断调整财政支出结构，大力实施"民心工程"，采取有力措施加大对农村基础设施建设的投入力度，加快公共财政向农村覆盖、基础设施向农村拓展、公共服务向农村延伸，城乡基础建设等值化显著提升，农村综合治理稳步推进，农村面貌焕然一新。

唐山市连续开展文明生态村创建、幸福乡村和新民居以及美丽乡村建设，通过持之以恒地大力度推进，农村水、电、路、气、房等基本生活条件得到进一步改善，村庄环境卫生得到进一步整治，建成了一批各具特色的美丽宜居村庄。巨鹿县集中力量实施了"村村街道硬化"工程，通过向上争取项目资金、部门帮扶、群众自筹、财政奖补等多种方式，硬化农村街道164公里，在全省贫困县中率先实现了"村村街道硬化"目标。香河县财政设立农村面貌整治专项资金1.2亿元，2014年以来，300个村街全部完成"四清"。涉县

不断拓展社保覆盖范围，农民工城镇就业、子女上学，可分别参加城镇职工养老、城镇居民医疗等社会保险，目前，城乡居民养老保险参保 20.84 万人，参保率达到 99.95%。涿州市强化农村文化阵地建设，乡镇、村全部建立了乡镇文化站、村文化室和农家书屋。任丘市在新农合保障方面着力实现"两项优惠，一个便捷"，对五保户、低保户等经济困难人员、60 岁以上老年人的参保资金由单位根据经济状况给予适当补贴。平泉县推进社会保障向农村覆盖，被征地农民基本生活保障、农村最低生活保障实现应保尽保，城镇"三无"和农村"五保"对象集中供养率、重大疾病医疗救助率均达到 100%，城乡居民养老保险参保率达到 98.6%。

五、加快经济发展，统筹城乡发展的整体能力进一步提升

各试点市县以产业项目建设为抓手，以产业园区为载体，着力打好县域经济和县城建设攻坚战，逐步形成了高新技术产业引领、现代服务业驱动、传统产业做强、现代新型农业跟进的喜人局面，综合经济实力普遍得到了提升，公共财政能力不断增强，为实现"以城带乡、以工补农"奠定了坚实的物质基础。石家庄、唐山两市 2013 年的 GDP 比 2009 年分别增长了 56.99%、61.08%；财政收入分别增长了 109%、39%。根据调查表，笔者又对 12 个试点市县部分统计数据进行了汇总，调查显示：试点市县 2009 年的 GDP 总量为 1562.96（1629.51）亿元，2013 年达到了 2500.74 亿元，增长了 60%；2009 年财政收入总量为 198.85 亿元，2013 年达到了 321.57 亿元，增长了 62%。

唐山市各市县区都规划建设了 10 平方千米的工业园区、5000 亩的现代农业示范园区和 500 亩的食品加工产业园区，加快了项目向园区集中，促进了企业集群发展，县域经济实力得到持续快速提升。平泉县通盘把握县域资源禀赋和比较优势，打造县、乡（镇）、村（社区）产业"三级梯度"，加快推进农业工业化、工业现代化、产业聚集化、农村城市化进程，加速构建城乡产业协调发展新格局。任丘市以开发区和雁翎工业园区两大省级工业园区

为发展平台，按照打造产业集群的发展理念，引导重点骨干企业和规模企业加速向园区集中，土地向园区整合，人口向园区聚集。

六、加强改革创新，统筹城乡发展的城乡联动改革进一步深入

在试点过程中，各试点市县坚持因地制宜，紧紧围绕统筹城乡发展的重点领域，特别是针对农村产权制度、户籍管理、社会保障等问题，进行大胆创新和积极探索，深入推进城乡联动改革，着力破解统筹城乡发展的制度障碍和瓶颈制约。

唐山市制定出台了《关于进一步鼓励和支持农民进城的实施意见（试行）》及 8 个相关配套的《实施细则》，通过落实"一放宽、六享有、三保留"，目前已有符合条件的 17 万农民进城落户。抚宁在县域农村开展"两分两换"工作试点，即宅基地与承包地分开，搬迁与土地流转分开，以土地承包经营权换股、换租、换保障（医疗、养老保险），推进集约经营，转换生产方式；以宅基地换钱、换房、换地方，推进集中居住，转换生活方式。香河县完善便民服务机制，围绕解决联系服务群众"最后一公里"的问题，推进"县、乡、村三级服务平台"建设，即建设县政务服务中心—乡镇综合服务中心—村便民服务站，推行跨部门"一站式"联合办公。平泉县完成全省首批林木采伐管理改革和商品林采伐改革试点县任务，采取以均山到户为主，均股、均利为辅的多种机制落实权属，将产权明晰到户，列入林改范围的 161.9 万亩集体林地，已全部完成明晰产权，登记发证面积 154.15 万亩，占任务的 95%。

综上所述，河北省统筹城乡试点建设取得了显著成效，但值得注意的是，试点市县在推动统筹城乡发展的过程中，仍面临一些共性的、突出的制约城乡协调发展的矛盾和问题，概括起来这些问题主要表现为以下四个方面：

一是推进力度有待进一步增强。一些地方和部门对城乡一体化发展的重要性认识不足、工作摆位不够，工作积极性、主动性不强，导致城乡一体化推动力不足；同时，由于对城乡一体化的本质内涵和重大意义宣传不够，农民缺乏主体意识，导致城乡一体化原动力不足，统筹城乡发展、推进城乡一

体化的社会氛围还不够浓厚。统筹城乡发展、推进城乡一体化是一项复杂的系统工程，单靠任何一个或几个部门的力量都难以实施，从目前来看，党委政府的主导作用、职能部门的联动作用、企业的带动作用、社会的协同作用和农民的自主作用发挥得还不充分，还没有形成强大推进合力。

二是建设资金明显不足。统筹城乡发展最直接的手段就是大幅增加农村的资金投入，加强公共财政对农村基础设施、公共服务等方面的支持力度，弥补长期以来忽视农村社会事业发展的历史欠账，缩小城乡差距。基础设施、公共服务等社会事业发展具有点多、线长、面广的特点，所需资金数额巨大，单靠县级地方财政难以全面落实。虽然中央、省投入"三农"资金越来越多，但由于县级财力有限，配套不够，造成对农村基础设施、社会事业投入不足，成为制约农村经济社会发展的"瓶颈"。

三是产业与城镇带动作用不强。试点市县三次产业关联度和园区集中度不高，龙头企业数量少、规模小，县域主导产业发展对资源的依赖性较强，普遍处于增速放缓、爬坡过坎的过渡期，产业发展对统筹城乡发展的带动能力不强。城镇化建设普遍滞后，县城及小城镇水平明显偏低，人口聚集与辐射带动能力不强。

四是政策保障机制尚不健全。公共财政体制、社会保障制度、土地流转机制等方面的改革与创新力度仍需进一步加大，体制机制障碍阻碍了统筹城乡一体化发展进程。现行户籍制度限制了人口合理流动，农村户口和城镇户口的矛盾日益凸显，户籍改革相关配套措施不到位，农村居民进城门槛过高，进城农民在就业、社会保险等方面缺乏保障，教育、医疗等相关政策不配套，造成城乡居民权利的不平等，城镇化的拉力不足。另外，由于现行的土地制度和农村计划生育管理政策，不少农民不愿因转变身份而放弃拥有的土地收益和生育上的既得利益，导致农民进城的动力不足。

第二节　河北省统筹城乡试点建设总体评价

一、统筹城乡评价的理论基础

社会系统理论学的代表帕森斯认为，所有组织本身即为一个包含众多小社会系统的大社会系统。系统的具体特性由其要素的特点、各要素间的关系和组成方式以及制度章程的规范性和其运行方式等决定。系统和要素是互相依存、共同作用的整体与部分的关系，整体并非部分的简单叠加，而是其有机统一体，具有稳定的结构和功能。在功能、性质和组成方式上存在紧密联结关系的系统整体和其组成部分要求要素自身质量提高的同时，必须保持要素间相互的合理结构和良好的运行状态，才能有效提高系统的整体效应，否则，极有可能导致系统结构失调、机制紊乱以及功能低下，甚至分崩离析。城市和农村可以看成是整个社会系统中的两个部分，双方互动的目的应当是实现有机统一的城乡融合。

对于城乡经济统筹发展这样复杂的系统，需要依据系统理论选取指标并科学合理地构建相应的指标体系，而且需要借助可行的手段和途径保持城乡互动发展中的合理结构和运行状态，以达到城乡经济融合的目标。

二、统筹城乡评价指标体系设立原则

城乡系统是一个复杂的巨大系统，城乡统筹问题也是一个非常复杂的问题，它包括城乡经济社会的总体发展态势，更包括城乡经济社会的协调发展状况。因此，在构建一个科学完整的评价指标体系时，应结合城乡统筹的含义和特征，遵循以下几条原则：

科学性。城乡统筹发展指标的设定，要以科学准确为基本前提。所设置的每一个评价指标，要有科学的解释、清晰的边界范围，能够运用一定的数学方法进行计算和统计，能够客观、真实、有效、可靠地反映城乡关系的发展状况。

系统性。统筹城乡发展涉及经济社会的方方面面，是一项极其复杂的系统工程。城乡统筹发展指标的设定，要充分考虑各方面要求和建设，指标之间既具有一定的相关性又要具有一定的独立性，共同构建成一个有机整体，通过指标的综合，对城乡统筹发展的现状水平做出全面和正确的反映。

针对性。城乡统筹评价指标体系设计必须紧密结合地区发展实际。目前，京津冀协同发展战略框架下，河北省农业农村发展面临前所未有的历史机遇，全省正着力实施农村面貌整治行动，全面改善农村生产生活条件，统筹城乡发展处于新的历史阶段。河北省统筹城乡评价指标体系设计应紧扣京津冀协同发展的战略要求，重点反映河北省农村面貌改善的总体情况。

可操作性。评价指标要符合河北省城乡统筹发展基本理论和实际情况。指标的设立应充分考虑数据资料的可得性或可测性，所需数据尽可能结合国家有关政策和各项发展规划，接近现有统计口径，接近现实情况，所需资料易于搜集和整理。

三、统筹城乡评价指标体系构建

2009 年河北省委省政府出台统筹城乡试点工作的指导意见，提出试点建设任务包括统筹城乡发展规划和空间布局、统筹城乡产业发展、统筹城乡基础设施建设、统筹城乡公共服务与社会事业发展、统筹城乡劳动力就业以及统筹城乡社会管理 6 个方面。根据统筹城乡评价的理论基础、指标体系设立原则，围绕上述 6 个方面的建设内容，我们确定了经济、布局与设施、生活、社会事业以及环境 5 个方面、28 个具体指标的指标体系（见表 8-1），综合反映全省统筹城乡试点建设任务进展情况。

表 8-1 河北省统筹城乡评价指标体系

类别	指标名称	指标算法	单位
经济	人均GDP	GDP÷总人口	元
	城乡产业比	(第二产业增加值+第三产业增加值)÷第一产业增加值	—
	城乡就业人数比	(第二产业从业人数+第三产业从业人数)÷第一产业从业人数	—
	城乡固定资产投资比	农村人均固定资产投资÷城镇人均固定资产投资	—
	城乡人均财政支出比	农村人均农林水财政支出÷人均一般财政支出	—
	土地流转面积比重	承包地流转面积÷承包地总面积	%
布局与设施	城镇化率	城镇常住人口÷全部常住人口	%
	市镇密度	建成区和建制镇数量÷土地总面积	个/平方公里
	城乡居民信息化程度比	农村居民信息化程度÷城镇居民信息化程度，其中：农村居民信息化程度=0.2×农村居民每百户彩色电视普及率+0.4×农村居民每百户电话（含手机）普及率+0.4×农村居民每百户计算机普及率，城镇居民信息化程度=0.2×城镇居民每百户彩色电视普及率+0.4×城镇居民每百户电话（含手机）普及率+0.4×城镇居民每百户计算机普及率	—
	村标准化卫生室建设率	已标准化卫生室行政村数÷总行政村数	%
	农村饮水卫生合格率	饮水卫生合格的行政村数÷总行政村数	%
	农村主干道路硬化率	村内主要街道硬化的行政村数÷总行政村数	%
	农村卫生厕所普及率	实施卫生厕所改造的行政村数÷总行政村数	%
	农村电网升级改造率	实施农村电网升级改造的行政村数÷总行政村数	%
生活	农村居民人均纯收入	统计指标	元
	城镇居民人均可支配收入	统计指标	元
	城乡居民收入比	农村居民人均纯收入÷城镇居民人均可支配收入	—
	城乡消费支出比	农村居民人均消费支出÷城镇居民人均消费支出	—
	城乡居住面积比	农村居民人均居住面积÷城镇居民人均居住面积	—
社会	城乡医疗保障水平比	农村人口医疗保险覆盖率÷城镇人口医疗保险覆盖率	
	城乡养老保险水平比	农村人口养老保险覆盖率÷城镇人口养老保险覆盖率	

续表

类别	指标名称	指标算法	单位
社会	城乡最低生活保障水平比	农村最低生活保障覆盖率÷城镇最低生活保障覆盖率	—
	城乡每千人卫生技术人员比	农村每千人拥有卫生技术人员数÷城镇每千人拥有卫生技术人员数	—
	城乡人均医疗支出比	农村居民人均医疗支出÷城镇居民人均医疗支出	—
	城乡教育文化娱乐支出比	农村居民人均教育文化娱乐支出÷城镇居民人均教育文化娱乐支出	—
环境	城乡绿化率比	村庄绿化率÷城镇绿化率	%
	城乡生活垃圾无害化处理率比	农村生活垃圾无害化处理率÷城镇生活垃圾无害化处理率	—
	城乡生活污水无害化处理率比	农村生活污水处理率÷城镇生活污水处理率	—

四、数据获取和统计评价

课题组将表 8-1 中的评价指标体系下发到试点市县农工委，由其组织相关部门填写完毕后上报课题组。课题组对试点市县上报数据进行了严格审核，有疑义的数据又与具体市县进行了沟通核实，确保了数据的"上下结合"，最大限度地保证了数据的真实性和准确性。张北县和藁城市未上报数据，因此未纳入本次综合评价。考虑到本次分析中张家口市的涿鹿县已经纳入了综合评价中，藁城市在新近区划调整中撤县设区且石家庄市纳入综合评价，两个市县数据的缺失对整体评价的影响可以忽略不计。

石家庄市和唐山市作为河北省统筹城乡的两个地级市试点，与其他试点县一并进行综合评价，主要是考虑到，两个地级市没有县一级纳入试点，课题组用全市平均水平代表石家庄市和唐山市县级统筹城乡的平均水平，进而与其他试点县进行总体比较。

根据已获取数据，并利用 SPSS 软件在对其进行数据标准化和主成分分析的基础上，我们对河北省开展试点的两个地级市和 10 个县的城乡统筹情况进行了统计分析，最终评价结果如表 8-2 所示。

表 8-2　2009~2013 年河北省部分市县统筹城乡评价得分及排名

	2009 年		2010 年		2011 年		2012 年		2013 年	
	得分	排名	得分	排名	得分	排名	得分	排名	得分	排名
涉县	1.8	1	0.99	2	0.66	3	0.94	1	0.37	7
任丘	1.16	2	1.75	1	0.68	2	0.54	4	0.96	1
唐山	0.43	3	0.79	3	0.64	4	0.75	2	0.54	4
平泉	0.2	4	−0.96	11	−0.33	7	0.43	5	−0.93	10
巨鹿	0.2	5	−1.48	12	−1.2	12	−0.05	7	−1.19	12
涿州	0.17	6	−0.22	7	−0.42	9	−0.12	9	0.81	2
石家庄	−0.17	7	0.06	6	0.38	5	0.57	3	0.5	5
霸州	−0.39	8	0.69	4	1.38	1	−0.12	8	0.6	3
香河	−0.53	9	0.28	5	0.11	6	−0.5	10	0.53	5
冀州	−0.65	10	−0.68	9	−0.41	8	0.06	6	−0.36	8
涿鹿	−0.82	11	−0.4	8	−1	11	−1.89	12	−0.76	9
抚宁	−0.85	12	−0.94	10	−0.53	10	−0.55	11	−1.1	11

注：①有负号是因为我们在对原始数据进行标准化时采用了依据均值和标准差的标准化方法，公式为"标准化新数据=（原数据−均值）/标准差"。负号的含义代表此时得分比平均分值要小。因为我们关注的主要是不同市县的相对分值大小和位序问题，因此这里的正负号差异并不影响我们的分析。②为了消除指标间的线性相关性，在计算指标权重时使用的是主成分分析法。

首先，从各市县总体评分和排名情况来看，涉县、任丘、唐山的得分基本都稳定在 0 分即平均分以上，排名也相对靠前，可列为城乡统筹水平的上游区域；巨鹿、冀州、涿鹿和抚宁的得分也相对稳定，但基本处在 0 分即平均分以下，排名也相对靠后，可列为城乡统筹水平的下游区域；其他 5 个地区，即石家庄、平泉、涿州、霸州和香河，它们的得分在 0 分即平均分上下摇摆，排名也基本处在中间，可列为河北省城乡统筹水平的中游区域（如图 8-1 所示）。

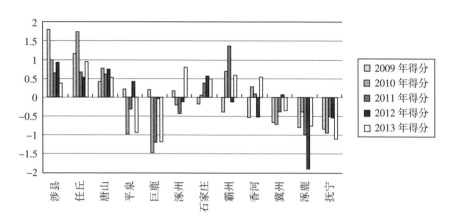

图 8-1　2009~2013 年河北省部分市县城乡统筹水平评价得分

其次，从纵向的年度得分和排名情况来看，在发展趋势上，涉县基本呈下降趋势，排名由 2009 年的第 1 位下降到 2013 年的第 7 位；涿州、霸州、香河与石家庄的年度得分和排名不同年度间有所波动，但总体呈上升趋势，发展态势较为良好，其中涿州、霸州和香河三个县（市）上升最为明显；任丘、唐山、冀州、涿鹿和抚宁几个地区排名和得分情况则相对稳定，表明它们的城乡一体化发展速度与河北省平均水平基本一致；平泉、巨鹿两个县，年度得分与排名则相差较大，且上下反复较多（如图 8-2 所示）。发展态势变

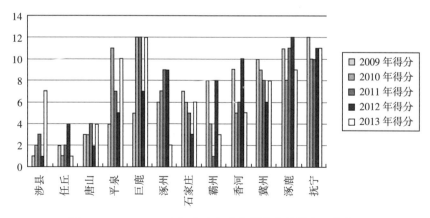

图 8-2　2009~2013 年河北省部分市县城乡统筹水平排名

273

化，客观上显示了不同市县统筹城乡发展的政策连续性、推进力度和整体实力的变化。

再次，从分项得分和排名情况来看（详见附表1各年排名和得分表），在经济类指标上，石家庄、唐山、涉县、任丘、霸州几个县市的得分，5年来基本均在0分即平均分以上，表明它们城乡经济发展情况较好，城乡经济一体化的发展程度或排名要高于试点市县平均水平；在布局与设施类指标上，石家庄、唐山、香河、涉县、任丘、霸州几个市县的得分，5年来基本均在0分即平均分以上，表明它们在城镇化与城乡基础设施建设方面发展较快，发展程度好于试点市县平均水平，排名也在上游区域；在生活类指标上，唐山、涿州、涉县、任丘4个地区的得分近几年来基本均在0分即平均分以上，表明这些地区的城乡居民生活水平相对较高、差距较小，石家庄此指标5年来得分不断上升、改善明显；在社会类指标上，石家庄、唐山、涉县几个市县的得分近几年基本稳定在0分即平均分以上，表明这些地区在城乡社会发展方面的情况要好于试点地区平均水平；在环境类指标上，涉县、任丘、平泉、霸州四个地区的得分5年来基本均在0分即平均分以上，且明显高于其他地区，表明这些县市的城乡环境建设相对较好，明显优于试点市县平均水平（见表8-3）。

表 8-3　河北城乡统筹指标值高于试点市县平均水平的地区

	经济类指标	布局与设施类指标	生活类指标	社会类指标	环境类指标
地区	石家庄、唐山、涉县、任丘、霸州	石家庄、唐山、香河、涉县、任丘、霸州	唐山、涿州、涉县、任丘	石家庄、唐山、涉县	涉县、任丘、平泉、霸州

最后，从影响各地区得分与排名结果的内部因素看，根据计算出的各指标权重值（见表8-4），可以看出，2009~2013年5年间，在5大类指标中，权重绝对值最高的分别是2009年经济类指标（0.35）、2010年布局与设施类指标（0.41）、2011年环境类指标（0.39）、2012年经济类指标（0.42）和2013年生活类指标（0.34），表明当年该类指标数值在12个试点地区间波动

较大，不同市县间差距明显，其对统筹城乡区域排名影响也最大；权重绝对值最低的类指标，除去 2009 年是布局与设施类指标（0.01）外，其他年份均为社会类指标（-0.02、0.12、0.04 和 0），表明此两类指标特别是社会类指标，数值在区域间表现较为均衡，区域间差异不大，对统筹城乡区域排名影响也最小。此外，从各类指标权重值年度变化情况来看，经济类指标和生活类指标年度间变化不大，表明河北省 12 个试点地区城乡统筹在此方面的差异度变化相对不大，其对年度间不同地区城乡统筹得分与排名变化的影响也相对较小；社会和环境类指标的权重在年度间的变异程度稍大，其对年度间不同地区城乡统筹得分与排名变化的影响也相对较大；布局与设施类指标的权重年度间变化最为明显，尤其是在 2010 年，权重值从 2009 年的 0.01 陡增到0.41，表明在该年有些试点地区在此方面加大了工作力度，地区间在此方面短时间内拉开了距离，其对当年地区间得分与排名的影响也随之加大（各个具体指标的权重变化情况可参看附表 2）。

表 8-4　2009~2013 年河北省城乡统筹评价类型指标及权重

	2009 年	2010 年	2011 年	2012 年	2013 年
经济	0.35	0.23	0.26	0.42	0.31
布局与设施	0.01	0.41	0.29	0.2	0.2
生活	0.21	0.27	0.17	0.18	0.34
社会	0.29	-0.02	0.12	0.04	0
环境	0.16	0.13	0.39	0.15	0.13
总和	1	1	1	1	1

注：相关说明同表 8-2。

附表 1：

附表 1-1　2009 年河北省城乡统筹各试点地区分项指标得分情况

指标	石家庄	唐山	涿州	涿鹿	香河	涉县	任丘	平泉	巨鹿	冀州	抚宁	霸州
经济	0.04	0.21	-0.13	-0.31	-0.14	0.63	0.42	-0.25	-0.25	-0.14	-0.18	0.09
布局与设施	-0.08	0.24	-0.04	0.05	-0.01	0.25	0.05	0.18	0.18	-0.24	-0.24	-0.24

续表

指标	石家庄	唐山	涿州	涿鹿	香河	涉县	任丘	平泉	巨鹿	冀州	抚宁	霸州
生活	-0.07	0.11	0.21	-0.32	-0.17	0.47	0.13	0.02	0.02	-0.01	-0.16	-0.12
社会	-0.12	-0.11	0.15	-0.23	-0.19	0.32	0.36	0.13	0.13	-0.09	-0.1	-0.19
环境	0.06	-0.02	-0.02	-0.01	-0.02	0.13	0.2	0.12	0.12	-0.17	-0.17	0.07
总和	-0.17	0.43	0.17	-0.82	-0.53	1.8	1.16	0.2	0.2	-0.65	-0.85	-0.39

附表 1–2　2010 年河北省城乡统筹各试点地区分项指标得分情况

指标	石家庄	唐山	涿州	涿鹿	香河	涉县	任丘	平泉	巨鹿	冀州	抚宁	霸州
经济	-0.1	0.35	-0.25	-0.31	-0.02	0.59	0.86	-0.46	-0.53	-0.25	-0.14	0.27
布局与设施	0.25	0.33	-0.11	-0.12	0.19	0.09	0.2	-0.4	-0.38	-0.03	-0.5	0.44
生活	-0.06	0.17	0.18	-0.05	0.12	0.11	0.23	-0.14	-0.34	-0.12	-0.06	-0.06
社会	0	0.01	-0.03	0.03	-0.06	0.12	0.2	0	-0.04	-0.02	-0.08	-0.16
环境	-0.03	-0.07	-0.01	0.05	0.05	0.08	0.26	0.04	-0.19	-0.26	-0.16	0.2
总和	0.06	0.79	-0.22	-0.4	0.28	0.99	1.75	-0.96	-1.48	-0.68	-0.94	0.69

附表 1–3　2011 年河北省城乡统筹各试点地区分项指标得分情况

指标	石家庄	唐山	涿州	涿鹿	香河	涉县	任丘	平泉	巨鹿	冀州	抚宁	霸州
经济	0.11	0.26	-0.09	-0.45	-0.1	0.44	0.29	-0.07	-0.22	-0.17	-0.16	0.19
布局与设施	0.18	0.22	-0.14	-0.31	0.2	0.02	0.22	-0.13	-0.44	0.06	-0.31	0.42
生活	-0.02	0.07	0.11	-0.16	0.08	0.05	0.05	-0.03	-0.22	-0.02	0.01	0.05
社会	0.12	0.11	-0.3	-0.07	-0.06	-0.01	-0.09	-0.2	-0.13	-0.07	0.11	0.58
环境	-0.01	-0.02	0	-0.01	-0.01	0.16	0.21	0.1	-0.19	-0.21	-0.18	0.14
总和	0.38	0.64	-0.42	-1	0.11	0.66	0.68	-0.33	-1.2	-0.41	-0.53	1.38

附表 1–4　2012 年河北省城乡统筹各试点地区分项指标得分情况

指标	石家庄	唐山	涿州	涿鹿	香河	涉县	任丘	平泉	巨鹿	冀州	抚宁	霸州
经济	0.29	0.41	−0.15	−0.39	−0.32	0.25	0.05	0.08	−0.01	−0.16	−0.13	0.06
布局与设施	0.12	0.11	−0.07	−0.49	0.12	0.14	0.13	0.07	−0.13	0.08	−0.2	0.16
生活	0.04	0.12	0.22	−0.62	−0.17	0.29	0.19	0.11	0	0.09	−0.06	−0.2
社会	0.05	0.06	−0.07	−0.27	−0.15	0.14	0.14	0.03	0.19	0.05	0	−0.12
环境	0.07	0.05	−0.05	−0.12	0.02	0.12	0.05	0.14	−0.1	0	−0.16	−0.02
总和	0.57	0.75	−0.12	−1.89	−0.5	0.94	0.54	0.43	−0.05	0.06	−0.55	−0.12

附表 1–5　2013 年河北省城乡统筹各试点地区分项指标得分情况

指标	石家庄	唐山	涿州	涿鹿	香河	涉县	任丘	平泉	巨鹿	冀州	抚宁	霸州
经济	0.11	0.31	−0.06	−0.33	−0.09	0.26	0.53	−0.21	−0.31	−0.14	−0.23	0.13
布局与设施	0.16	0.08	0.35	−0.28	0.33	0.16	0.21	−0.41	−0.33	−0.02	−0.49	0.25
生活	0.13	0.16	0.37	−0.22	0.18	−0.05	0.19	−0.29	−0.47	−0.11	−0.02	0.12
社会	0.06	0.01	0.2	0.1	0.08	−0.11	−0.14	−0.13	0.06	0.04	−0.21	0.02
环境	0.04	−0.02	−0.05	−0.03	0.03	0.11	0.17	0.11	−0.14	−0.13	−0.15	0.08
总和	0.5	0.54	0.81	−0.76	0.53	0.37	0.96	−0.93	−1.19	−0.36	−1.1	0.6

附表 2：

附表 2–1　2009~2013 年河北省城乡统筹评价指标及权重

指标		2009 年		2010 年		2011 年		2012 年		2013 年	
经济	人均 GDP	0.09		0.14		0.11		0.07		0.11	
	城乡产业比	0.10		0.13		0.1		0.04		0.09	
	城乡就业人数比	0.07	0.35	0.11	0.23	−0.02	0.26	0.06	0.42	0.09	0.31
	城乡固定资产投资比	0.10		0.01		0.05		0.1		0.03	
	城乡人均财政支出比	−0.01		−0.1		−0.03		0.05		−0.01	
	土地流转面积比重	0.00		−0.06		0.05		0.1		0	
布局与设施	城镇化率	0.05	0.01	0.13	0.41	0.08	0.29	0.07	0.2	0.14	0.2
	市镇密度	−0.01		0.07		0.04		−0.02		0.06	

续表

指标		2009年		2010年		2011年		2012年		2013年	
布局与设施	城乡居民信息化程度比	0.06	0.01	0.06	0.41	0.07	0.29	0.1	0.2	0.1	0.2
	村标准化卫生室建设率	−0.02		0.12		0.11		0.03		−0.08	
	农村饮水卫生合格率	0.08		0		−0.05		0		0	
	农村主干道路硬化率	−0.08		−0.03		−0.02		0.01		0.01	
	农村卫生厕所普及率	−0.01		0.06		0.03		−0.04		0.03	
	农村电网升级改造率	−0.06		0		0.03		0.05		−0.06	
生活	农村居民人均纯收入	−0.02	0.21	0.07	0.27	0.03	0.17	−0.09	0.18	0.11	0.34
	城镇居民人均可支配收入	−0.02		0.04		0.06		0.04		0.07	
	城乡居民收入比	0.10		0.1		0.05		0.04		0.09	
	城乡消费支出比	0.11		0.01		0.03		0.1		−0.01	
	城乡居住面积比	0.04		0.05		0		0.09		0.08	
社会	城乡医疗保障水平比	0.01	0.29	0	−0.02	0.12	0.12	−0.07	0.04	0.04	0
	城乡养老保险水平比	0.02		−0.04		0.09		−0.04		−0.04	
	城乡最低生活保障水平比	0.04		−0.05		−0.04		0.06		0.06	
	城乡每千人卫生技术人员比	0.09		0.04		0.01		0.05		0.01	
	城乡人均医疗支出比	0.11		0.03		−0.02		0.04		−0.03	
	城乡教育文化娱乐支出比	0.02		0		−0.04		0		−0.04	
环境	城乡绿化覆盖率比	0.04	0.16	−0.04	0.13	0.12	0.39	0.07	0.15	0.01	0.13
	城乡生活垃圾无害化处理率比	0.02		0.1		0.12		0.01		0.06	
	城乡生活污水无害化处理率比	0.10		0.07		0.15		0.07		0.06	
总和		1	1	1	1	1	1	1	1	1	1

注：权重计算方法是主成分分析法。

根据试点市县统筹城乡指标体系综合评价，可以得出如下结论：

一是试点市县统筹城乡发展水平不一。涉县、任丘和唐山处于上游区域，石家庄、平泉、涿州、霸州和香河处于中游区域，巨鹿、冀州、涿鹿和抚宁处于下游区域。试点市县统筹城乡发展的上、中、下三个层次排名与其国民经济社会发展总体水平基本一致，进一步表明统筹城乡发展作为一项综合性极强的系统工程，与区域的经济社会发展阶段密不可分。

二是试点市县统筹城乡发展趋势不同。涉县统筹城乡综合打分与排名出现较为明显的下降趋势，任丘、唐山、冀州、涿鹿和抚宁几个地区表现得相对稳定，石家庄、涿州、霸州、香河几个地区呈上升态势，平泉、巨鹿两个县上下波动较为明显。试点市县统筹城乡发展趋势一定程度上代表了其工作的整体成效。

三是试点市县统筹城乡发展的影响因素不同。经济类因素和生活类因素对统筹城乡发展的影响作用较为稳定，基础设施和社会服务类因素对统筹城乡发展的影响作用波动较大，环境类因素对统筹城乡发展的影响作用日益明显。根据影响因素作用结果的不同，进一步明确统筹城乡发展工作的总体方向为：夯实经济基础、稳定政策落实、强化环境治理。

从试点市县统筹城乡指标体系综合评价的三点结论来看，统筹城乡工作具有复杂性、系统性和动态性特点，发展变化的影响因素较多，不同地区由于经济社会发展条件、工作力度和工作着力点上的差异，导致统筹城乡发展的水平不一。经济类因素和生活类因素是影响河北省统筹城乡发展的主要因素，这两类因素主要得益于地区经济社会发展质量的整体提升；基础设施类因素和社会服务类因素与地方政府的施政策略密切相关，影响作用发挥主要依赖地方政府的重视程度和推进力度；环境类因素对统筹城乡发展的作用越发明显，未来可挖掘的空间较大。

第三节　河北省统筹城乡发展面临的基本形势

一、河北省统筹城乡发展的客观条件与要求

一是新阶段。从河北省发展实际看，近年来工业化、城镇化快速推进，农村经济快速发展、人民生活水平不断提高、农村改革深入推进，工农城乡关系得到重大改善。城乡关系逐步由分割走向融合，由从属走向平等，由被动走向主动，推进城乡协调发展、构建城乡一体化发展新格局成为全省经济社会发展的必然趋势。2013 年河北省人均地区生产总值突破 6000 美元，工业化率达到 47%，城镇化率达到 48.26%，按照国际经验，河北省正处于工业化中期的工业和城镇加速扩张阶段，同时处于工业反哺农业、城市支持农村、城乡融合发展的关键时期。事实上，从 2002 年底，我国提出统筹城乡发展战略以来，河北省就已经进入工农城乡关系融合发展的新阶段，农业农村发展与工业化、城镇化的关联日益密切。

二是新形势。中共十六大提出了统筹城乡经济社会发展的重大方略，中共十七届五中全会确定了"三化"同步、城乡统筹的历史任务，统筹城乡发展的制度框架逐步形成。中共十八大鲜明提出了促进工业化、信息化、城镇化、农业现代化同步发展的战略要求。中共十八大报告指出，城乡发展一体化是解决"三农"问题的根本途径，要加大统筹城乡发展力度，促进城乡共同繁荣；加快完善城乡发展一体化体制机制，着力在城乡规划、基础设施、公共服务等方面推进一体化，促进城乡要素平等交换和公共资源均衡配置，形成以工促农、以城带乡、工农互惠、城乡一体的新型工农、城乡关系。中共十八届三中全会明确指出，城乡二元结构是制约城乡发展一体化的主要障碍，必须健全体制机制，形成以工促农、以城带乡、工农互惠、城乡一体的

新型工农城乡关系，让广大农民平等参与现代化进程、共同分享现代化成果。河北省统筹城乡发展试点工作虽然取得阶段性成果，但"二元"体制下的深层矛盾依然存在，面临的问题依然迫切，特别是对照中共十八大的工作要求仍存在较大差距，需要用崭新视角、创新思维，在更深层面、更广领域继续探索和实践。

三是新机遇。当前，河北省城乡一体化发展正处于快速推进的关键时期。京津冀协同发展上升为重大国家战略，明确了河北省"新型城镇化与城乡统筹发展示范区"的功能定位，这一科学定位既为城镇和农村充分发挥比较优势、实现跨越发展提供了难得的历史机遇，也为推进城乡一体化发展奠定了坚实基础、提供了有力支撑。

二、河北省统筹城乡发展面临的突出问题

当前，河北省城乡二元结构依然十分明显，统筹城乡发展仍面临突出矛盾和问题，总体看主要体现为以下三个方面：

第一，城乡收入绝对差距持续扩大。改革开放以来，1985~2013 年，河北省城乡居民收入绝对差距呈扩大趋势。城镇居民人均可支配收入从 631 元增加到 22580 元，增长了将近 35 倍；农村人均收入虽然也呈现出持续增长的趋势，从 385 元增加到 9102 元，增长了将近 23 倍，但其增幅远落后于城镇居民。全省城乡收入绝对差距从 1985 年的 245 元扩大到 2013 年的 13478 元，28 年增加了 54 倍，平均每年增加近 1 倍，城乡居民收入绝对差距拉大的态势尚未根本扭转。

第二，城乡差距超出合理限度。1985 年，河北省城乡居民收入比为1.6：1，2001 年为 2.3：1，到 2010 年扩大为 2.7：1，2013 年仍保持在2.5：1。国际劳工组织 1995 年对 36 个国家进行测算，城乡居民收入比一般为 1.5：1，超过 2：1 的国家只有 3 个，中国是其中一个，这说明河北省城乡不平衡状况较为严重。1985~2013 年，河北省农村居民人均纯收入增加值为 9102 元，仅相当于同期城镇居民可支配收入增加值 22580 元的 40.31%，

即城镇居民人均可支配收入的增幅是农村的 2.5 倍，与城市相比，农村发展明显滞缓。城乡居民收入差距过大，严重制约了河北农村经济的发展，不利于社会的稳定，也不利于新型城镇化建设与新农村建设。

第三，城乡基础设施和社会事业发展不协调。近年来，随着新农村建设的推进和统筹城乡发展力度的加大，河北省农村基础设施和公共服务建设不断增强，新型农村合作医疗、新型农村社会养老保险实现制度全覆盖，覆盖城乡的社会保障体系初步建立。但由于历史欠账较多，农村基础设施建设水准仍明显落后于城市。在城市面貌发生重大变化的同时，农村面貌的改观还不大。特别是在公共服务和社会福利等方面，城乡之间还存在不小差距。基础设施和公共服务的供给不足，影响到农村经济社会和人的全面发展。世界银行的一份报告估计，如果考虑到城市居民还享有农民无法享受的福利，如医疗、社保、单位福利等，我国城乡居民差距可以扩大为 6∶1。以医疗资源分布为例，2012 年，河北省城市每千人拥有卫生技术人员 9.71 人，农村则为3.06 人，城市为农村的 3.2 倍；城市每千人拥有执业医师 4 人，农村则为1.78 人，城市是农村的 2.2 倍；城市每千人口拥有医疗卫生机构床位数8.26 张，农村则为 2.88 张，城市是农村的 2.9 倍，城乡医疗卫生资源差距十分明显。

三、制约河北省城乡协调发展的深层次原因

深入剖析，阻碍河北省城乡协调发展造成城乡差距过大的深层次原因主要有三个方面：

一是先天因素：城乡产业特性和经济结构特征。从一般意义上讲，城乡之间的差距与城乡产业特性相关。农业在国民经济结构中的基础地位及自身的弱质性决定了其发展到达一定程度后必然要慢于第二、第三产业的发展，农村地区经济发展相应缓慢；城市是一个地区工商业聚集的中心，生产力发展水平较高，并且发展迅速；因此在城乡发展中就容易形成城乡差距。

同全国一样，很长一段时间以来河北省亦采取"重工轻农"的经济发展

战略。从河北省农业和工业产值的发展历程看，1960 年，工业产值首次高于农业，此后农业和工业产值都是逐步增长，但农业产值仍高于工业产值。直到 1976 年，工业产值再次高于农业产值，此后工农业产值差距逐步拉大，工业产值总值和占国内生产总值的比重逐步增长，而农业生产总值虽有增长，但所占比重逐步下降，农业大省朝工业大省的转变正式开始。多年的发展实践证明，河北省已进入工业化发展的中后期阶段，工业已经成为河北省的主导产业，钢铁、化工、煤炭等重工业又成为河北省工业的主导，农业在国民生产总值中的比重仍将继续缩小。

综上，可以看出，从一般的产业发展规律和发展中国家经济发展规律来看，农业生产效率相对低下、产值较少，工业生产的总体效率较高、总产值大，对国民经济总体实力的提升贡献大。因而，经济落后地区要发展，工业和城市的发展是首选，河北省的发展亦是如此，因此，城乡差距的出现有其必然的一面。

二是特殊动因：工业化超前，城市化滞后。工业化与城市化具有密切的联系。一般来说，城市化是由工业化来推进的，工业化的过程同时也就是城市化的过程；但另一方面，城市化是工业化的载体，对工业化也有反作用。城市化如能适应工业化发展的要求，则会推动工业化的加速推进。否则，就会延缓甚至阻碍工业化的进程。

实际中，常用城市化率和工业化率之比（Iu 比倒数）来反映工业化和城市化的协调，发达国家经数据表明在城市化加速期该比例在 1.4~2.5 为合理范围。河北省工业化率高于全国平均水平，而城市化率一直低于全国平均水平，导致河北省 Iu 比倒数值较小，多数年份为 0.7~0.9，持续低于全国平均水平（我国 Iu 比倒数略高于 1）。2009 年以来，受国际经济危机影响，河北省工业增加值增速放缓，而城镇化率增速加快，即便如此，2013 年河北省 Iu 比倒数仍然仅有 1.03，与合理的 1.4~2.5 的经验值区间差距更远。这表明，河北省"工业化超前，城市化滞后"问题较为突出，工业化没有很好地带动城市化，工业发展水平与城市发展水平不协调。典型表现是河北省大部分的从业人口仍集中在第一产业，非农产业的就业比重仅为 50% 左右，与两者在国内生产总值中所占的比重极不对称，这也充分表明了河北省工业支持农业的作用力不强，工业的发展并没有吸引大量的农村劳动力就业。

典型表现是河北省最多数的从业人口仍集中在第一产业，2013 年，全省第一、第二、第三产业从业人员所占比重分别为 36.33%、33.31% 和 30.36%，非农产业的就业比重与其在国内生产总值中所占的比重极不相称，这也充分表明河北省工业支持农业的作用力不强，工业的发展并没有吸引大量的农村劳动力就业；第三产业发展尚不充分，服务业对从业人口的吸附作用仍有待大幅增强。

"城市化滞后"导致河北省的城市实力不强，辐射带动能力偏低。一是城镇化水平不高。虽然近年河北省城镇化水平有了明显提升，但城镇化率仍然低于全国平均水平 5.6 个百分点（2013 年河北省为 48.1%，全国为 53.73%），而且低于大部分沿海省份，2013 年，广东省城镇化率达到 70%，江苏、浙江、辽宁等省份都已超过 64%，山东城镇化率达到 53.73%。二是人口实质性转移不充分。按城镇户籍人口计算，河北省城镇化率只有 33% 左右。长期生活在城市的农民工，由于子女入学、社会保障等方面还不能与城镇居民享受平等待遇，人口市民化的积极性不高，进程缓慢。城乡二元分割仍是城镇化发展的主要制度障碍，人口城镇化滞后于土地城镇化，2008 年~2013 年，设市城市市区面积扩大了 160 平方千米，而与之对应的人口只增长了 100 万人。三是城镇化布局形态不尽合理。全省城镇布局总体上比较分散，环首都、沿海等优势地区聚集发展的态势不够强。中心城市规模不大、实力不强、辐射力低，与京津两个特大城市实力悬殊，在区域合作中缺乏话语权。中小城市数量少、规模小、承载力和吸引力差。小城镇发育迟缓，缺乏特色和实力。

综合上述分析，河北省在工业化发展的过程中出现了比较严重的"工业化超城市化"情况，即工业发展水平略高于全国平均水平的同时，城市化水平与全国平均水平差距较大，工业总体水平不高，城市经济尤其是超大城市的综合实力依然不高，河北省工业支持农业、城市辐射农村的作用力有限，这是河北省城乡差距的又一动因。

三是体制根源：城乡分割的二元体制机制。如果说上述两点因素是产生河北省城乡差距的最初诱因，那么长期以来城乡分割的二元体制是现今河北省乃至全国城乡差距的体制性根源，是河北省城乡差距呈扩大化的根源。1958 年国家颁布《中华人民共和国户口登记条例》，标志着我国城乡二元分割体制形成，该条例明确规定，农村居民迁往城镇一定要持有城市劳动部门或学校录取证明以及城市户口登记机关的准迁证明。国家通过法令的形式把我国人口硬性地分为城镇人口和农村人口，并限制劳动力的自由流动。近 50 年来，这一体制已经深入到了我国的政治、经济、文化、教育、法律、道德、社会等各个领域。

城乡二元分割体制，不仅是将人口划分在农村和城市两个区域，限制自由流动，同时实行城乡二元的投资体制、基础设施建设体制、社会事业发展体制、财政体制、就业体制等一系列经济、社会体制，对农村地区和城市地区区别对待。本着优先发展工业和城市的指导思想，国家集中力量建设工业和城市，着力发展重工业和城市经济，农业农村要为国家的工业化和城市发展全面服务，提供农产品、低价工业原料、廉价农村劳动力，支持工业和城市。结果是，国家在总投资、基础设施建设、文教科卫事业等方面偏重工业和城市，农业农村也要为之服务，工业聚集的城市地区经济、社会、文化综合实力明显增强；而农业农村的各项事业发展基本依靠农民自食其力，同时要为工业和城市发展"付出"，农业所在的农村地区经济、社会、文化相比城市进步缓慢，甚至停滞，城乡差距逐步拉大。

第四节　国内外统筹城乡发展经验借鉴

发达国家在实现现代化的过程中也同步实现了城乡一体化协调发展，近年来国内许多地方也开展了统筹城乡的有益探索，这些地区和国家的经验及做法具有一定的借鉴意义。

一、欧美国家城乡发展模式

目前，欧美国家农村人口在总人口中的比重很小，一般在 10% 以下，有的不到 3%。而在工业化的初期，这些国家农村人口在总人口中所占的比重虽然较高，但并未像现在的发展中国家那样存在大规模的富余劳动力，个别国家甚至还出现了劳动力短缺现象（例如美国）。从整体上看，这些国家非农化与城镇化的进程中既有可以吸收的经验亦有可资借鉴的教训。

(一) 英国模式

英国的城镇化始于 15 世纪末止于 19 世纪中叶。从农村人口向城镇转移的模式看，英国选择的是"圈地运动"式的强制性转移模式。英国的农村劳动力在"圈地运动"的暴力方式下被迫转向非农产业。英国是一个岛国，国土面积狭小，耕地面积所占比重在西欧各国中也是最小的。随着英国非农产业的发展，从 15 世纪开始一直延续到 18 世纪，甚至在个别地方延续到 19 世纪初期，英国经历了用暴力驱赶小农的大规模"圈地运动"。这种运动对当前我国各地的征地是一个很好的反面教材，这种方式引发了严重的社会问题。"圈地运动"造成了大量农业人口背井离乡，这些农业人口不得不受雇于手工业工厂，从而解决了毛纺织业对劳动力的需求问题。英国的农村富余劳动力转移不是建立在农业高速发展的基础上的。从某种意义上讲，英国农村富余劳动力的转移，是以牺牲农业为代价的。英国在人口城镇化过程中所需要的粮食和作为原料的农产品主要来自国外。18 世纪 60 年代，英国生产的粮食可以满足城市人口日益增长的需要，而且还可以出口。然而，随着英国农村富余劳动力的转移和城镇化的推进，英国消费的粮食、肉类和农业原料越来越依靠从外国进口。英国农村富余劳动力在经历了资本积累初期的困苦后，其转移逐步步入正轨。特别是在 20 世纪初期以后，农村富余劳动力持续、缓慢地向工业、第三产业转移。

(二) 美国模式

美国从 19 世纪 20 年代到 19 世纪末期实现了城市化。从城市化的具体模式看，美国农村富余劳动力转移属于自由迁移模式。美国农村富余劳动力由农村向城市的流动具有地域转换先于职业转换的特点。这一点与我国正好相反。美国的农村劳动力在大规模工业化条件下自发地转向非农产业。美国地多人少，在工业化初期并未集聚大量农村富余劳动力，相反，城镇化和工业化却面临劳动力不足的问题。美国是一个劳动力短缺的国家，在工业化初期，其农业劳动力占社会总劳动力的比重为63%。但美国在19世纪末就实现了工业化。一方面，工业的快速增长提高了农业的机械化水平，提高了农业劳动生产率，解决了地多人少的矛盾；另一方面，由于机械化而分离出来的部分农村富余劳动力也被快速的工业化所消化。美国在工业化的同时实现了农业现代化。农业为工业发展提供粮食、原料和广大的国内市场，使农村富余劳动力转移得以畅通无阻。由于农业的迅速发展，美国的农业劳动力在工业化后期大量转向城镇非农产业。这种转移是以农业劳动生产率迅速提高为前提的。这表明，在美国农村劳动力迅速转移的进程中，农业不但未衰落下去，反而继续飞速发展。"交通革命"在幅员广大的美国的工业化和农村富余劳动力转移过程中发挥了更为重要的作用。交通运输业的繁荣不仅吸纳了大量劳动力，而且降低了农村劳动力的迁移成本，使农村富余劳动力的自由迁移更加方便。对农村劳动力转移起关键作用的还是铁路的建设。到1887年，美国数以万计的大小城镇已由铁路网连接起来。铁路运输不仅适应了工业革命的物流需要，也促进了人口向城镇转移的进程。这一点对我国存在的各重要传统节日的运输紧张局面具有重大借鉴意义。

二、亚洲国家城乡发展模式

(一) 日本模式

日本是成功实现城乡共同发展的典范。日本城镇化用了近一个世纪。日本政府针对本国人多地少、资源短缺的特点，对城镇化进行了有效干预。日本在战前的早期发展中，十分重视节约资本，充分利用劳动力丰富的优势，发展劳动密集型工业。在日本工业吸收的劳动力总数中，由资本积累吸收的劳动力所占的比重仅为20%。在1880~1930年的整个过程中，日本工业部门对农业劳动力的吸收率始终大于人口增长率，从而使经济能够实现现代化。在20世纪60年代，日本政府重点扶持规模较大的自立经营农户，鼓励小农户脱离农业，转向非农产业。1971年，日本通过了一项法案，要求在政府指导下，促进工业和农业、城市和农村协调发展，规定1971~1975年，在城市郊区建立各类工业区，吸纳就业，其中60%来自农村，为农村富余劳动力顺利转移和城镇化创造了良好的条件，这一点与我国现在各地开发的工业园区具有相同的意义。同时，在20世纪60年代，日本政府规划并实施了旨在改善农村生活环境，缩小城乡差别的村镇综合建设示范工程。示范工程的主题通常由具体实施的政府确定，投资费用50%由中央政府承担，其他由各级政府分担。

（二）韩国模式

20世纪70年代以来，韩国通过实施"新村运动"，改善了农村的生产、生活和农民的居住条件，增加了农民收入，其主要做法是：一是大力推进工业化、城市化，促进农村劳动力有效转移。到1997年，农业就业人数的绝对量从485万人减少到232万人，农业人口从1440万人减少到450万人，少于总人口的10%。二是大规模实施"新村运动"，改变农村地区根本面貌。三是对农业实施反哺政策。韩国通过实施"农业与渔业结构调整计划"、"新农业计划"和"农业与渔业开发计划"等，加大对农业的扶持力度。四是实行城乡基本统一的社会保障制度。

三、国内其他省份和地区的城乡统筹发展模式

（一）重庆模式

重庆市在城市布局上呈现"大城市+大农村+大库区+大生态"的总体格局，且农村的地域规模和人口规模远超过城市。自被国务院批准为统筹城乡发展综合配套改革试验区以来，重庆市在经济基础相对薄弱的情况下，直接抓住统筹城乡发展的根本内核：土地、劳动力转移和城乡经济社会协调发展

3 个关键问题，在统筹城乡发展的实践中逐步走出了一条具有自身特色的统筹城乡发展之路。

1. 统筹城乡规划与协调发展

重庆市调整规划管理分工，启动了 105 个中心镇和 1000 个新农村规划编制工作，加快规划向农村延伸，并在九龙坡、江北等 6 个区县开展了国民经济和社会发展、城乡建设、土地利用和环境保护规划"四规叠合"试点。在促进城乡经济社会协调发展方面，重庆市将 "一圈两翼"（指以主城为核心、一小时车程为半径的经济圈，以万州为中心、重庆三峡库区为主体的渝东北地区及以黔江为中心、少数民族聚居的渝东南贫困山区）的联动发展作为统筹城乡发展的切入点和实现大城市带动大农村的区域平台，加大对"两翼"的财政倾斜力度，每年安排 7.75 亿专项资金，支持 31 个远郊区县进行基础设施建设，并建立了"一圈两翼"的区县结对帮扶关系，实施一批城市资源下乡示范项目与"两翼"农民万元增收工程，繁荣"两翼"农村经济。

2. 健全劳动力转移的服务与保障机制

为了促进农村富余劳动力的转移，重庆市建立健全劳务输出服务体系，加大农村劳动力的就业培训力度，建立了以市场机制为基础的"全国劳务电子商务平台"，并推行"一个平台、两套标准"的城乡居民合作医疗保险，实行"低费率、广覆盖"的农民工基本养老保险和大病医疗保险办法。

3. 创新土地流转和集约利用制度

为了有效突破统筹城乡发展的"瓶颈"，重庆市灵活使用土地政策，探索并大力推进土地流转和规模化经营的多元化渠道，建立了以重庆农村土地交易所为平台、城乡统一的土地交易市场与县、乡、村三级土地流转服务机构，开展土地承包经营权、林地承包经营权、实物交易和地票交易，并在江北区、九龙坡和北碚区的 35 个村开展了村级土地利用规划编制试点工作，将土地规划直接落实到村，并建立了节约集约用地评价指标体系与耕地保护基金，启动了划定永久性基本农田试点工作。

（二）成都模式

从 2003 年开始，成都市立足于大城市带大农村的区域实际，启动了全面深入的统筹城乡"自费改革",破解长期以来形成的城乡二元体制矛盾和"三农"问题顽症。2007 年 6 月 7 日,国家批准成都市设立全国统筹城乡综合配套改革试验区,成都的改革进一步向"深水区"挺进。经过 8 年努力,已初步形成了城乡经济社会发展一体化的新格局。成都城乡一体化改革的经验可概括为"三个集中"、"四大基础工程"、"六个一体化"。

1. 用"三个集中"推动城乡一体化

（1）推进工业向集中发展区集中,将全市分散的 116 个开发区整合为 21 个工业集中发展区,建立项目必须进集中发展区的激励约束机制。

（2）引导农民向城镇和新型社区集中,规划了由 1 个特大中心城市、14 个中等城市、30 个小城市、156 个小城镇和数千个农村新型社区构成的城乡体系,梯度引导农民向城镇和新型社区集中。

（3）推进土地向适度规模经营集中,以稳定农村家庭承包经营为基础,按照依法、自愿、有偿的原则,稳步推进土地向农业龙头企业、农村集体经营组织、农民专业合作经济组织和种植大户集中,大力发展特色优势产业。

2. 以"四大基础工程"夯实农业农村发展基础

（1）推进农村产权制度改革,对农民承包地、宅基地等进行确权颁证,建立市县两级农村产权交易机构,并设立了耕地保护基金,用于补贴农民购买养老保险。

（2）推进村级公共服务和社会管理改革,率先在全国将村级公共服务和社会管理资金纳入财政预算,每年向每个村至少安排 20 万元资金。

（3）推进田、水、路、林、村等农村土地综合整治,增加耕地和城市绿地,减少城乡建设用地和征地规模。

（4）推进农村新型基层治理机制建设,构建了基层党组织领导、村民会议或议事会决策、村委会执行、其他组织广泛参与的村级治理机制。

3. 以"六个一体化"构建城乡协调发展新格局

（1）推进城乡规划一体化。按照"统筹规划、城乡一体、全域覆盖"的理念,初步建立起包括资源监管、行政监察、土地执法、应急指挥、数据共享、社会服务等功能的覆盖全市、城乡一体的综合信息平台,将广大农村纳入城市总体规划、土地利用规划、产业发展等各项规划范畴，一张蓝图绘到底，形成城乡统筹、相互衔接、全面覆盖的"全域成都"规划体系和监督执行体系。

（2）推进城乡产业发展一体化。充分发挥中心城市对农村的辐射带动作用，围绕"三次产业互动、城乡经济融合"，联动推进新型工业化、新型城镇化和农业现代化，并按照"一区一主业"，对各县区（市）产业进行规划定位和重新布局，在全市范围内统筹安排项目、资金、资源，推动产业集中集约集群发展。

（3）推进城乡市场体制一体化。按照"政府引导、市场化运作"的方式，成都市组建了市县两级现代农业发展投资公司、小城镇建设投资公司和市级现代农业物流业投资公司，建立起了政府引导、市场运作的投融资平台。

（4）推进城乡基础设施一体化。成都建立了对城乡基础设施统一规划、一体推进的机制，实施了网络化城乡交通体系建设、推进市政公用设施向农村覆盖、推进生态环境建设一体化和城乡信息服务一体化。

（5）推进城乡公共服务一体化。建立了城乡一体的公共服务体制和经费筹集、财政投入机制，在就业、社保、教育、卫生、文化等方面推动城乡公共资源均衡配置。

（6）推进城乡管理体制一体化。成都打破城乡分治的行政管理格局，按照"成熟一个、推进一个"的原则，先后对规划、市政公用、交通、农业等30多个部门进行了职能整合和归并，撤并了30%的乡镇和47%的行政村，建立起适应城乡一体化的大部门管理体制。

（三）苏州模式

自20世纪80年代以来，苏州乡镇企业异军突起，创造了经济快速发展的"苏南模式"。近年来，苏州市以科学发展观统领全局，按照统筹城乡发展要求，充分发挥城市化和工业化对农村发展的带动作用，整体上推进城乡一体化发展，在政策制度创新、新型集体经济、农村社会保障、新农村建设、城乡公共服务等方面进行了有益的探索。苏州城乡一体化发展，可概括为"三集中"、"三大合作"、"三置换"、"六项机制"。

1. 推行"三集中"

（1）工业企业向开发园区和工业规划区集中，通过"退二进三"、"腾笼
换凤"或"退二还一"进行异地置换。

（2）农业向适度规模经营和现代都市农业规划区集中，实现集约开发，
鼓励组建土地股份合作社，发展规模现代农业。

（3）农民向城镇和新型居住区集中，通过宅基地换房进城进镇，或就地
集中居住，实现人口聚集。通过"三集中"促进城乡空间融合、优化资源配
置，转变农民生产生活方式，促进经济发展方式转变。

2. 发展"三大合作"

（1）按照"量化存量，按股分红，谋求增量，促进发展"的思路，发展
社区股份合作，把集体和个人资产折股量化到所有集体经济组织成员，资产
变资本，农民变股民，农村变社区。

（2）按照"依法、自愿、有偿"的原则，发展土地股份合作，把农户土
地承包权入股组建土地股份合作社，土地经营权市场化运作，发展现代农业。

（3）按照入社自愿、退社自由的原则，发展农民专业合作社，主要包括
富民合作社和劳务合作社，富民合作社由集体出土地、农民出资本，在工业
园区和城镇规划区建设标准厂房出租，实现风险共担、按股分红；劳务合作
社是将流转出土地的农民组织起来集中培训，按照劳务市场需求介绍就业。
目前，苏州市农村"三大合作"经济组织累计达 2935 家，持股农户占农户总
数的 92%，实现"户户有股份、家家是股东"。

3. 实行"三置换"

为了切实保障农民利益，使广大农民充分分享工业化、城市化的发展成
果，苏州市创造性地开展了"三个置换"，探索农民变市民途径。即集体资产
所有权、分配权置换社区股份合作社股权；土地承包权、经营权通过征地置
换基本社会保障或入股换股权；宅基地使用权可参照拆迁或预拆迁办法置换
城镇住房（或第二、第三产业用房，或置业股份合作社股权），或者直接进行
货币化置换。通过置换机制，提高土地资源增值收益共享效益，实现"资源
资产化、资产资本化、资本股份化"。

4. 建立"六项机制"

（1）建立三产协调发展机制，注重把发展现代农业与保护生态环境、促进农业增效、农民增收紧密结合起来，加快了传统农业向现代农业转变的进程。

（2）建立城乡统筹就业机制，大力强化培训、就业指导，使广大求职人员得以通过培训获技能、提高技能并参加工作，进而直接促进了工资性、经营性和资产性等各项收入的提高。

（3）建立覆盖城乡的公共财政体制，不断加大公共财政对新农村建设的支持力度，逐步扩大公共财政覆盖农村的范围，建立了农村最低生活保障、农村合作医疗保险和农村基本养老保险制度，并创新了农业投资公司主体，为农地的流转提供了交易平台与储备主体。在金融制度改革方面，嘉兴市在全国率先开展"农村党员创业贷款"、"农村住房抵押贷款"、"排污权抵押贷款"等业务，在全省率先开展农村信用体系建设和中小企业信用评级试点工作，并在统筹城乡发展中以镇（街道）为单位组建投资主体，采取"项目组合、银团支持"的融资模式，为统筹城乡发展提供了庞大的资金支持。

（四）嘉兴模式

2008 年 7 月，嘉兴和义乌市一起被浙江省政府列为统筹城乡综合配套改革试点。8 月初嘉兴市制定了改革试点实施意见，试点工作全面铺开，全市共设立了 9 个试点镇，其中下辖 5 个县市各设 1 个试点镇，两个区各设 2 个试点镇。"嘉兴模式"的核心内容是以"平等、自愿、有偿，梯度、分享与融合"为理念，创新"两分两换"工作。

1. 以"两分两换"推动土地集约节约

嘉兴市在坚持"三不变"（农村集体土地所有权性质不变、农用地的用途不变、农用地的量与质不变）的基本前提下，按照宅基地与承包地分开、搬迁与土地流转分开（"两分"）的总体思路，在推动区域土地要素多元配置的基础上，通过土地要素的确权、赋能与流动，形成土地资产的增值效应，吸引农民"以承包地换股、换租、增保障，以宅基地换钱、换房、换地方"（"两换"），推进农民就业非农化、居住城镇化、保障公平化和生活现代化。

2. 以"1+X"创新网络型城市架构

为了避免城市化进程中中心城市人口集聚过快带来的城郊贫民化，嘉兴市紧紧围绕加快"1640"（1个中心城区，6个县级城区，40个重点镇区）现代化网络型大城市建设的战略目标，以新市镇发展和新社区建设为重点，严格按照"1+X"（"1"指每个新市镇镇区，"X"为镇区以外配套的城乡一体新社区及其数量，"X"不大于现有的行政村个数）的要求进行村镇规划布点，在制度设计中对人口集聚进行了城市、城镇、农村新社区的三级梯度安排，使农民在融入城市的过程中有了一个低成本发展路径，实现了城乡统筹、城镇化与城市化三阶段发展目标的统一，并在运行模式上实现了无缝对接。

3. 以"十改联动"实现公共服务均等化

与以往城市化进程中征地发展不同的是，嘉兴"两分两换"过程中，将农地拆迁、农地流转等制度创新获得的财富增值、效益提升引入二次再分配，通过就业、社会保障、户籍制度、新居民管理、涉农体制、村镇建设、金融体系、公共服务、规划统筹等"十改联动"措施，大力推动城乡社会保障、医疗保障和教育、交通等公共服务的均等化，使制度创新的利益惠及全体居民。

4. 以制度创新促进城乡统筹良性循环

为了解决城市化与城镇化进程中农民进城后的就业、居住与生活问题，嘉兴就统筹城乡发展在金融制度、产权制度与管理制度等方面做了创新，发挥了区域建设中各个市场主体的作用，为发展提供了资金支持。在产权制度改革方面，嘉兴市对农村宅基地、农房、农地承包经营权进行产权确认，将农房、农地承包权视作特殊产权进行运作，并创新了农业投资公司主体，为农地的流转提供了交易平台与储备主体。在金融制度改革方面，嘉兴市在全国率先开展"农村党员创业贷款"、"农村住房抵押贷款"、"排污权抵押贷款"等业务，在全省率先开展农村信用体系建设和中小企业信用评级试点工作，并在统筹城乡发展中以镇（街道）为单位组建投资主体，采取"项目组合、银团支持"的融资模式，为统筹城乡发展提供了庞大的资金支持。

第五节　河北省统筹城乡发展应遵循的基本原则

从国内外发展经验看，统筹城乡发展有其内在的规律和要求，就河北省而言，当前和今后一个时期推进统筹城乡一体化进程应重点把握好如下几个基本原则：

一是突出经济良性发展，强化社会事业同步推进。经济发展和社会事业全面推进、互为共存、互为前提。在统筹发展中必须在经济发展上实现跨越，同时又要注重各项社会事业的协调发展，实现速度与结构、质量与效益的统一，既着眼于经济增长速度，又着眼于各项社会事业的全面发展。

二是突出政府主导作用，强化农民主体地位。统筹是政府行为，统筹的主体是经济社会发展政策的制定者和公共资源的配置者，在城乡统筹中政府要加大力度调整国民收入分配结构和财政支出结构，提高用于农业和农村的比例。在制定统筹政策时，要注意体现农民的意愿，满足农民的需求，充分发挥农民的主体作用，让农民唱主角，通过政府推动力和农民自身努力解决农民的切身利益问题。

三是突出统筹协调发展，强化区域带动效应。从全省的高度、全局的利益出发，正确认识不同地区的比较优势，遵循比较优势发展战略原则，宜工则工、宜农则农、宜商则商，通过调整财政分配结构，增强城市的辐射带动能力，弥合城乡区域之间的差异，实现区域经济均衡发展。

四是突出试点示范作用，强化整体推进格局。各地由于自然资源禀赋的不同，更由于经济社会发展的客观差异，不能把城乡统筹当作城乡统一。进行全面推进，要因地制宜，从实际出发，分类指导，突出重点，先选择经济社会发展条件较好，城乡统筹有一定基础的市、县及区域作为试点，积累经验再推广，以点带面，整体推进。

第六节　推动河北省统筹城乡进程的政策建议

　　围绕 2009 年以来河北省统筹城乡试点市县建设经验以及存在的主要问题，深刻分析全省统筹城乡发展面临的基本形势，下一步，在国家积极推进新型城镇化和京津冀协同发展的重大历史背景下，推进河北省统筹城乡一体化发展应着重发挥城市对农村经济社会发展的带动作用，切实调整改善城乡关系、疏通城乡要素流通渠道、缩小城乡二元差距，加快形成区域性、网络状、多层次的城乡发展一体化复合系统与长效机制。

一、高起点推进城乡统一规划与布局

　　树立城乡一体化规划理念，坚持把城镇和农村作为一个有机整体，加快形成城乡产业集聚发展、土地节约集约利用、人口相对集中居住、基础设施和公共服务设施共建共享的新格局。积极实施区域发展总体战略和主体功能区规划，科学规划城市群规模和布局，修编省域城镇体系规划，制定重点地区空间布局规划。以中心城区和纳入中心城市统筹管理范围的区域为单元，开展中心城市空间发展战略规划，适时修编城市总体规划，优化中心城区和周边各组团功能定位和产业布局。将市县域作为城乡统筹发展的基本单元，以全域规划的理念，积极推进市县城乡的总体规划编制工作，加强城乡功能联系，明确中心镇、中心村的建设要求，优化产业和城乡居民点布局，统筹安排市政基础设施和公共服务设施，促进城乡一体化发展。

二、推动城镇基础设施和公共服务向农村延伸

　　统筹城乡交通、通信、能源、水利、环保等基础设施布局和建设，推动

基础设施和公共服务向农村延伸。按照统筹城乡、整体推进、联村供水的思路，加快推进农村饮水安全工程建设，解决农村人口饮水不安全问题。实施农村电网改造升级工程，切实保障农村居民生活用电和农业生产用电问题。加强农村道路交通建设，加大公路通达深度，提高公路网密度，所有具备条件的行政村通油（水泥）路，所有通农村公路的行政村全部通客运班车。扩大城市公共交通覆盖范围，推动城市公交服务向农村延伸。加快实施农村沼气工程，着力推进大中型沼气和集中供气工程建设。加快推进农村通信建设，扩大自然村"村村通"和行政村宽带覆盖面。推行"户分类、村收集、乡（镇）转运、县（市）集中处理"的城乡一体化垃圾处理模式。加强农村公共服务体系建设，完善农村现代流通网络，健全新农保、新农合和农村低保制度。充分发挥小城镇向周围乡村提供服务的重要作用，完善乡镇域范围内的基础设施和公共服务设施网络。

三、坚持城镇化与新农村建设"双轮驱动"

一是实施"小县大县城战略"。推进县城扩容升级，突出地方文化特色，用先进理念和规范标准加快旧城改造，加强新区建设，完善基础设施和公共服务，打造高品质的中等城市和宜居、宜业、宜游的高标准小城市。遵循因地制宜、分类指导要求，纳入中心城市组团的市县按照卫星城规划建设，县级市和多数县城按中等城市规划建设，少数县城按小城市的标准建设，条件成熟的县及时改区或升市。二是大力培育特色示范村镇。把特色重点镇和特色中心村作为推动城乡一体发展的重要途径，因地制宜地发展工业型、旅游型、商贸型、交通型、历史文化型小城镇和村庄，提升聚集人口和产业的能力。选择基础条件较好、发展潜力大的镇和村，坚持规划引领、设施先行，加强基础设施和公共服务设施建设，大力发展特色产业，实现一镇一业、一村一品、多村一品，建设布局合理、功能完善、设施完备、特色突出、环境优美的新型村镇。三是实施美丽乡村建设示范工程。坚持尊重群众意愿、因地制宜、规范运作的原则，积极稳妥地推进新民居示范村建设，推广安全卫

生经济适用、富有乡村特点和地方特色的现代民居。继续抓好农村危房改造，
保障贫困群众基本住房需求。改善农村居住环境，加强村庄道路、供水、排
水、路灯、绿地、消防等设施建设，加快农村垃圾污水处理设施建设。加强
农村基层公共文化体育服务体系和医疗卫生服务体系建设。

四、推进城镇化与农业现代化协调联动

一是稳步提升农业综合生产能力。按照稳定面积、依靠科技、提高单产、
增加总产的要求，加大对产粮大市县的投入和利益补偿力度，增强核心区对
全省粮食生产的支撑能力。加快中低产田改造，完善农业基础设施，搞好田
间排灌渠系、农田林网和土地平整等工程，建设高标准粮田。全面提高畜牧、
蔬菜、水产、果品等特色优势产业的专业化、标准化、集约化生产水平。坚
持"米袋子"省长负责制和"菜篮子"市长负责制。二是加快提升现代农业
发展水平。坚持家庭经营在农业中的基础性地位，推进家庭经营、集体经营、
合作经营、企业经营等共同发展的农业经营方式创新。推动农村集体土地有
序流转，促进规模化经营，积极培育特色支柱产业，发展农业产业化经营，
推进工农结合、城乡对接、一体化发展。发挥农业的生产、生态、生活和观
光功能，积极发展都市现代化农业。推行产销直供、加工企业与产地对接，
强化城乡产业联系的紧密度。三是完善农产品流通体系。改造提升农产品市
场，加快推广连锁经营、物流配送、电子商务等现代流通方式，构建新型、
高效的农产品营销网络，积极推进"农批对接"、"农超对接"。大力发展果
蔬、肉类、水产品等冷链物流，完善粮食现代物流，引导支持供销社、邮政
和大型城市商业企业完善农村物流连锁配送网络，扩大物流规模和品种，加
快形成城乡一体化商贸流通网络。四是加大对农业的支持力度。加大城镇对
农村的产业辐射力度，着力形成合理分工的产业布局。鼓励和引导工商资本
到农村发展适合企业化经营的现代种养业，向农业输入现代生产要素和经营
模式。

五、建立城乡要素平等交换机制

一是赋予农民更多财产权利。保障农民的集体经济组织成员权利，积极发展农民股份合作，赋予农民对集体资产股份的占有、收益、有偿退出及抵押、担保、继承权利。保障农户宅基地用益物权，改革完善农村宅基地制度，选择若干试点，慎重稳妥推进农民住房财产权抵押、担保、转让，探索农民增加财产性收入的渠道。建立农村产权流转交易市场，推动农村产权流转交易公开、公正、规范运行。二是完善土地制度。在城乡土地流转方面，要加快改革征地制度，调整土地出让收益分配关系，按照"取之于地、用之于农"的原则，提高对农民的征地补偿标准和用于农业基础设施建设的投入比重，保护农民土地权益。三是创新城乡金融体制。鼓励发展新型农村金融组织，加强农村金融产品创新，积极鼓励大中型银行开展涉农贷款批发业务、小微型银行开展零售业务，放宽抵押担保范围，建立符合农村实际的抵押、担保制度，破解"三农"发展的资金制约。同时，政府要通过加大财政投入和政策性金融投入回补农村。

六、健全城乡一体的社会保障体系

扩大城镇社会保障的覆盖范围，推动各类基本社会保障从户籍人口扩大到常住人口，逐步实现城镇企业职工与城乡居民养老保险之间、城镇基本医疗保险与新农合之间、城乡医疗救助制度之间及异地社会保障之间的有效衔接，统筹城乡社会保障经办资源，实现合署办公，确保城乡各类人群社会保险关系的转移接续。积极扩大和稳定就业，加大城镇收入分配调节力度。着力解决特殊困难群体生产生活中的实际问题，完善济贫、帮困、助残、托孤等社会救助体系，促进城镇包容性发展。在城中村改造中合理确定补偿标准，依法保障村民的合法权益，实现以集体土地转为国有、村民身份转为市民、村委会转为居委会、集体资产转为公司制运营为方向的四大转变。

七、进一步拓宽资金投入渠道

要加快建立多元化的投融资机制，多方筹集建设资金，努力破解统筹城乡发展的资金瓶颈。要加大财政投入力度，建立财政对农村投入的稳定增长机制，确保每年财政支农资金增量高于上年、预算内资金用于农村建设的比重高于上年、其中用于改善农村生产生活条件的资金高于上年。成立地方性城镇发展建设投资公司和新农村建设投资公司，分别担当小城镇建设和新农村建设项目的主体，承接相关国际援助和社会资助项目资金，向国家政策性银行和商业银行融资贷款，组织实施国家政策扶持项目，对优质农业产业化项目进行引导性投资、鼓励性投资或风险投资，充分发挥政府投入对启动社会投资的杠杆作用，努力形成政府推动、多元投资、市场运作的资本经营机制。全力启动民间资本。充分利用河北省工商资本、民间资本相对充裕的优势和招商引资基础较好的条件，放开民间资本进入城镇基础设施、公用事业领域的各类限制，实行民资进入"零门槛"。在城镇基础设施建设方面，积极引导社会资金，采用PPP、BOT、BOO、BBO等各种模式，走出一条共建共赢、独具特色的城镇基础设施建设路子。

八、继续扎实做好统筹城乡发展试点工作

城乡统筹发展是一项崭新的历史任务，也是一项庞大的系统工程。它涉及面广、利益关系复杂，各地的探索都还处于起步阶段，几乎无先例可循。从2009年河北省制定出台了《中共河北省委河北省人民政府关于统筹城乡发展试点工作的指导意见》（冀发〔2009〕19号）开始，在全省2个市、12个市县开始统筹城乡发展试点工作，取得了阶段性的良好效果。原定试点工作于2012年底结束，从现阶段的运行情况看，试点工作应该继续进行下去，并且很有必要扩大试点范围，从目前的点上扩大到环首都、沿渤海区域。下阶段试点工作应当在不同类型、不同发展水平的地区，着力探索适合不同区域

特点的统筹发展模式，试点内容除继续围绕城乡规划、产业布局、基础设施建设、公共服务、劳动力就业、社会管理一体化等重要领域和关键环节统筹推进外，还应着重搞好重点突破，进行制度创新，力求在解决问题、完善制度上取得实效。试点名称应进一步调整为城乡发展一体化试点，时间截止到2020年，由省委农办制定下发试点指导意见，各试点地方编制试点工作实施方案。

参考文献

［1］马克思，恩格斯.马克思恩格斯全集（第 1 卷）［M］.北京：人民出版社，1995.

［2］马克思，恩格斯.马克思恩格斯全集（第 4 卷）［M］.北京：人民出版社，1958.

［3］马克思，恩格斯.马克思恩格斯全集（第 3 卷）［M］.北京：人民出版社，1995.

［4］中共中央文献研究室.毛泽东文集（八卷本）［M］.北京：人民出版社，1996.

［5］习近平.习近平谈治国理政［M］.北京：外文出版社，2014.

［6］习近平.摆脱贫困［M］.福州：福建人民出版社，2014.

［7］习近平.携手消除贫困促进共同发展：在 2015 减贫与发展高层论坛的主旨演讲［R］.北京：人民出版社，2015.

［8］中共中央，国务院.国家新型城镇化规划（2014-2020 年）［EB/OL］.http：//www.gov.cn/zhengce/2014-03/16/content_2640075.htm，2014-03-16.

［9］中共河北省委.河北省委关于制定河北省"十三五"规划的建议［EB/OL］.http：//www.hebei.gov.cn/hebei/11937442/10913442/13157873/，2015-11-16.

［10］河北省人民政府.河北省国民经济和社会发展第十三个五年规划纲要［EB/OL］.http：//hebei.hebnews.cn/2016-04/18/content_5454282.htm，2016-04-18.

［11］河北省人民政府.河北省新型城镇化与城乡统筹示范区建设规划（2016-2020 年）［EB/OL］.http：//info.hebei.gov.cn/hbszfxxgk/329975/329982/6609970/index.html，2016-02-29.

［12］中共中央国务院.中共中央国务院关于打赢脱贫攻坚战的决定［R］.

北京：中共中央国务院，2015-11-29.

[13] 中共河北省委河北省人民政府. 中共河北省委河北省人民政府关于坚决打赢脱贫攻坚战的决定［EB/OL］. 石家庄：中共河北省委河北省人民政府，2015-12-26.

[14] 中共河北省委河北省人民政府. 中共河北省委河北省人民政府关于全面深化农村改革的若干意见［EB/OL］. http：//hebei.hebnews.cn/2014-02-07/content_3765084.htm，2014-01-28.

[15] 埃比尼泽·霍华德. 明日的田园城市［M］. 金经元译. 北京：商务印书馆，2000.

[16] 亚当·斯密. 国民财富的性质和原因的研究［M］. 郭大力，王亚南译. 北京：商务印书馆，1972.

[17] 马克思.资本论［M］. 中共中央马克思恩格斯列宁斯大林著作编译局. 北京：人民出版社，2004.

[18] 西奥多·舒尔茨. 改造传统农业［M］. 梁小民译. 北京：商务印书馆，2006.

[19] 国务院发展研究中心课题组. 中国新型城镇化：道路、模式和政策［M］. 北京：中国发展出版社，2014.

[20] 王伟光，魏后凯，张军. 新型城镇化与城乡发展一体化［M］. 北京：中国工人出版社，2014.

[21] 韩俊，何宇鹏. 中国新型城镇化理论与实践丛书：新型城镇化与农民工市民化［M］. 北京：中国工人出版社，2014.

[22] 倪鹏飞. 新型城镇化理论与政策框架［M］. 广州：广东经济出版社，2014.

[23] 厉以宁，艾丰，石军. 中国新型城镇化概论［M］. 北京：中国工人出版社，2014.

[24] 马树强，金浩，张贵. 河北省经济发展报告（2014）：新型城镇化的路径选择与运行模式［M］. 北京：社会科学文献出版社，2014.

[25] 文魁，祝尔娟，叶堂林等. 京津冀蓝皮书：京津冀发展报告

（2014）[M].北京：社会科学文献出版社，2014.

[26] 吴良镛等.京津冀地区城乡空间发展规划研究三期报告 [M].北京：清华大学出版社，2013.

[27] 梁中堂.现代化：历史背景、动力及测度[J].经济问题，2003（2）.

[28] 王淑贤，郝云宏.农村现代化的基本含义和主要特征 [J].延安大学学报（社会科学版），1999（4）.

[29] 袁金辉.中国农村现代化的路径分析 [J].云南行政学院学报，2008（1）.

[30] 彭建强.河北省新型城镇化面临形势与实现路径 [J].经济研究参考，2014（44）.

[31] 彭建强.新型城镇化发展形势、特征和方向 [J].河北学刊，2014（4）.

[32] 彭建强.统筹城乡发展路径与模式创新研究 [J].河北学刊，2015（11）.

[33] 彭建强.着力破解城乡发展不协调的症结性问题 [J].中国社会科学报，2014 –09–17.

[34] 彭建强.河北发展蓝皮书：河北省农村经济形势分析与预测（2014~2015年）[M].石家庄：河北人民出版社，2015.

[35] 张波.坚持分类指导谋划县城发展路径 [J].河北日报，2015–11–13.

[36] 张波.以新型城镇化推进城乡发展一体化 [J].河北学刊，2014（4）.

[37] 张波.河北省县域经济转型升级的路径与模式研究 [J].经济研究参考，2014（44）.

[38] 张波.以区域特色经济推进河北省农业现代化的方略与对策研究[J].经济研究参考，2015（40）.

[39] 李海飞.民营企业参与河北新型城镇化建设问题研究 [J].经济研究参考，2014（44）.

[40] 李海飞. 推进县城扩规模上水平出品位 [J]. 河北日报，2015–11–20.

[41] 周文夫. 河北经济社会发展报告（2014）[M]. 北京：社会科学文献出版社，2014.

[42] 周文夫. 河北经济社会发展报告（2015）[M]. 北京：社会科学文献出版社，2015.

[43] 郭金平. 河北经济社会发展报告（2016）[M]. 北京：社会科学文献出版社，2016.

[44] 周文夫. 河北省县域经济发展和县城建设问题研究 [M]. 石家庄：河北人民出版社，2014.

[45] 唐丙元. 牢固树立生态致富新理念 [J]. 河北日报，2015 –03–25.

[46] 唐丙元. 县城建设是推进新型城镇化与城乡统筹的关键 [J]. 河北日报，2015–11–06.

[47] 顾益康，许勇军. 城乡一体化评估指标体系研究 [J]. 浙江社会科学，2004（6）.

[48] 白永秀等. 国际视角下中国城乡发展一体化模式研究 [M]. 北京：中国经济出版社，2013.

[49] 肖依. 城乡统筹发展中的农村建设：国外经验与启示——以英国、美国、日本、韩国、印度五国为例 [D]. 华中师范大学硕士学位论文，2011（9）.

[50] 冯胜. 国外城乡统筹发展模式比较研究 [J]. 软科学，2011（5）.

[51] 彭建强，唐丙元，张波. 河北省新农村建设发展报告 2008 [M]. 石家庄：河北人民出版社，2008.

[52] 彭建强等. 河北发展蓝皮书：河北省农村经济形势分析与预测（2015~2016 年）[M]. 石家庄：河北人民出版社，2016.

[53] 彭建强等. 河北发展蓝皮书：河北省农村经济形势分析与预测（2016~2017 年）[M]. 石家庄：河北人民出版社，2017.

[54] 魏后凯，彭建强. 全面深化农村改革与小康社会建设 [M]. 北京：社会科学文献出版社，2016.